粤港澳大湾区

注册会计师服务发展蓝皮书

2024

北京理工大学（珠海）课题组

陈宋生　何冠文　等◎编著

THE BLUE BOOK ON THE DEVELOPMENT OF
CERTIFIED PUBLIC ACCOUNTANT SERVICES
IN THE GUANGDONG–HONG KONG–MACAO BAY AREA

经济管理出版社
ECONOMY & MANAGEMENT PUBLISHING HOUSE

图书在版编目（CIP）数据

粤港澳大湾区注册会计师服务发展蓝皮书 / 陈宋生，
何冠文等编著 . -- 北京：经济管理出版社，2024.
ISBN 978-7-5096-9745-0

Ⅰ . F233.2

中国国家版本馆 CIP 数据核字第 2024MT5472 号

组稿编辑：范美琴
责任编辑：范美琴
责任印制：许　艳
责任校对：王淑卿

出版发行：经济管理出版社
　　　　　（北京市海淀区北蜂窝 8 号中雅大厦 A 座 11 层　　100038）
网　　　址：www. E-mp. com. cn
电　　　话：（010）51915602
印　　　刷：唐山昊达印刷有限公司
经　　　销：新华书店
开　　　本：710mm×1000mm /16
印　　　张：20.75
字　　　数：383 千字
版　　　次：2024 年 7 月第 1 版　　　2024 年 7 月第 1 次印刷
书　　　号：ISBN 978-7-5096-9745-0
定　　　价：99.00 元

《粤港澳大湾区注册会计师服务发展蓝皮书》
编委会

序　言

 一　**粤港澳大湾区发展的总体情况**

粤港澳大湾区包括香港特别行政区、澳门特别行政区及广东省广州市、深圳市、珠海市、佛山市、惠州市、东莞市、中山市、江门市、肇庆市（以下称珠三角九市），总面积 5.6 万平方千米，是我国开放程度最高、经济活力最强的区域之一。2019 年 2 月，中共中央、国务院印发《粤港澳大湾区发展规划纲要》，提出要坚持"四个有利于"的战略定位，即有利于丰富"一国两制"实践内涵，促进保持港澳长期繁荣稳定；有利于贯彻落实新发展理念，为我国经济创新力和竞争力不断增强提供支撑；有利于进一步深化改革、扩大开放，建设高水平参与国际经济合作新平台；有利于成为推进"一带一路"建设对接融汇的重要支撑区。

广东省统计局、香港特别行政区政府统计处、澳门特别行政区政府统计暨普查局共同发布的《粤港澳大湾区联合统计手册 2023》显示，2022 年，粤港澳大湾区（以下简称"大湾区"）经济总量超 13 万亿元，如果把大湾区作为一个经济体，大概排全球第 10 位，超过了韩国。

具体来看，2022 年，珠三角 9 个城市实现了 10.5 万亿元的地区生产总值，占全省比例达到 81.4%。数据背后，是经济大市、制造业大市勇挑大梁。珠三角 4 个"万亿俱乐部"城市中，深圳 GDP 达 32387.68 亿元、广州达 28839 亿元、佛山达 12698.39 亿元、东莞达 11200.32 亿元。其中，深圳 GDP 增长 3.3%，佛山增长 2.1%，增速均居全省前列。2022 年，香港地区和澳门地区则分别实现了 2.42 万亿元和 1478 亿元的地区生产总值，共同支撑起大湾区 13 万亿元的经济总量。

从人口方面来看，2022 年末，珠三角地区的常住人口达到了 7829 万，占大湾区的比重为 90.8%。其中，广州、深圳和东莞是三个常住人口总量达到千万级别的"超大城市"。香港地区的常住人口为 722 万，占大湾区比重为

8.4%，截至 2023 年第二季度末，澳门地区的常住人口达到了 68 万。

从人均 GDP 来看，在大湾区，香港地区的人均 GDP 最高，达到了 33 万元 / 人；澳门地区次之，人均 GDP 为 21.8 万元 / 人。在珠三角 9 个城市中，深圳的人均 GDP 最高，为 18.3 万元 / 人。值得注意的是，在珠三角城市中，人均 GDP 排名第二的城市为珠海，达到了 16.37 万元 / 人，广州以 15.4 万元 / 人位居第三。整体来看，珠三角地区的人均地区生产总值从 2020 年的 11.59 万元 / 人逐步提升到了 2022 年的 13.34 万元 / 人。

（二）粤港澳大湾区发展对注册会计师行业的需求

2015 年，我国提出"一带一路"倡议，提出"深化与港澳台合作，打造粤港澳大湾区"。2017 年在《内地与港澳 CEPA 经济技术合作协议》中，"会计合作"被纳入双方的重点合作领域。2019 年 2 月，中共中央、国务院印发《粤港澳大湾区发展规划纲要》，提出要促进会计、审计等专业服务发展。习近平同志在深圳特区成立 40 周年庆祝大会上提出要"对标国际一流水平，大力发展会计等现代服务业，提升服务业发展能级和竞争力"。2023 年，财政部发布《关于支持会计师事务所在中国（广东）自由贸易试验区设立分所并开展试点工作的通知》，支持采用普通合伙或者特殊普通合伙形式的会计师事务所先行试点，在广东自贸试验区设立分所，突破"在总所所在城市不设分所，在同一城市不设两家或两家以上分所"的行业惯例。这是财政部贯彻落实党中央、国务院决策部署，支持粤港澳大湾区产业发展、推动建设粤港澳大湾区会计人才高地建设的创新举措，也是财政部门支持注册会计师行业抢抓机遇、加快行业发展的重要举措。这些政策的出台，对大湾区注册会计师专业服务的合作提出了新的目标与要求。

2023 年 4 月，习近平总书记视察广东时强调，"要使粤港澳大湾区成为新发展格局的战略支点、高质量发展的示范地、中国式现代化的引领地"，这是一个全新定位。同月，为了更好地服务大湾区高质量发展，广东省注册会计师协会联合香港会计师公会和澳门会计专业联会共同举办"会计师行业服务大湾区高质量发展"案例大赛，共选出 15 件获得专业贡献奖、社会价值奖、业务创新奖的案例和 20 件获得优秀奖的案例，发现事务所和审计人才在服务国家重大战略、服务经济社会发展、服务新兴产业发展以及助推战略产业智能化、数字化等方面的成功案例。

前　言

约瑟夫·熊彼特认为，创新是经济发展的源泉。技术、产品、市场、资源配置及组织创新都是经济发展的重要影响因素。审计市场的发展与创新也是市场创新与资源配置创新的重要组成部分，因而粤港澳大湾区会计师行业的发展与创新，是大湾区经济高质量发展的一个重要驱动因素。

据广东省财政厅官网显示，广东省有会计师事务所超千家，为超过 40 万户市场主体提供 18 类 579 项服务。大湾区会计专业服务实现高质量发展，有利于提升大湾区会计专业服务竞争力与影响力，既可以为行业发展改革提供试点，为服务中国企业"走出去"贡献专业力量，也能够为国家经济高质量发展探索新模式。大湾区会计师事务所应当利用地缘优势，发展更多高端与国际性业务，更好地"走出去"与"引进来"。大湾区会计师行业发展状况如何？如何引领全国会计师行业专业发展？唯有对大湾区审计市场有一个较为全面的了解与把控，才能更好地实现审计行业预定目标。

目前，粤港澳大湾区会计准则和审计准则都与国际趋同。2007 年"内地与香港会计审计准则等效联合声明"指出，两地企业会计、审计准则实现等效，并制定持续等效机制。澳门地区自 2007 年逐步适用国际会计准则。2010 年 4 月，我国明确表态对国际财务报告准则要保持持续的全面趋同，目标是追求等效。因此，大湾区的会计和审计准则殊途同归，最终是要实现等效。

环顾纽约湾区、旧金山湾区、东京湾区等湾区的发展经验，湾区的发展是一国经济发展的"火车头"、科技创新的策源地。粤港澳大湾区将成为我国经济发展与科技创新的引擎与支撑点，了解湾区经济发展规律有助于研究我国未来经济的发展动力。而资本市场是现代金融体系的重要组成部分、市场化配置资源的主战场，为此，本书前半部分围绕直接服务资本市场的审计服务业展开，希望通过分析大湾区审计服务市场，了解大湾区资本市场的发展状况，直接服务于湾区经济建设与发展。除了当好资本市场"守门员"的角色以外，注

I

册会计师服务在促进粤港澳大湾区营商环境优化方面也具备很大的潜力。本书后半部分则围绕注册会计师的其他相关服务展开。本书共分导论和八章内容展开探讨：

导论介绍粤港澳大湾区发展的总体情况和对注册会计师行业的需求。

第一章是行业概况。介绍了大湾区珠三角九市、香港地区与澳门地区注册会计师行业情况，分别从注册会计师行业的服务市场、管理模式、人才培养与事务所发展情况方面进行阐述。

第二章是审计客户。介绍了大湾区主要是珠三角九市审计客户的情况，从客户总体、分类、指标分类方面进行分析。

第三章是智能审计。从发展智能审计的必要性出发，阐述了会计师事务所发展智能审计的举措、未来挑战与机遇及注册会计师在智能审计中的作用。

第四章是涉税服务。讨论了涉税服务的评价方法与指标、会计师事务所涉税业务评级展示、评价结果分析，推进大湾区内部协同互促，并提出对策及建议。

第五章是破产管理业务。介绍了破产管理业务发展概况，特别是深圳近期出台的破产管理制度；粤港澳三地破产管理制度的对比；大湾区珠三角九市破产管理服务的发展概况——以深圳市为例；注册会计师在破产管理服务中的作用。

第六章是商事调解服务。介绍了商事调解与国际商事调解概念、国际商事调解发展历程——以新加坡为例、粤港澳三地商事调解发展情况、审计服务与商事调解服务之间的联系。

第七章是粤港澳会计专业服务协同。特别是介绍了审计服务、涉税专业服务、商事调解服务、破产管理服务的协同情况。

第八章是结论与建议。

本书的创新点在于：一是本书是第一本专门针对粤港澳大湾区会计专业服务市场的蓝皮书，能够使审计市场相关专业人士更好地了解大湾区总体情况。二是本书首次将深圳先行先试有全国示范意义的破产管理服务、商事调解服务等情况介绍给各位同行。三是本书也是较详细地介绍香港地区与澳门地区审计市场的书籍，早前的相关著作中较少这种详细介绍，本书为相关专业人士了解港澳地区注册会计师行业提供了一定参考。四是本书尝试参考国际上主流的期刊论文，运用相关的模型，计算大湾区上市公司的盈余情况，并进行了排名，希望这样的排名对会计师事务所与客户更好地了解大湾区情况有所帮助。

　　本书从前期构思到正式出版，是前后共十多位老师、数十位同学，以及来自实务部门的几百位受访者共同努力的结果：本书的序言、前言与第八章的结论由陈宋生教授撰写；第一章由何冠文老师撰写；第二章由陈元艺、张雁老师撰写；第三章由杨东老师撰写；第四章由毛劼老师撰写；第五章由深圳市破产管理人协会供稿，蒋颜禧、陈婕芳、吴小璇、王辉会计师及王巧如律师、徐江华律师、简立祈（香港）会计师、黄景禧（澳门）律师、麦善善律师、汤鹏律师负责内容审核，最后由夏群老师统筹并修改；第六章由深圳市涉外涉港澳商事一站式多元解纷中心、河套国际商事调解中心供稿，叶博文、李星蓉执笔，并由夏群老师统筹并修改；第七章由张雁、何冠文老师撰写。

　　本书得到了中国注册会计师协会曾铁兵研究员的热心支持与帮助，初稿成文后，曾铁兵老师提出了宝贵的修改意见，在此表示衷心的感谢！初稿完成后，何冠文老师与朱文韬、黄炜康同学对全书进行了多次统稿与修改，陈宋生教授对整部稿件做最后的润色与修改。

　　本书的调查问卷在深圳市注册会计师协会的支持下完成收集与整理，最后由祝铭老师和北京理工大学会计系秦伊宁博士研究生对问卷数据进行了汇总与数据分析。

　　在案例访谈中，杨东老师联系与访谈了香港罗申美事务所，祝铭老师、陈元艺老师、夏群老师联系与访谈了广东恒兆会计师事务所、江源会计师事务所，还有陈宋生教授、何冠文老师访问了深圳两家具有影响力的会计师事务所——鹏盛会计师事务所和毕马威会计师事务所。这些访问的情景仍好像发生在昨天，正是这些访问与交流，让我们有勇气将这些成果呈现出来。当然，书中肯定还存在许多不足，有待以后改正。

　　在对深圳各部门的调研过程中，深圳市注册会计师协会考试培训部主任李一博提供了宝贵的行业资料并协助联系调研访谈单位，与我们进行了多次协商与交流。深圳市涉外涉港澳商事一站式多元解纷中心、河套国际商事调解中心理事长朱虹，书记兼秘书长陈伟强、办公室主任李星蓉、专业部部长叶博文，深圳市破产管理人协会会长杨江苏、监事长相恒祥、破产审计评估业务委员会主任徐江华在行业调研方面给予了有力的支持和充分的专业指导。

　　本书的出版也得益于 2023 年 5 月在北京理工大学珠海校区召开的大湾区注册会计师行业研讨会，来自大湾区的 10 多所会计师事务所的合伙人及相关高校的专家与学者共同参会，就大湾区发展进行了热烈的讨论，书中很多灵感来自与这些专业人士的交流与探讨。

本书是国家自然科学基金面上项目"嵌入双边随机边界模型的审计定价机理、审计程序与溢出效应：定价管制 vs 放开"（71972011）的阶段性成果，也是广东省普通高校人文社科重点研究基地"智能财务治理与国家经济安全研究基地"（2023WZJD009）和广东省实验教学示范中心"智能财经人才实验教学示范中心"（2023006ZLGC）的阶段性成果。

为了方便读者们在阅读过程中及时提出疑问或反馈，我们设立了一个专门的答疑邮箱：chenss@bit.edu.cn。无论是关于书籍内容的理解，还是对于我们的建议和意见，我们都热切期待您的来信。

目录 Contents

第一章

行业概况

PART ONE

粤港澳大湾区注册会计师行业的总体概况

　　长期以来，注册会计师和会计师事务所作为资本市场的"守门员"，为上市公司等市场主体提供审计服务，对其财务信息进行核查把关，为提高资本市场财务信息披露质量、保护投资者合法权益、发挥资本市场优化资源配置功能等提供了重要的基础性保障。在发挥鉴证职能的同时，注册会计师通过增信和增值服务，更全面地满足了市场和客户的需求，发挥着不可或缺的作用。Jensen 和 Mecking（1976）提出代理理论，认为审计是一项减少利益冲突、降低代理成本的重要担保机制。Power（1999）认为审计活动更多是一种"验证仪式"（Ritual of Verification），结果并不一定能够真正控制风险，但审计就是通过对风险施加系统性控制来增加公众对社会活动的信心，这也是"审计社会"（Audit Society）的基础。杨炳霖（2018）认为，随着市场经济的发展，企业的规模在不断扩大，企业间竞争的加剧以及人为风险的增加会导致公众对企业活动信任感的降低，也相应增加了对企业公开性和责任性的要求，这种信任的缺失一方面要求企业加强自身活动的规范性和公开性，另一方面也为第三方社会中介组织参与监管活动带来了需求。上述观点揭示了审计对于提高地区经济发展信心至关重要，审计的需求与经济发展的水平间也有密切的关联，而审计的需求也决定了注册会计师服务市场的体量。

　　粤港澳大湾区建设带动跨境投资、资本市场融通、经济贸易交流等方面的需求，注册会计师行业作为经济发展中重要的一环，需要充分发挥经济监督和服务的双重职能。为深入了解行业发展现状，课题组对大湾区 10 家会计师事务所进行了深入的访谈，大湾区珠三角九市的受访会计师事务所观点包括：大湾区的高科技、金融、文化和教育领域的迅速发展正要求审计服务适应更高的技术要求和复杂度，注册会计师行业需适应新的业务形态持续提升专业能力和服务质量；传统的业务需求目前已经趋于饱和，会计师事务所需要通过拓展新的业务模块，而这些新业务的发展需要多学科交叉的人才支持；大湾区的技术创新为审计业务带来机遇，部分实力雄厚的事务所正在积极探索人工智能在审计领域的应用潜力，以提升服务效率和质量。综合来看，粤港澳大湾区审计行业发展呈现出积极向上的趋势，通过改进专业服务、拓展业务范围、培养复合型人才和推动技术创新等措施，注册会计师服务有可能实现更加可持续和宽广的发展。

从经济总量来看，广东省统计局数据显示，2022 年大湾区珠三角九市地区生产总值 104681 亿元人民币；香港特区政府统计部门公布的数据显示，香港实现地区生产总值 28270 亿港元，按 2022 年平均汇率折算，约 24280 亿元人民币；澳门特区政府公布的数据显示，澳门实现地区生产总值 1773 亿澳门元，约 1470 亿元人民币。粤港澳大湾区经济总量超 13 万亿元人民币。但从事务所的密度来看，粤港澳三地的区别较大，课题组通过比较三地 GDP 总量与 2022 年地区事务所数量的比值，发现大湾区珠三角九市的比值为 111.01 亿元 / 家，香港地区的比值为 14.57 亿元 / 家，澳门地区的比值为 86.47 亿元 / 家。排除事务所规模等因素，大湾区珠三角九市的事务所密度与香港存在较大的差异（见表 1-1），这一现象也引起了课题组进一步研究粤港澳大湾区注册会计师行业发展现状的兴趣。

表 1-1　粤港澳大湾区 GDP 总量与事务所数量

	地区 GDP 总量 （亿元）	具备鉴证业务资质的会计师 事务所数量（家）	地区 GDP 总量与事务所数量 的比值（亿元 / 家）
大湾区珠三角九市	104681	943	111.01
香港地区	28270	1940	14.57
澳门地区	1470	17	86.47

资料来源：国家统计局、广东省注册会计师协会。

为更好地梳理大湾区注册会计师行业的发展现状，本章将从服务市场、管理模式、人才储备、事务所发展情况四个方面分别介绍大湾区珠三角九市、香港特别行政区、澳门特别行政区的注册会计师行业发展的总体概况。

大湾区珠三角九市注册会计师行业的概况

（一）大湾区珠三角九市注册会计师行业的服务市场

1. 行业服务的对象

中国内地注册会计师制度经过 40 多年的改革和发展，在国家的生产经营管理、投资风险管理和发展战略规划中扮演着非常重要的角色。随着经济的发展和市场的成熟，企业、政府和公众对于会计信息的公开性、真实性和准确性有了更加迫切的需求。注册会计师行业已不仅是会计领域的专业服务机构，而是逐渐发展成为国家高端现代服务业的重要组成部分。

在过去的几十年间，广东省注册会计师行业实现了从起步到全面发展的转变，服务对象包括国有企业、民营企业、政府部门、医院、高校等，业务范围从传统的审计鉴证拓展至投资策划、财政绩效评价、高新技术企业认定等领域。这些服务不仅涵盖了传统产业的重新定位与更新，也覆盖了企业的经营策略调整、并购重组以及管理流程的再造，从而构建了一个全面支持国家经济社会发展的综合性专业服务体系。

根据课题组的访谈记录和调研问卷结果，大湾区珠三角九市的会计师事务所的客户类型较为丰富，包括上市公司、非上市公司、行政事业单位、院校等。特别是随着粤港澳大湾区的快速发展，大湾区珠三角九市的会计师事务所服务的客户不仅包括了传统的制造企业、金融机构和政府机构，还有大量的高科技公司包括华为、中兴、大疆、比亚迪、华大基因等。此外，有越来越多的企业开始开拓国际市场，这也为会计师事务所带来了有国际业务需求的客户，此类客户需要事务所为其提供跨境税务筹划、咨询等方面的服务。

在这样一个存在多元化客户的环境中，会计师事务所需要不断提升自身的服务能力，适应市场需求的变化，采用新技术如人工智能来优化服务流程，提升工作效率和服务质量，以适应大湾区一体化及全球化的大趋势。

2. 提供服务的类型

根据《中华人民共和国注册会计师法》，注册会计师承办下列审计业务：审查企业会计报表，出具审计报告；验证企业资本，出具验资报告；办理企业合并、分立、清算事宜中的审计业务，出具有关的报告；法律、行政法规规定的其他审计业务。此外，注册会计师可以承办会计咨询、会计服务业务。从业务性质来看，注册会计师提供的服务可以分为鉴证业务和非鉴证类业务两种类型。

鉴证业务包括历史财务信息审计业务、历史财务信息审阅业务和其他鉴证业务。在鉴证业务中，上市公司财务报表审计与 IPO 申报企业财务报表审计是内地会计师事务所最重要的鉴证类业务之一。《中华人民共和国证券法》（以下简称《证券法》）第十二条规定：上市公司应当披露的定期报告包括年度报告、中期报告。凡是对投资者作出价值判断和投资决策有重大影响的信息，均应当披露。年度报告中的财务会计报告应当经符合《证券法》规定的会计师事务所审计。《首次公开发行股票注册管理办法》第十一条规定了发行人会计基础工作规范，财务报表的编制和披露符合企业会计准则和相关信息披露规则的规定，在所有重大方面公允地反映了发行人的财务状况、经营成果和现金流量，最近三年财务会计报告由注册会计师出具无保留意见的审计报告。

随着内地经济社会的迅速发展，注册会计师的职能体现了从单一的审计职能向多元化服务的转变，这不仅促进了职业本身的发展，同时也顺应了市场经济和企业管理需求的变化。在发挥鉴证职能的同时，注册会计师通过增信和增值服务，更全面地满足了市场和客户的需求，发挥着不可或缺的作用。目前，注册会计师非鉴证类服务业务主要包括对财务信息执行商定程序、代编财务信息、税务咨询和管理咨询等。在提供上述相关服务时，注册会计师不提供任何程度的保证。根据课题组有关内地九市的调研问卷结果，对于绝大部分的会计师事务所而言，非鉴证业务的收入在事务所总收入中的占比不超过 30%，仅有少部分事务所非鉴证业务收入占总收入的 50% 以上。这说明对于大部分事务所而言，鉴证业务收入仍然是事务所收入的主要来源。

（二）大湾区珠三角九市注册会计师行业的管理模式

大湾区珠三角九市的注册会计师行业管理遵循中国内地的管理模式，注册会计师行业管理分为政府监管和行业管理两个维度，政府和行业自律组织共同负责监管会计师事务所和注册会计师的执业质量，实现其监管目标。

政府监管机构包括财政部、审计署和证监会等部门。其中，财政部和证监会作为全国性质的行政管理机构，分别负责会计、审计服务机构的监督管理，以及证券相关业务的审计工作。审计署则主要针对国家财政项目、招标、预算等方面的相关服务进行监督。

在行业管理体系中，中国注册会计师协会与地方注册会计师协会负责事务所和注册会计师的监管工作，且接受财政部门的监督和指导。在实际工作中，中国注册会计师协会需要根据政府政策制定准则和细则，并负责会员资格认定等管理工作。监管方式上，协会除定期实施随机执业质量检查外，更注重事前和事中的监督，并对高风险业务进行提醒。

（三）大湾区珠三角九市注册会计师行业的人才情况

根据中注协公布的 2023 年度全行业执业会员（即注册会计师）和非执业会员计划继续教育人数（见表 1-2），全国共有 334898 名行业会员，其中非执业会员 236799 人，占比 70.71%；执业注册会计师 98099 人，占比 29.29%。相较于 2022 年公布的数据，2023 年整体增加了 25057 人，其中非执业会员增长就占到了 24521 人，占增加人数比例为 97.86%；而执业注册会计师在过去一年仅仅增加了 536 人，占增加人数比例仅为 2.14%。

表 1-2　2023 年度全行业执业会员（即注册会计师）和非执业会员人数

大区	省（区、市）	执业会员数量（人）	执业会员数量占全国数量比例（%）	非执业会员数量（人）	非执业会员数量占全国数量比例（%）	会员数量合计（人）	会员数量合计占全国数量比例（%）
华北	北京	11448	11.67	33477	14.14	44925	13.41
	天津	1766	1.80	4720	1.99	6486	1.94
	河北	2980	3.04	5976	2.52	8956	2.67
	山西	2333	2.38	4985	2.11	7318	2.19
	内蒙古	1413	1.44	1385	0.58	2798	0.84
	合计	19940	20.33	50543	21.34	70483	21.05
东北	辽宁	3262	3.33	7549	3.19	10811	3.23
	吉林	1635	1.67	2291	0.97	3926	1.17
	黑龙江	1563	1.59	2729	1.15	4292	1.28
	合计	6460	6.59	12569	5.31	19029	5.68
华东	上海	7769	7.92	33796	14.27	41565	12.41
	江苏	6735	6.87	16132	6.81	22867	6.83
	浙江	6637	6.77	15732	6.64	22369	6.68
	安徽	2811	2.87	7239	3.06	10050	3.00
	福建	2687	2.74	5913	2.50	8600	2.57
	江西	1281	1.31	3842	1.62	5123	1.53
	山东	6159	6.28	13072	5.52	19231	5.74
	合计	34079	34.74	95726	40.43	129805	38.76

续表

大区	省（区、市）	执业会员数量（人）	执业会员数量占全国数量比例（%）	非执业会员数量（人）	非执业会员数量占全国数量比例（%）	会员数量合计（人）	会员数量合计占全国数量比例（%）
中南	河南	4215	4.30	6226	2.63	10441	3.12
	湖北	3580	3.65	8182	3.46	11762	3.51
	湖南	3009	3.07	6355	2.68	9364	2.80
	广东	6570	6.70	15947	6.73	22517	6.72
	深圳	4047	4.13	13121	5.54	17168	5.13
	广西	1307	1.33	2081	0.88	3388	1.01
	海南	656	0.67	985	0.42	1641	0.49
	合计	23384	23.84	52897	22.34	76281	22.78
西南	重庆	1984	2.02	4489	1.90	6473	1.93
	四川	4852	4.95	9958	4.21	14810	4.42
	贵州	950	0.97	1167	0.49	2117	0.63
	云南	1559	1.59	2874	1.21	4433	1.32
	西藏	224	0.23	102	0.04	326	0.10
	合计	9569	9.75	18590	7.85	28159	8.41
西北	陕西	2321	2.37	3642	1.54	5963	1.78
	甘肃	782	0.80	917	0.39	1699	0.51
	青海	256	0.26	311	0.13	567	0.17
	宁夏	338	0.34	542	0.23	880	0.26
	新疆	970	0.99	1062	0.45	2032	0.61
	合计	4667	4.76	6474	2.73	11141	3.33
总计		98099	100.00	236799	100.00	334898	100.00

资料来源：中国注册会计师协会。

由于大湾区珠三角九市的注册会计师人数数据未能在公开信息中获取，因此本节以广东省的数据为分析对象。根据已公布的 2023 年计划继续教育人数，广东（除深圳外）全行业人数为 22517 人，较 2022 年增加 2012 人，其中，执业会员人数为 6570 人，比 2022 年增加 16 人，占增加人数比例为 0.80%；非执业会员为 15947 人，比上年增加 1996 人，占增加人数比例为 99.2%。2023 年深圳全行业人数为 17168 人，较 2022 年增加 1572 人，其中，执业会员人数为 4047 人，比 2022 年增加 152 人，占增加人数比例为 9.67%；

非执业会员人数为 13121 人，比 2022 年增加 1420 人，占增加人数比例为 90.33%。这些数据表明，广东省除深圳以外的地区注册会计师行业非执业会员增长远远超过了执业会员，反映了与全国相似的趋势。尽管深圳非执业会员增长仍然占主导，但深圳的执业会员增长比例明显高于全国水平，这反映了深圳对执业注册会计师需求的增长，这与深圳的资本市场发展程度有非常紧密的关系。无论在全国范围内还是在广东省（包括深圳市），执业会员的增长速度都明显低于非执业会员的增长速度，这种现象可能反映出内地注册会计师行业整体上存在挑战，可能包括但不限于业务领域需求不足、监管门槛有待提高等。

从行业门槛来看，内地注册会计师资格考试被称为中国最难的资格考试之一。注册会计师考试分为两个阶段，分别是专业阶段和综合阶段。专业阶段考会计、审计、税法、经济法、公司战略与风险管理、财务成本管理六个科目。综合阶段不分科目，为职业能力综合测试。注册会计师考试为全国统一性考试，每年的 4 月份报名，注册会计师综合阶段以及专业阶段考试均安排在 8 月份，考生通过专业阶段所有科目后即可参加综合阶段考试。CPA 专业阶段 6 科考试考生只需在连续五年内通过即可，考生可以选择报考部分科目，也可以选择报考全部科目。在规定时间段内所有专业阶段考试成绩合格，颁发注册会计师全国统一考试专业阶段考试合格证。通过综合阶段考试之后，颁发注册会计师全国统一考试全科合格证书。参加注册会计师全国统一考试成绩合格，并从事审计业务工作两年以上的，可以向省、自治区、直辖市注册会计师协会申请注册。为了提升行业的发展质量，近年来内地注册会计师协会在加强执业会员管理方面采取了一系列的措施，包括加大对注册会计师挂名执业行为的整治力度，完善以执业质量检查结果为导向的执业人员强制退出机制等。

（四）大湾区珠三角九市注册会计师事务所的发展情况

1. 总体分布情况

根据广东省注册会计师协会公开信息统计，广东省有会计师事务所（含分所）1050 家，其中 90% 的事务所及注册会计师分布在大湾区珠三角九市。目前，广东省已经获取执业许可的会计师事务所分所有 107 家，广东省已经获取执业许可的会计师事务所名单有 943 家。

一个地区的经济发展水平越高，越需要注册会计师行业的专业服务，注册会计师行业的专业服务在助推地方经济发展方面发挥越来越重要的作用。

图 1-1 分析了大湾区珠三角九市会计师事务所（含分所）数量与地区 GDP 水平之间的相关关系。由图可见，会计师事务所（含分所）数量越多的地区，GDP 水平也越高，反之亦然，两者成正比。

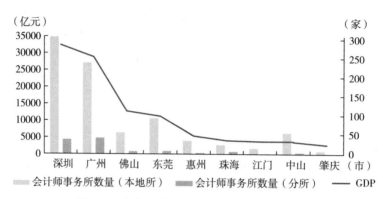

图 1-1　大湾区珠三角九市会计师事务所数量

资料来源：广东省注册会计师协会、广东省统计局。

2. 入围广东省前 150 名的事务所

为综合反映与科学评价广东省会计师事务所的发展水平，引导事务所坚持质量导向、树立风险意识、加强诚信建设，不断提升服务社会经济高质量发展的能力，广东省注册会计师协会（以下简称省注协）根据中国注册会计师协会《会计师事务所综合评价排名办法》精神，结合广东省的实际情况制定《广东省会计师事务所综合评价方法》。

《广东省会计师事务所综合评价方法》以其标准化和科学化的体系，旨在引领和提升行业水平。评价在每年定期开展，以确保及时反映事务所的最新动态。事务所综合评价采取指标测评方式开展，事务所信息的时期指标为上年度或 3 年内数据，时点指标以上年度 12 月 31 日为基准日。评价指标由基础指标和附加指标构成，全面覆盖事务所的各个方面，从经营业绩到内部治理，从人才梯队建设到信息化建设，乃至对社会责任的承担。每个指标都有明确的用意、评分标准和权重，保证了评价的客观和量化。

省注协根据事务所综合评价基础指标和附加指标得分情况，通过网站等媒体公布全省综合评价排名前 150 名的事务所信息，以及各市综合评价排名前列的事务所信息。根据 2022 年排名统计，广东省排名前 150 的会计师事务所有九成以上分布在大湾区珠三角九市，接近八成集中在广州和深圳，其中广州有 62 家，深圳有 51 家（见图 1-2）。

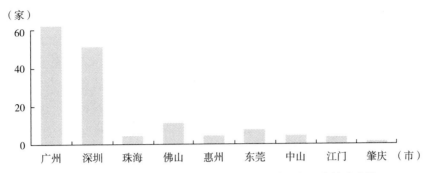

图 1-2 广东省排名前 150 的事务所在大湾区珠三角九市的分布情况

资料来源：广东省注册会计师协会。

3. 入围全国前 100 名的大湾区珠三角九市事务所

《会计师事务所综合评价排名办法》是依据《中华人民共和国注册会计师法》和《中国注册会计师协会章程》而制定的。该办法着重于质量导向、风险意识和诚信建设，每年通过中注协发布排名信息。该排名办法的一个主要特点是综合性，涵盖了事务所的收入、合伙人稳定性、内部晋升比例、党组织参与程度、信息化投入和人才培养等多个维度，以确保评价的全面性和合理性。事务所按照明确的评价标准和权重，最终转换为满分 1000 分的得分来衡量其整体表现。

评价的实施过程中，突出了自我申报与审核的结合，事务所需对其所提供数据的真实性负责，通过中注协和地方注协的审核，确保数据的客观性和准确性。公示及反馈环节的加入，进一步提升了评价体系的透明度和公信力。

信息披露是该办法的另一个显著特点，确保事务所的基本情况和相关业务数据等信息向社会公开，增加了评价的透明度和可信度。同时，对于违规和失实申报的事务所，设有明确的惩戒机制，以维护评价排名的严肃性。总的来说，会计师事务所综合评价排名办法通过建立一套科学、合理和公开的评价标准和流程，促进了会计师事务所的标准化和法规遵从，推动了行业的健康和持续发展。

2023 年 5 月新修订的《会计师事务所综合评价排名办法》主要更新的内容包括四个方面：一是更新评价指标构成，综合评价指标现由基础指标和附加指标构成，以适应行业发展和新的工作部署要求；二是优化了部分指标的评价内容和调整了权重，特别是增加了"党组织参与事务所决策管理情况"的评价内容，并明确了双向进入、交叉任职的评价内容，强调了党建在事务所中的作用；三是调整了百家排名的依据，现以基础指标和附加指标得分总和为排名计算基础，来体现事务所在业务和管理等方面的整体实力；四是扩充了公开披露信息的范围，增加了事务所获得的省级以上党团组织表彰信息和"两代表一委员"情况等，以反映事务所在专业贡献及社会责任等方面的表现。这些更新旨在提升事务所内部治理和审计质量，强调党建在行业中的重要性，更好地发挥综合评价的指导和激励作用。

通过分析入围全国排名前一百的事务所的收入、注册会计师人才结构、分所数量、信息技术人员数量情况，不难发现全国前八所会计师事务所以其雄厚的业务收入、庞大的专业团队、广泛的服务网络以及在数字化转型方面的领先投入，确立了其在行业内的领导地位（见表1-3）。它们吸引了众多优秀的注册会计师，以专业的技术力量和广泛的市场覆盖为全球客户提供全方位服务。

表1-3 全国排名前八的会计师事务所一览表

名次	会计师事务所名称	得分	2022年度事务所本身业务收入（万元）	注册会计师数量（人）	执业超过5年且年龄在60周岁以下的注册会计师数量（人）	分所数量（家）	信息技术人员数量（人）
1	普华永道中天会计师事务所（特殊普通合伙）	980.86	792470.50	1693	574	23	189
2	安永华明会计师事务所（特殊普通合伙）	966.49	664587.14	1818	612	23	79
3	毕马威华振会计师事务所（特殊普通合伙）	923.35	511686.73	1113	405	20	75
4	德勤华永会计师事务所（特殊普通合伙）	914.43	515036.62	1180	475	15	252
5	立信会计师事务所（特殊普通合伙）	913.04	491474.74	2275	1,174	31	54
6	天健会计师事务所（特殊普通合伙）	893.58	402968.40	2078	781	14	42

续表

名次	会计师事务所名称	得分	2022 年度事务所本身业务收入（万元）	注册会计师数量（人）	执业超过 5 年且年龄在 60 周岁以下的注册会计师数量（人）	分所数量（家）	信息技术人员数量（人）
7	容诚会计师事务所（特殊普通合伙）	867.38	266330.91	1267	517	16	45
8	信永中和会计师事务所（特殊普通合伙）	840.11	307478.45	1494	721	28	53

注：信息技术人员数量是指事务所中具有信息系统审计师（CISA）、IT 审计师（ITA）、中国信息安全专业认证（CISP）、信息系统安全专业认证（CISSP）、思科网络专家（CCIE）、软件工程造价师等执业资格的人员数量。

相比之下，广东入围前一百的会计师事务所均来自深圳和广州（见表1-4），虽然在规模和业务收入上与全国前十所存在较大差距，但在本地市场上展现出显著的竞争力和高效的运营能力，在行业专长和服务质量上不断进步。为进一步分析全国事务所的关键发展指标，课题组对业务收入增长率、注册会计师人数增长率、资深注册会计师人数增长率以及技术人员人数增长率几个指标进行归纳分析。

表 1-4　入围前一百的广东会计师事务所

名次	会计师事务所名称	得分	2022 年度事务所本身业务收入（万元）	注册会计师数量（人）	执业超过 5 年且年龄在 60 周岁以下的注册会计师数量（人）	分所数量（家）	信息技术人员数量（人）
38	广东中职信会计师事务所（特殊普通合伙）	641.66	17902.51	116	44	6	5
42	鹏盛会计师事务所（特殊普通合伙）	633.88	30049.72	370	196	43	26
43	广东中天粤会计师事务所（特殊普通合伙）	629.41	13957.59	122	55	4	29
44	广东诚安信会计师事务所（特殊普通合伙）	627.83	15134.23	127	71	5	4

续表

名次	会计师事务所名称	得分	2022 年度事务所本身业务收入（万元）	注册会计师数量（人）	执业超过 5 年且年龄在 60 周岁以下的注册会计师数量（人）	分所数量（家）	信息技术人员数量（人）
79	广东中恒信会计师事务所（特殊普通合伙）	562.03	5618.93	61	37	0	0
85	广东岭南智华会计师事务所（特殊普通合伙）	555.43	7550.80	75	48	0	2

资料来源：中国注册会计师协会。

如果综合分析近年来的数据变化（见表 1–5），排名前八的会计师事务所在关键指标方面的显著变化如下：普华永道中天会计师事务所（特殊普通合伙）呈现出均衡的增长模式，尤其在技术人员人数上有显著的增长（85.29%）；安永华明会计师事务所（特殊普通合伙）业务收入增长较快（21.05%），资深注册会计师人数增长率也相对较高（12.92%）；毕马威华振会计师事务所（特殊普通合伙）表现出最高的业务收入增长（25.00%），但技术人员人数增长数据未提供；德勤华永会计师事务所（特殊普通合伙）同样业务收入增长率较高（23.83%），但技术人员人数增长率有所降低（–17.38%）；立信会计师事务所（特殊普通合伙）尽管业务收入增长率相对较低（8.66%），但技术人员人数显著增长（86.21%）。

表 1–5　全国排名前八的会计师事务所与入围前一百广东事务所指标变动

单位：%

名次	会计师事务所名称	事务所本身业务收入增长	注册会计师人数增长	资深注册会计师人数增长	技术人员人数增长
1	普华永道中天会计师事务所（特殊普通合伙）	16.11	17.16	8.71	85.29
2	安永华明会计师事务所（特殊普通合伙）	21.05	13.34	12.92	38.60
3	毕马威华振会计师事务所（特殊普通合伙）	25.00	12.99	14.73	—
4	德勤华永会计师事务所（特殊普通合伙）	23.83	3.60	4.17	−17.38

名次	会计师事务所名称	事务所本身业务收入增长	注册会计师人数增长	资深注册会计师人数增长	技术人员人数增长
5	立信会计师事务所（特殊普通合伙）	8.66	4.02	3.80	86.21
6	天健会计师事务所（特殊普通合伙）	15.10	8.85	5.11	35.48
7	容诚会计师事务所（特殊普通合伙）	13.84	11.73	6.82	40.63
8	信永中和会计师事务所（特殊普通合伙）	9.98	2.68	0.14	8.16
38	广东中职信会计师事务所（特殊普通合伙）	22.07	24.73	25.71	37.93
42	鹏盛会计师事务所（特殊普通合伙）	42.37	8.19	7.10	333.33
43	广东中天粤会计师事务所（特殊普通合伙）	7.55	3.39	3.77	3.57
44	广东诚安信会计师事务所（特殊普通合伙）	—	—	—	—
79	广东中恒信会计师事务所（特殊普通合伙）	-1.87	0.00	-5.13	—
85	广东岭南智华会计师事务所（特殊普通合伙）	3.36	-6.25	-9.43	—

注："—"代表数据中有缺失项或缺少上年数据。

资料来源：中国注册会计师协会。

入围前一百的广东会计师事务所在关键指标方面的显著变化如下：广东中职信会计师事务所（特殊普通合伙）的业务收入、注册会计师及资深注册会计师人数均有不错的增长，尤其是注册会计师人数增长率（24.73%）与资深注册会计师人数增长率（25.71%）较高；鹏盛会计师事务所（特殊普通合伙）拥有可观的业务收入增长率（42.37%）和极高的技术人员增长率（333.33%）。

总体来看，以上数据揭示了排名在全国前列的会计师事务所在不同增长指标上的表现，中职信、鹏盛等入围前一百的广东事务所在业务收入、注册会计师人数、技术人员人数等指标上表现出良好的增长势头，但也有一些事务所在关键指标方面出现下降。通过这些数据，我们可以对全国及地方会计师事务所的发展动态有一个整体的认识。

4.大湾区珠三角九市从事证券服务的会计师事务所

自 2020 年 8 月开始，内地会计师事务所从事证券服务业务资格采取备案制。备案即留存事务所的信息，候查，更多考虑网络监管，对于审计执业过程的监管会更加严格。备案制也意味着行业管理方式的改变，符合国务院"放管服"的要求，简化了办事流程，有利于更多会计师事务所从事证券服务业务，也加剧了行业竞争。

根据《会计师事务所从事证券服务业务备案管理办法》，证券服务业务范围包括：为证券的发行、上市、挂牌、交易等证券业务活动制作、出具财务报表审计报告、内部控制审计报告、内部控制鉴证报告、验资报告、盈利预测审核报告；为证券公司及其资产管理产品制作、出具财务报表审计报告、内部控制审计报告、内部控制鉴证报告、验资报告、盈利预测审核报告；财政部、证监会规定的其他业务。截至 2023 年 4 月 10 日，共有 115 家会计师事务所在财政部、证监会备案，广东省共有 20 家从事证券服务业务的会计师事务所在财政部、证监会备案（见表 1–6）。

表 1–6　广东省从事证券服务业务会计师事务所（本土所）

序号	会计师事务所名称
1	广东正中珠江会计师事务所（特殊普通合伙）
2	广东中职信会计师事务所（特殊普通合伙）
3	鹏盛会计师事务所（特殊普通合伙）
4	深圳堂堂会计师事务所（普通合伙）
5	广东诚安信会计师事务所（特殊普通合伙）
6	广东司农会计师事务所（特殊普通合伙）
7	深圳旭泰会计师事务所（普通合伙）
8	深圳皇嘉会计师事务所（普通合伙）
9	深圳永信瑞和会计师事务所（特殊普通合伙）
10	广东中天粤会计师事务所（特殊普通合伙）
11	深圳联创立信会计师事务所（普通合伙）
12	深圳久安会计师事务所（特殊普通合伙）
13	广东亨安会计师事务所（普通合伙）
14	广东立信会计师事务所（普通合伙）
15	广东岭南智华会计师事务所（特殊普通合伙）
16	深圳广深会计师事务所（普通合伙）
17	深圳宣达会计师事务所（普通合伙）

序号	会计师事务所名称
18	深圳振兴会计师事务所（普通合伙）
19	深圳长江会计师事务所（普通合伙）
20	深圳中炘国际会计师事务所（普通合伙）

资料来源：广东省注册会计师协会。

值得注意的是，广东省从事证券服务业务的会计师事务所中不乏有中小规模的会计师事务所，如深圳宣达会计师事务所、深圳振兴会计师事务所、深圳长江会计师事务所均于2022年完成备案首单证券服务业务（见表1-7）。虽然采取备案制之后，中小会计师事务所也有机会承接证券业务，但这不意味着证券业务没有"门槛"管控。2020年4月21日，财政部发布的《财政部会计司有关负责人就会计师事务所从事证券服务业务等有关情况答记者问》强调：会计师事务所应当采用普通合伙或者特殊普通合伙形式；不得承办与自身规模、执业能力等不匹配的业务；对于部分事务所新承接证券服务业务的，财政部门也会按照相关要求进行对照检查。

表1-7　部分从事证券服务业务的广东会计师事务所备案信息

序号	会计师事务所名称	备案首单证券服务业务类型	备案公告日期
1	深圳宣达会计师事务所（普通合伙）	挂牌公司年报审计业务	2022/3/30
2	深圳振兴会计师事务所（普通合伙）	*ST公司年报审计业务	2022/3/30
3	深圳长江会计师事务所（普通合伙）	挂牌公司年报审计业务	2022/3/30

资料来源：财政部。

 （三）香港地区注册会计师行业的概况

（一）香港地区注册会计师行业的服务市场

1. 行业的服务对象

在香港，与注册会计师相对应的专业资格是香港注册会计师（HKCPA）。作为国际化大都会，香港地区在全球化、市场化和信息化的挑战中迎难而上，受惠于中国与世界经济的快速发展、香港与内地的紧密合作和香港自身的综合优势，香港地区资本市场持续强大，并成为国际融资中心之一。根据港交所披露的数据显示，截至 2023 年 9 月 30 日，港交所上市公司存量为 2603 家，其中主板 2274 家、GEM329 家。

在香港资本市场的蓬勃发展的背景下，会计行业作为专业服务和其他生产服务的重要组成部分，已成为香港四大支柱产业之一。香港地区的会计专业服务市场备受国际瞩目，拥有丰富的专业人才，监管架构完善，采用国际标准的会计准则，再加上位于亚洲经济繁盛的地区，使香港成为众多国际会计师事务所争相进驻的地方。目前，香港地区拥有接近两千家会计师事务所，会计师事务所服务范围涵盖传统的审计、会计和税务以及管理咨询、交易支援和公司秘书服务等方面的业务。香港会计师精通国际通用的会计规则，熟悉国际金融业务和监管规则，在全球主要资本市场受到广泛认可，对于跨国企业或跨境上市企业，香港地区会计服务具有独特的优势。现阶段，香港地区的会计师事务所主要服务于香港本地企业、跨国公司的组成部分、在香港上市的内地企业以及在海外扩展的内地企业等。

2. 提供服务的类型

香港注册会计师提供的主要服务包括法定核数、税务顾问、公司上市、企业融资、公司秘书、清盘及尽责调查。与内地相似，具有执业资格的注册会计师才可以承接鉴证类业务。

香港地区的鉴证类审计业务主要包括财务报表审计（年报）、内部控制审计等。以财务报表审计为例，香港地区《公司条例》第 622 章第 429 条明确规定，所有在香港注册的有限公司每年的财务报表需委托给会计师事务所进行审核。此外，在税务方面，从 2023 年 4 月 1 日开始，所有香港公司在提交利得税申报表时也必须连同审计报告一并提交。

虽然法定核数工作是香港注册会计师的主要收入来源，但注册会计师也会提供各类商业顾问服务，如财务策划、企业管理及内部核数等。

（二）香港地区注册会计师行业的管理模式

香港地区的注册会计师管理同样分为政府监管和行业管理两个维度，政府监管职能由会计及财务汇报局（Accounting and Financial Reporting Council）承担，行业管理由香港会计师公会（The Hong Kong Institute of Certified Public Accountants）负责。

1. 会计及财务汇报局

作为会计专业独立监管机构，会计及财务汇报局履行作为行业倡导者的角色，致力于引领香港会计行业，通过有效监管，持续提升专业质素，为公众利益提供保障。这一关键职责不仅能有效提升财务汇报的质量，并且能进一步推动业界的可持续发展及巩固香港作为具有竞争力的国际金融中心地位。根据《会计及财务汇报局条例》，会计及财务汇报局的职能包括政策及监督、注册、查察、调查和查询、纪律处分五大类。

在上述职能中，查察是最重要的监督职能之一。查察的重点在于公众利益实体核数师如何进行公众利益实体项目核查，及公众利益实体核数师的质素监控制度的有效性，以确定其是否已符合适用的专业标准以及法律法规要求。所有进行公众利益实体项目的公众利益实体核数师均有被查察的可能，为开展此项监督活动，会计及财务汇报局在 2019 年 10 月之后启动了首个三年查察周期的计划（2020~2022 周期），并针对不同类别的会计师事务所（见表 1-8）制订具体的查察计划。例如，会计及财务汇报局在每个查察周期内，每年都会对类别 A 的核数师进行查察（见表 1-9）。在每次查察后，会计及财务汇报局都会评价核数师质素监控制度的有效性，包括评价相关政策和程序，如人力资源、道德要求和领导层就事务所审计质素职责。此外，会计及财务汇报局会定期在官网发布督查结果。

表 1-8　香港地区会计师事务所的分类

序号	事务所的类别	分类的方式
1	类别 A 会计师事务所	多于 100 名公众利益实体客户
2	类别 B 会计师事务所	10~100 名公众利益实体客户
3	类别 C 会计师事务所	少于 10 个公众利益实体客户
4	海外会计师事务所	即非香港会计师事务所

资料来源：香港会计及财务汇报局。

表 1-9　香港会计及财务汇报局的检查规定

公众利益实体核数师类别	每家事务所受查察的项目数量	查察频次
类别 A 公众利益实体项目 非公众利益实体项目	4~7 1	每年 2022 年 10 月起才开始
类别 B 公众利益实体项目	1~2	在三年查察周期内至少一次
类别 C 公众利益实体项目	1	在三年查察周期内 至少一次

资料来源：香港会计及财务汇报局。

2. 香港会计师公会

香港会计师公会（HKICPA）成立于1973年，香港《专业会计师条例》（香港法例第50章）指定会计师公会作为香港唯一的法定专业会计师注册机构。会计师公会的核心职能是专门负责香港会计专业的培训、发展及制定相关准则。这些职能确保香港会计行业的从业人员得到适当的培训、遵循统一的职业标准，并能够满足不断变化的市场需求。目前，香港会计师公会会员超过47000名，注册学生人数逾12000名。

香港会计师公会的职能包括：处理会计师注册事宜；制定专业操守指引、会计准则及核数准则；监察会员是否符合持续专业发展规定及适当人选资格以确保会计专业的质素；举办专业资格课程及相关课程以确保会计师的入职质素；为会员提供持续进修及其他服务；于香港及海外推动会计专业的发展。

香港会计师公会的会员资格获得了广泛国际认可。现时，公会与11个海外及中国内地专业会计团体签署了会员资格互认协议或免试安排。

（三）香港地区注册会计师行业的人才情况

香港会计师公会披露的数据显示，截至2022年6月30日，公会会员人数由2021年的46505名增至46947名，其中5976名为资深会员。同时，执业会员人数由2021年的5133名上升至5169名，执业会员与非执业会员人数的比例大概为1∶8（见表1-10）。

表1-10　香港会计师公会总人数

单位：人

年份	男性	女性	总数
2022	23101	23846	46947
2021	22955	23550	46505
2020	22763	23236	45999
2019	22021	22248	44269
2018	21270	21342	42612

资料来源：香港会计师公会官网。

要成为香港注册会计师首先要通过专业资格课程（Qualification Programme，简称"QP课程"）。QP课程通过教育、考试和经验三个方面，培养一个全面的会计师所需的各种技能。QP课程包括三个递进的层次，共有14个模块和一个

综合能力模块，即准会员层次（10 个模块）、专业层次（4 个模块）和综合能
力模块。QP 课程同时也为具有不同教育背景的学生提供替代途径和更大的灵
活性，包括副学位持有者和非会计专业人士，这样可以让更多来自其他学科的
学生加入会计行业，这有利于建立一个可持续的会计专业人才库。截至 2022
年 6 月 30 日，公会共有 13807 名注册学生。专业资格课程学生中，2659 名来
自内地，其中 575 名为中国注册会计师协会会员，2084 名为内地大学毕业生。
按性别统计，女性有 8099 人，占整体学生人数的 59%；而男性则有 5708 人，
占 41%（见表 1–11）。

表 1–11 香港会计师公会注册学生人数

单位：人

年份	男性	女性	总数
2022	5708	8099	13807
2021	7048	9773	16821
2020	7116	9931	17047
2019	7323	10006	17329
2018	7447	10039	17486

资料来源：香港会计师公会官网。

　　尽管会员人数集中在 30~54 岁的年龄层段，但是 55 岁及以上的会员数量
占到所有会员的 22.02%（见表 1–12），结合近年来学生人数的持续减少，随
着时间的推移，香港地区注册会计师行业的老龄化现象可能会进一步凸显。

表 1–12 香港会计师公会会员年龄结构

单位：人

年龄	男性	女性	总数	占比（%）
≤ 29 岁	2049	1472	3521	7.50
30~34 岁	3309	4121	7430	15.83
35~39 岁	3661	4652	8313	17.71
40~44 岁	2439	3051	5490	11.69
45~49 岁	2491	3325	5816	12.39
50~54 岁	2915	3123	6038	12.86
≥ 55 岁	6814	3525	10339	22.02
总计	23678	23269	46947	100.00

资料来源：香港会计师公会官网。

如果要申请执业证书，申请人需满足香港法例第 588 章《会计及财务汇报局条例》第 20AAL 条的规定，申请执业证书有两个方案：方案一要求申请人至少有 30 个月的全职会计经验，该经验必须是在申请人成为指定会计团体的成员或注册为会计师后，在一个或多个经批准的会计机构获得的；方案二要求申请人至少获得 4 年全职会计经验，其中包括申请人成为指定会计团体的成员或注册为会计师后获得的至少 1 年的经验。

除此之外，申请者还必须具备香港会计师公会理事认为的必要的本地经验和对本地法律及实务的知识。这要求申请人必须参加公会理事会所订的考试，其中包括本地法律及税务的考试，且申请人有不少于 1 年在香港取得的全职认可会计经验。截至 2023 年 9 月 9 日，在财务汇报局注册的执业会计师一共有 5171 人。

（四）香港地区注册会计师事务所的情况

根据香港的《会计及财务汇报局条例》（第 588 章），只有在会计及财务汇报局注册的执业会计师、会计师事务所或执业法团才能受委任为《公司条例》（第 622 章）所指的公司的审计师，或为其他法规目的而被委任为审计师，或以审计师的身份提供服务，无论是否获得报酬。截至 2023 年 12 月，香港地区共有 1967 家会计师事务所。

根据同一条例，港澳地区的会计师事务所如果要从事公众利益实体项目（如上市公司审计），必须向会计及财务汇报局注册成为注册公众利益实体核数师。未经注册的本地会计师从事公众利益实体项目，或宣称自己为注册公众利益实体核数师，将构成违法行为。截至 2023 年 12 月，共有 86 家会计师事务所具备从事公众利益实体项目的资格。

此外，根据《会计及财务汇报局条例》（第 588 章），有意从事公众利益实体项目的境外会计师（不包括中国内地会计师）必须向会计及财务汇报局申请成为认可公众利益实体核数师。未经批准的境外会计师从事公众利益实体项目，或声称自己是认可公众利益实体核数师，属于违法行为。依据中国内地与香港的相互认可协议，获确认为符合条件的中国内地成立并在香港上市的法团的中国内地会计师，可自动获得会计及财务汇报局认可的认可公众利益实体核数师。当前，共有 34 家会计师事务所具备承担公众利益实体项目的资格，自 2010 年 12 月 9 日起生效的互认协议中，共有 11 家内地事务所为《会计财务汇报局条例》下的认可公众利益实体核数师，有资格担任在香港上市的内地注册公司的核数师（见表 1-13）。

表 1-13　中国内地成立并在香港上市的法团的中国内地会计师事务所

会计师事务所名称	办事处地址
大信会计师事务所（特殊普通合伙）	中国北京市海淀区
大华会计师事务所（特殊普通合伙）	中国北京市海淀区
天健会计师事务所（特殊普通合伙）	中国浙江省杭州市
立信会计师事务所（特殊普通合伙）	中国上海市
安永华明会计师事务所（特殊普通合伙）	中国北京市东城区
信永中和会计师事务所（特殊普通合伙）	中国北京市东城区
致同会计师事务所（特殊普通合伙）	中国北京市朝阳区
普华永道中天会计师事务所（特殊普通合伙）	中国上海自由贸易试验区
瑞华会计师事务所（特殊普通合伙）	中国北京市海淀区
德勤华永会计师事务所（特殊普通合伙）	中国上海市黄浦区
毕马威华振会计师事务所（特殊普通合伙）	中国北京市东城区

资料来源：香港会计及财务汇报局。

　　香港本地 44 家会计师事务所承接了 98.4% 的上市公司审计业务（2430 家上市公司），按市值统计占比 93.5%，按审计费用统计占比 85.9%。香港本地公众利益实体核数师（会计师事务所）按照客户数目可以分为三大类别：公众利益实体客户多于 100 名的属于 A 类，公众利益实体客户数量为 10~100 名的为 B 类，公众利益实体少于 10 个的为 C 类。此外，还有获认可的海外事务所，包括中国内地事务所和海外事务所。其中，A 类别的 6 家会计师事务所（立信德豪、德勤、安永、国伟、毕马威、罗兵咸永道）的客户市值占比高达 90.3%，其中罗兵咸永道的客户市值占 44.1%，处于领先的地位。相较而言，中国内地和海外事务所的客户市值占比分别为 1.3%、5.2%；在市值份额方面，分别占据 1.3% 和 5.2%（见表 1-14）。

表 1-14　香港地区会计师事务所的业务概况

公众利益实体核数师类型及类别	公众利益实体核数师事务所数量（家）	上市实体审计的市场份额		
		按核数师委任划分	按市值划分	按审计费用划分
		数量（家）	%	%	%
注册会计师事务所					
香港	44	2430	94.8	93.5	85.9
类别 A	6	1672	65.2	90.3	77.5

续表

公众利益实体核数师类型及类别	公众利益实体核数师事务所数量（家）	上市实体审计的市场份额			
		按核数师委任划分		按市值划分	按审计费用划分
		数量（家）	%	%	%
注册会计师事务所					
● 立信德豪		213	8.3	0.7	2.6
● 德勤		277	10.8	17	12.1
● 安永		388	15.1	18.1	18.5
● 国伟		125	4.9	0.4	0.9
● 毕马威		229	8.9	10	10.4
● 罗兵咸永道		440	17.2	44.1	33
类别 B	19	694	27.1	3.1	7.9
类别 C	19	64	2.5	0.1	0.5
获认可的事务所					
中国内地	10	86	3.4	1.3	3.6
海外	25	47	1.8	5.2	10.5
总计	79	2563	100	100	100

资料来源：香港财务汇报局。

（四）澳门地区注册会计师行业的概况

（一）服务市场

相比于大湾区珠三角九市和香港地区，澳门地区的经济体量较小，2022 年澳门地区生产总值为 1470 亿元人民币，注册会计师行业规模也相对较小。根据澳门财政局的数据，澳门的事务所目前有 17 家，会计公司有 3 家。随着澳门逐步落实经济适度多元化发展战略以及横琴粤澳深度合作区建设的持续推进，澳门会计专业服务发展迎来了一系列的机遇。

首先，澳门经济结构优化调整与新兴产业的崛起相结合，将推动财务审计、税务筹划等会计服务需求的显著增长，为事务所提供新的业务增长点。其次，随着澳门努力打造成为区域性金融服务中心，跨境金融的活力增强，为会计师事务所带来了在资产评估、融资咨询、国际税收筹划等方面深入专业化、提升服务水平的机会。此外，横琴粤澳合作区的商务合作和投资项目不断增加，这使澳门的会计师事务所可以拓展业务范围，为区内企业提供专业的审计和咨询服务。而大湾区内的人才流动将为澳门事务所带来更多会计专业人才，也为澳门本地的专业人才开启广阔的职业发展机会。这种人才的引入与融合不仅可以增强澳门事务所的服务能力，还有助于推动整个行业的全面发展。

（二）提供服务的类型

近年来，澳门地区在会计行业方面进行了一系列的改革，根据澳门特别行政区第 20/2020 号法律《会计师专业及执业资格制度》，澳门将原来"注册核数师"和"注册会计师"进行并轨，并统称为"会计师"。改革之后，澳门会计师分为专业资格和执业资格两类。根据第 20/2020 号法律的规定，专业资格会计师和会计公司可为客户提供会计理账、会计咨询、税务申报、税务咨询和其他相关服务，只有具备执业资格的会计师和会计师事务所才可以接受委托提供会计相关鉴证服务。

（三）澳门地区注册会计师行业的管理模式

在过去，澳门核数师暨会计师注册委员会是澳门特别行政区核数、会计专业的法定监管机构，隶属于澳门特别行政区财政局局长。第 20/2020 号法律生效之后，规管会计师的委员会不再在财政局局长下运作，原来的核数师暨会计师注册委员会被会计师专业委员会取代，改以公共行政当局合议机关的方式。

澳门会计师专业委员会是负责会计专业资格认证、注册和执业许可发放的机构。它的任务是制定、执行以及监督会计专业人员的执业规范、指导原则和职业道德标准，以确保会计行业的健康发展。委员会根据第 20/2020 号法律《会计师专业及执业资格制度》和第 42/2020 号行政法规《会计师专业委员会》工作，其权力包括但不限：制定和批准会计师职业道德守则和行业实践标准；向财政局和其他公共机构、专业团体以及学术机构提交建议和请求帮助；与国内外机构和专业团体签订合作协议；审议注册和发放执业许可申请；评估成为会计师和执业会计师的申请者的专业知识和工作经验；规定持续专业发展的要求；编制执业会计师和会计师事务所名单；制定和协调会计师考试制度；监管会计师和会计师事务所遵守法律义务和职业道德守则，并进行现场核查和监督；对违规行为提起纪律程序和做出纪律处分。

委员会由不超过十三名成员组成，成员包括公共行政代表以及具有相关专业经验的专业人士和学者。主委员会下设立三个专门委员会，以处理专业认证、持续教育、考试和标准及纪律等相关事务。委员会及其下属的专责委员会均设有协调员、副协调员和秘书以支持其运作。而财政局负责为委员会提供必要的技术、行政和后勤支持。

（四）澳门地区注册会计师行业的人才情况

澳门会计师分为专业资格和执业资格两类，截至 2023 年 12 月，能够接受审计业务委托的执业资格会计师共 146 人，而可提供会计、税务及其他相关服务的专业资格会计师共 153 人。

根据澳门特别行政区第 20/2020 号法律和第 43/2020 号法律，专业会计师的申请人必须通过会计师考试且拥有两年委员会认可的全职相关工作经验，而执业会计师的申请人须为已注册的会计师，且在会计师事务所拥有至少两年的全职并主要涉及审计的工作经验。执业会计师可选择以个人名义或通过会计师事务所从事被委托的业务。

澳门会计师考试涵盖六个核心考试科目：会计、审计、财务成本管理、税务知识、商法知识以及企业策略管理。考试采用闭卷笔试形式，每科目按 0 至 100 分评分，60 分为及格分数线，考试合格成绩有效期为四年。

（五）澳门地区注册会计师事务所的情况

目前，在澳门可以接受审计委托的事务所有 17 家，其他可提供会计、税务及相关服务的会计公司有 3 家。在对澳门事务所的调研中发现，澳门本地规模较大的事务所主要承接与博彩企业相关的各类业务，而中小规模的事务所主要服务澳门本地的中小企业。

五 总结与展望

（一）粤港澳大湾区注册会计师行业总结

1. 大湾区珠三角九市

中国内地的注册会计师行业目前处在迅速发展和转型的关键时期，尤其在粤港澳大湾区的发展战略背景下，这一行业面临着机遇和挑战并存的新局面。

目前，大湾区珠三角九市会计师事务所的分布和湾区九市的 GDP 总量基本上成正比，其中有证券业务资质的事务所基本集中在深圳，上述现象反映了资本市场（如证券交易所）的发展形成了业务需求，而业务需求的聚集促进了服务供给聚集，这也是粤港澳大湾区注册会计师行业发展的一般逻辑。总体上来说，大湾区珠三角九市已经初步形成了行业聚集效应，特别是深圳在事务所数量和执业会员人数方面都达到了一定的体量，为承载大湾区业务发展打下坚固的基础。但是，大湾区珠三角九市的事务所业务还是以传统鉴证类业务为主，在其他业务领域仍然有待进一步探索发展。此外，行业普遍反映人才流失问题严重，最近一年执业人数增加仅占全行业人数增加比例的 2% 左右，从侧面反映出行业对人才的吸引力不足，课题组认为这与行业的整体效益欠佳以及行业发展前景不明朗有一定的关联。除了以上问题，大湾区珠三角九市会计师事务所在品牌方面的建设并没有明显的优势，在信息技术方面的开发和运用也只是处于较为初级阶段。

在发展机遇方面，粤港澳大湾区在高科技、金融等领域的快速发展催生了对高质量、多层次会计服务的大量需求。同时，随着地区一体化进程的不断推进，大湾区珠三角九市注册会计师的服务市场也在持续扩大，优质的内地会计师事务所正在积极探索开拓境外市场，以鹏盛为代表的本土事务所也成功打开了业务发展的增量空间。与此同时，行业也面临着较为严峻的挑战，特别是近年来内地在监管方面的要求趋严，注册会计师业务的发展门槛也在不断提高，而市场广泛存在的低价竞争博弈则进一步增加了行业发展的难度。

综上所述，内地注册会计师行业发展呈现出复杂且充满变化的局面。监管部门和行业协会需要提供更有力的支持，比如推动全体系的人才培养，进一步矫治行业的不正当竞争行为，提供行业发展的激励政策与合作平台等，以促进这一行业的高质量发展，同时也要引导会计师事务所紧跟科技发展趋势，提升服务质量，实现专业性与科技应用的融合发展。

2. 香港地区

对于港澳地区的注册会计师行业来讲，目前也处于机遇与挑战并存的发展阶段。香港注册会计师行业在服务跨国公司、内地上市公司等方面积累了丰富的经验，近年来注册会计师事务所数量和注册会计师人数的规模相对稳定，香港作为国际金融中心，其资本市场与会计、审计服务紧密关联，而且行业在业务多元化发展方面也进行了积极的布局，如 ESG 业务。虽然香港可以从事上市公司审计的会计师事务所具有相当可观的数量（接近 2000 家），但按照市值统计超过 90% 的上市公司业务集中在 6 家 A 类事务所。此外，香港注册会计师行业也呈现出较为明显的老龄化趋势，年龄大于 55 岁的会员人数超过 1/5，年轻的学员人数近年来也呈现出下降的趋势。

在发展机遇方面，香港作为国际融资中心之一，提供了与资本市场相连的强大金融生态，为会计服务行业发展提供了广阔的市场空间，特别是近年来内地企业前往香港上市或通过香港实现"走出去"目标，在审计、咨询、税务方面都带来了丰富的业务需求。但当前全球经济增长前景仍不明朗，特别是受到美联储多次加息的影响，2023 年香港股市表现较为疲软，无论是新股数量还是融资金额较往年而言双双大幅度下滑，这一趋势如果延续将会压缩香港事务所的发展空间。

3. 澳门地区

澳门注册会计师的行业规模相对较小，会计师事务所只有 17 所，执业会计师不到 150 人，以澳门本地企业为主要服务对象。受限于行业规模和业务结构，澳门注册会计师业务拓展速度相对缓慢。近年来，澳门一直推行经济适度多元的发展战略，横琴粤澳深度合作区的发展规划更是为澳门经济发展注入新动能，这为澳门会计专业服务发展带来了新的机遇，服务粤澳两地的跨境企业成为当前澳门注册会计师行业发展的主攻方向之一。

但是，澳门会计师事务所在业务拓展方面仍然面临诸多挑战。首先，澳门注册会计师在内地开展鉴证业务的门槛较高，比如澳门注册会计师参加内地注册会计师考试没有科目豁免。其次，澳门会计师事务所的规模和人力资源难以支持其在内地大规模拓展业务。

（二）粤港澳大湾区注册会计师行业展望

综上分析，粤港澳大湾区注册会计师行业发展趋势总体向好，粤港澳三地在行业监管、管理方面都各有特点，如广东省注册会计师协会以自愿参与评比定期公布排名的方式引导会计师事务所持续开展质量建设，香港财务汇报局通过周期性的督查计划加强对行业的监督管理并定期公布督查结果。这些富有特色的制度和做法都极大地促进了粤港澳大湾区注册会计师行业发展质量的提升，同时也为粤港澳三地行业发展提供了宝贵的经验借鉴。

值得关注的是，香港和澳门明确规定公司每年在申报所得税时需要提交经审计的财务报表，因此，港澳地区的公司审计要求与税务合规密切相关，对于实行"简单税制"的港澳地区而言，由会计师事务所提供的审计服务无疑构筑了保障地区财政收入的防线。而内地《公司法》第二百零八条虽然有明确规定

"公司应当在每一会计年度终了时编制财务会计报告，并依法经会计师事务所审计"，但在工商年检和税收管理等环节没有要求企业必须提交审计报告，以至于内地大部分企业没有委托审计的意识。因此，内地会计师事务所在助力粤港澳大湾区市场经济高质量发展以及优化税收营商环境方面仍然可以发挥更大的作用。

为支持打造粤港澳大湾区优质服务品牌，广东省可以在会计师事务所综合评比中更多地融入品牌元素，将综合评价排名打造为会计师事务所品牌建设的助推器。此外，粤港澳三地行业协会也可以加强合作，联合开展执业质量评比和行业宣传活动，持续提升行业的社会声望。

为了促进区域内的会计师事务所发展，建设粤港澳大湾区注册会计师行业人才库是必不可少的。对此，粤港澳三地协同建立人才交流平台，除了现有的注册会计师资质互认制度以外，还要打通人才流动的通道，比如允许港澳会计专业人士成为从事特定业务或执行特定管理职能的合伙人，在大湾区珠三角九市直接执业。

第二章

审计客户

2

PART TWO

粤港澳大湾区案例

HLB 国卫会计师事务所有限公司（HLB Hodgson Impey Cheng Limited）是香港知名的会计师事务所，也是 HLB International 的国际理事会成员，HLB International 是全球十大独立咨询和会计公司。该有限公司成立于 1983 年。

从会计师事务所审计的上市公司数量来看，HLB 国卫会计师事务所目前在香港排名前六。HLB 国卫会计师事务所的客户包括跨国上市公司和家族企业等。HLB 国卫会计师事务所部分客户如下：AV Promotions Holdings Limited（于 2021 年 10 月 22 日委任 HLB 为其核数师）、红星美凯龙家居集团股份有限公司（Red Star Macalline Group Corporation Ltd.，于 2023 年 2 月 22 日委任 HLB 为其核数师）、餐饮集团 Palace Banquet Holdings Limited（于 2022 年 3 月 30 日委任 HLB 为其核数师）、建筑服务商银潮控股有限公司（Silver Tide Holdings Limited，于 2023 年 8 月 23 日委任 HLB 为其核数师）、傲迪玛汽车集团控股有限公司（Optima Automobile Group Holdings Limited，于 2022 年 11 月 24 日委任 HLB 为其核数师）。

HLB 国卫会计师事务所有限公司客户来源地的多元化，一定程度上反映出"粤港澳合作不断深化实化"，也是粤港澳大湾区高质量发展在注册会计师服务客户方面的体现[①]。

粤港澳大湾区作为中国一大世界级城市群，区域内经济活跃，上市公司数量有 2215 家（含经营业务所在地为大湾区珠三角九市的 A 股上市公司 824 家，经营业务所在地为香港的港股上市公司 1376 家，经营业务所在地为澳门的在港股上市的 15 家，相关数据见本章表 2-3 与表 2-5）。区域融合发展为注册会计师服务客户多元化带来更大推动力，那么粤港澳大湾区注册会计师服务客户的所有制类型、地区特征、行业特征如何？随着会计制度及证券监管制度的完

---

① HLB 国卫会计师事务所有限公司官方网站，https://www.hlbcpa.hk/，2023-12-31。

善，企业盈余管理行为成为投资者、监管机构及学界共同关注的重要问题[①]，企业盈余管理受企业内部控制质量[②]、宏观经济波动[③]、监管不确定性[④]等因素影响，那么粤港澳大湾区上市公司的盈余管理情况如何？由于公司年度报告涵盖重要且较全面的财务状况及业绩等信息，投资者做出投资决策更多依赖年度报告信息[⑤]。年度报告成为衡量上市公司信息披露质量的重要评价内容，那么粤港澳大湾区上市公司的信息披露质量如何？另外，在推动经济协调发展的同时，经济社会的绿色化及低碳化、可持续发展同样重要[⑥]，那么粤港澳大湾区上市公司的 ESG 表现如何？从粤港澳大湾区注册会计师服务对象的角度看，粤港澳大湾区上市公司有的属于现有客户，有的则是潜在客户，因此，本章结合课题组问卷调查与访谈、相关数据及信息资料，对粤港澳大湾区注册会计师服务客户的所有制类型、地区特征、行业特征以及粤港澳大湾区上市公司的盈余管理、信息披露质量、ESG 表现等进行较为深入的分析，以期为相关监管机构及会计师事务所与注册会计师、投资者、上市公司等主体决策提供参考。

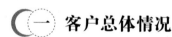

一 客户总体情况

（一）大湾区珠三角九市客户总体情况

总的来说，大湾区珠三角九市会计师事务所的上市公司客户较少，且上市公司客户绝大部分属大中型会计师事务所的客户。根据粤港澳大湾区珠三角九

① 汪昌云，李运鸿，王行健等.监管强度预期与上市公司盈余管理——基于证监会随机抽查威慑作用的研究［J］.审计研究，2023（3）：123-135.

② 方红星，金玉娜.高质量内部控制能抑制盈余管理吗？——基于自愿性内部控制鉴证报告的经验研究［J］.会计研究，2011（8）：560+96.

③ 周林洁，汪泓.乘势而进还是逆势而上：盈余管理的周期性检验［J］.南开管理评论，2020，23（6）：148-156.

④ 古朴，翟士运.监管不确定性与企业盈余质量——基于证监会换届的准自然实验［J］.管理世界，2020，36（12）：186-202.

⑤ Griffin P A. Got information? Investor response to form 10-K and form 10-Q EDGAR filings［J］. Review of Accounting Studies，2003，8（4）：433-460.

⑥ 刘照德，聂普焱.经济集聚、产业结构升级与绿色经济效率协调发展——基于京津冀与粤港澳大湾区的比较分析［J］.北京社会科学，2023（12）：29-43.

市注册会计师行业发展的问卷调查结果（见表 2-1、图 2-1 和图 2-2），整体来看，28.68% 的受访人员所在会计师事务所服务的客户中包含上市公司，说明客户中具有上市公司的会计师事务所仍是少数，而大部分（占比 71.32%）会计师事务所的客户并未包含上市公司。分别考虑不同规模的会计师事务所，其客户类型分布来看，85.71% 的大型会计师事务所、51.32% 的中型会计师事务所都有上市公司客户，而仅有 4.27% 的小型会计师事务所其客户中包含上市公司。从上市公司客户占比情况来看，仅有 4.47% 的会计师事务所客户类型比例中上市公司（按收入）占比达到 50% 及以上。与上述情况类似，绝大部分大型事务所的客户中包含国有企业，而仅有少部分小型事务所的客户类型中包含国有企业。

表 2-1 不同规模会计师事务所客户类型分布

单位：家

	客户类型					
	上市企业	非上市企业	政府机构及事业单位	院校	其他组织	样本总数
大型事务所	60	56	35	14	17	70
中型事务所	39	63	55	15	34	76
小型事务所	10	219	127	27	112	234
总样本	109	338	217	56	163	380
	客户所有制类型					
	国企	民营	外资	其他	样本总数	
大型事务所	54	63	28	17	70	
中型事务所	59	69	38	34	76	
小型事务所	83	219	99	103	234	
总样本	196	351	165	154	380	

资料来源：根据课题组发放调查问卷结果整理分析。关于表 2-1 中问卷调查结果的小型会计师事务所样本客户类型含上市企业，结合访谈调研等证实审计实务中存在小型事务所开展上市公司审计业务，详见第一章中"大湾区珠三角九市注册会计师行业的概况"相关内容。

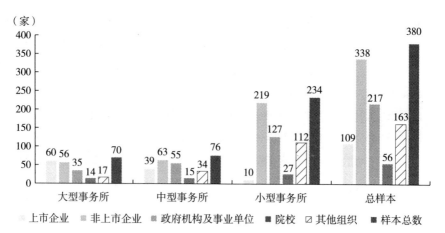

图 2-1　不同规模会计师事务所客户类型分布

资料来源：根据课题组发放调查问卷结果整理分析。

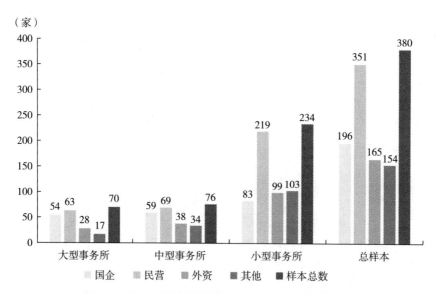

图 2-2　不同规模会计师事务所客户所有制类型分布

资料来源：根据课题组发放调查问卷结果整理分析。

考虑到非上市公司客户信息的非公开性，同时兼顾资本市场规模的扩大现状及会计师事务所发展的需求，因此以下主要围绕上市公司进行相关分析。问卷调查结果表明，非审计业务收入在事务所总收入中的占比不超过30%，说明对大部分会计师事务所而言审计业务收入仍是事务所收入的主要来源，审计客户服务为事务所贡献了大部分收入。根据 2022 年度财务报告审计的会计师事务所审计粤港澳大湾区珠三角九市的上市公司数据（见图2–3），经营业务所在地①为大湾区珠三角九市的上市公司（合计795家）中仅60家。2022年年度财务报告审计的会计师事务所城市，分别有418家、152家上市公司所在城市为北京、上海，一定程度上表明大湾区珠三角九市的上市公司客户大部分属于"北、上"会计师事务所的客户，客户较为集中，这与期刊《中国注册会计师》上发表的论文对上交所、深交所、北交所上市公司2022年年报审计的分析认为"22.81%的会计师事务所承揽上市公司年报审计市场中76.69%的业务"②较为一致。另外，大湾区珠三角九市的会计师事务所承接的"本地"上市公司客户较少。考虑到现有客户与潜在客户因素，以下客户分类分析中主要分析上市公司样本。

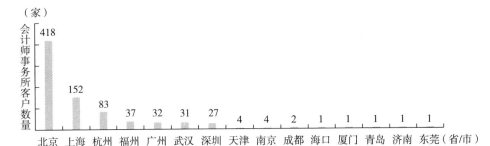

图2–3 2022年年报审计的会计师事务所审计大湾区珠三角九市上市公司客户数量

资料来源：粤港澳大湾区珠三角九市上市公司的名单来自于万得（Wind）数据库，具体见表2–3，总量为824家。大湾区珠三角九市上市公司2022年年度财务报告审计的会计师事务所名称及其所在城市数据由课题组根据年度财务报告中提供审计服务的会计师事务所信息手工整理所得，剔除数据缺失的29个样本，因此图中上市公司客户数量总计为795家。

（二）大湾区港澳客户总体情况

大湾区港澳客户集中度高，"本地"客户多。根据本书第一章内容，香港会计及财务汇报局官网的相关数据显示，香港有86家注册公众利益实体核数师。结合万得（Wind）数据库中港股上市公司2022年年报审计机构相关数据信息，对香港86家注册公众利益实体核数师的港股上市公司审计客户数量进

---

① 张玉梅，吴先明，高厚宾.资源"集聚"与"辐射"视角下国际创新中心的成长机制研究——以粤港澳大湾区为例［J］.中国工业经济，2022（11）：97–115.

② 李籽贤，吴耀妹.上市公司2022年年报审计情况分析报告［J］.中国注册会计师，2023（8）：18–32.

037

行统计，如表 2-2 所示，86 家注册公众利益实体核数师的"港股上市公司的客户数量"总计 2417 家，约占港股上市公司总量的 93%，可见绝大部分港股上市公司属于香港会计师事务所的客户。从客户数量来看，"Pricewater house Coopers"（香港称作罗兵咸永道会计师事务所）是客户数量最高的会计师事务所，其"港股上市公司的客户数量"为 419 家，"经营业务所在地为香港的港股上市公司的客户数量"为 192 家。位于"Pricewater house Coopers"之后的事务所依次是"Ernst & Young""Deloitte Touche Tohmatsu""KPMG"，三家事务所的"港股上市公司的客户数量"分别为 414 家、263 家、240 家，"四大"会计师事务所"港股上市公司的客户数量"总计达到 1336 家，约占港股上市公司总量的 51%，可见在港股审计市场上"四大"占据了约一半的市场份额。在"四大"之后，排名前十位的会计师事务所依次为"BDO Limited""HLB Hodgson Impey Cheng Limited""ZHONGHUI ANDA CPA Limited""Mazars CPA Limited""Elite Partners CPA Limited""SHINEWING（HK）CPA Limited""Grant Thornton Hong Kong Limited""MOORE CPA LIMITED""RSM Hong Kong""Baker Tilly Hong Kong Limited"，除"BDO Limited"会计师事务所的"港股上市公司的客户数量"达到 191 家，其他事务所的"港股上市公司的客户数量"在 50~90 家，相较而言仍有较大提升空间。另外，86 家注册公众利益实体核数师中有 44 家"港股上市公司的客户数量"为 0，可见事务所之间业务差异较大。

表 2-2　香港注册公众利益实体核数师的港股上市公司客户情况

单位：家

注册公众利益实体核数师名称	注册编号	经营业务所在地为香港的港股上市公司的客户数量	港股上市公司的客户数量	按"港股上市公司的客户数量"的排序
Anthony Kam & Associates Limited	M0332	—	—	—
AOGB CPA Limited	S0869	—	—	—
Ascenda Cachet CPA Limited	M0137	1	5	32
Asian Alliance（HK）CPA Limited	M0331	10	14	20
Baker Tilly Hong Kong Limited	M0154	34	50	14
BATNA C.P.A. Limited	S0570	—	—	—
BDO Limited	M0200	118	191	5
BOFA CPA Limited	M0749	1	1	37
CCTH CPA Limited	M0386	17	26	17

续表

注册公众利益实体核数师名称	注册编号	经营业务所在地为香港的港股上市公司的客户数量	港股上市公司的客户数量	按"港股上市公司的客户数量"的排序
CF Partners Limited	M0366	—	—	—
Cheng & Cheng Limited	M0035	9	11	25
Cheng & Cheng Zhongxinghua CPA Limited	M0750	—	—	—
CL Partners CPA Limited	M0298	8	14	21
Confucius International CPA Limited	M0648	11	16	19
Conpak CPA Limited	M0228	0	1	38
Cosmos CPA Limited	M0321	—	—	—
Crowe（HK）CPA Limited	M0338	34	48	15
CWK CPA Limited	M0825	1+4	1+5	31
D & PARTNERS CPA Limited	M0674	12	14	22
Da Hua Moore International CPA Limited	M0766	—	—	—
Deloitte Touche Tohmatsu	166	147	263	3
Elite Partners CPA Limited	M0269	41	67	9
Ernst & Young	422	164	413	2
Fan，Chan & Co. Limited	M0714	5	9	26
Fan，Mitchell & Co.，Limited	M0676	—	—	—
Gary Cheng CPA Limited	M0412	3	3	33
Global Link CPA Limited	M0863	—	—	—
Graham H.Y. Chan & Co.	676	—	1	39
Grant Thornton Hong Kong Limited	M0446	39	60	11
GTG CPA Limited	S0884	—	—	—
HLB Hodgson Impey Cheng Limited	M0402	71	93	6
HLM CPA Limited	M0481	9	9	27
iEvolution CPA Limited	M0913	—	—	—
Infinity CPA Limited	M0873	—	—	—
JFY CPA Limited	S0886	—	—	—
JH CPA Alliance Limited	M0318	—	—	—
Jonten Hopkins CPA Limited	M0186	—	—	—
Just CPA Limited	M0861	—	—	—
Kenswick CPA Limited	M0830	1	1	40

续表

注册公众利益实体核数师名称	注册编号	经营业务所在地为香港的港股上市公司的客户数量	港股上市公司的客户数量	按"港股上市公司的客户数量"的排序
KPMG	35	114	240	4
KTC Partners CPA Limited	M0295	4	12	23
Lau & Au Yeung C.P.A. Limited	M0005	2	3	34
Lee & Yu	1780	—	—	—
LIF & Wong CPA Limited	M0759	1	1	41
Linksfield CPA Limited	M0726	5	9	28
Mazars CPA Limited	M0257	45	70	8
McHill & Co.	2546	—	—	—
McM（HK）CPA Limited	M0786	5	7	30
McMillan Woods（Hong Kong）CPA Limited	M0702	32	43	16
Moore CPA Limited	M0557	32	59	12
Peng Sheng CPA Limited	M0816	—	—	—
PKF Hong Kong Limited	M0650	11	12	24
Pricewaterhouse Coopers	34	192	419	1
Prism Hong Kong and Shanghai Limited	M0607	7	18	18
Privatco CPA Limited	M0507	—	—	—
Qual-Mark CPA Limited	M0128	—	—	—
Quentin Wong & Co. CPA Limited	S0755	—	—	—
R & T CPA Limited	M0900	—	—	—
Reanda Lau & Au Yeung（HK）CPA Limited	M0324	—	1	42
RSM Hong Kong	1140	41	52	13
Shinewing（HK）CPA Limited	M0203	43	67	10
Sinno International CPA Limited	M0556	—	—	—
Solar CPA Limited	M0930	—	—	—
Suya WWC CPA Limited	M0881	—	—	—
Tandem（HK）CPA Limited	M0565	—	—	—
Target CPA Limited	M0605	—	—	—
Ting Ho Kwan & Chan	631	—	—	—
Ting Ho Kwan & Chan CPA Limited	M0487	2	3	35
UHY Prime HK CPA Limited	M0819	—	—	—

续表

注册公众利益实体核数师名称	注册编号	经营业务所在地为香港的港股上市公司的客户数量	港股上市公司的客户数量	按"港股上市公司的客户数量"的排序
Uni Vision CPA	2476	—	—	—
Union Power HK CPA Limited	M0119	—	—	—
United Power HK CPA Limited	M0820	—	—	—
Vision Partners CPA Limited	M0775	—	—	—
Vocation HK CPA Limited	M0037	—	—	—
Wellink CPA Limited	M0472	—	—	—
Wilson & Partners CPA Limited	M0922	—	—	—
WM CPA Limited	M0831	—	—	—
Wong C. Ming & Company	1029	—	—	—
WONG Wang Tai, Ivan	P02900	—	—	—
World Link CPA Limited	M0086	—	—	—
WWC Professional Corporation Limited	M0518	—	—	—
WWT Certified Public Accountants	2629	—	—	—
Yongtuo Fuson CPA Limited	M0645	5	8	29
Zenith CPA Limited	M0399	3	3	36
ZF（International）CPA Limited	M0685	—	—	—
Zhonghui Anda CPA Limited	M0282	55	80	7

资料来源及说明：表中86家注册公众利益实体核数师的名称及注册编号来自香港会计及财务汇报局官网，表中"经营业务所在地为香港的港股上市公司的客户数量"和"港股上市公司的客户数量"及排序数据根据香港会计及财务汇报局86家注册公众利益实体核数师的名称与万得（Wind）数据库中上市公司2022年年报的审计单位名称匹配整理所得。表中客户数量为0时用"—"表示，并且相应的排序也用"—"表示。

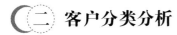 **客户分类分析**

（一）地区分类分析

1. 大湾区珠三角九市上市公司

（1）A股上市公司。按"经营业务所在地"来看，粤港澳大湾区珠三角九市上市公司（A股）数量总共824家。从城市分布来看，深圳市上市公司数量最多，占比达到 52.55%；其次是广州市，占比 20.75%，其他市占比较小。按"注册地址"看，粤港澳大湾区珠三角九市上市公司（A 股）数量总共 797 家，深圳、广州仍然是占比最高的 2 个城市（见表 2-3）。大湾区珠三角九市上市公司市域分布特征，与已有研究认为"地理空间在中国市域经济发展质量的动态演变中发挥着重要作用，市域经济发展的'高集聚、高带动低'的'俱乐部趋同'现象明显"[①] 的结论颇为一致。部分上市公司的"经营业务所在地"与"注册地址"不一致，如"经营业务所在地"是深圳、广州、东莞、佛山的上市公司有一部分"注册地址"在其他城市，"注册地址"在中山、惠州、江门、肇庆的上市公司有一部分"经营业务所在地"在其他城市。

表 2-3　A 股上市的粤港澳大湾区珠三角九市上市公司数量情况

所属城市	按"经营业务所在地"是大湾区珠三角九市的上市公司数量		按"注册地址"是大湾区珠三角九市的上市公司数量	
	上市公司数量（家）	所占比例（%）	上市公司数量（家）	所占比例（%）
深圳	433	52.55	421	52.82
广州	171	20.75	153	19.20
东莞	62	7.52	57	7.15
佛山	53	6.43	51	6.40
珠海	39	4.73	39	4.89
中山	26	3.16	30	3.76
惠州	18	2.18	17	2.13
江门	13	1.58	14	1.76
肇庆	9	1.09	15	1.88
合计	824	100.00	797	100.00

资料来源：根据万得（Wind）数据库相关数据分析整理，统计截止日期为 2023 年 9 月 8 日。

"经营业务所在地"指标来源于万得（Wind）数据库的"办公地址"数据，"注册地址"指标来源于万得（Wind）数据库的"注册地址"数据。

（2）港股、美股上市公司。表 2-4 数据显示，按"经营业务所在地"来看，在港股上市的大湾区珠三角九市公司总量为 227 家，在美股上市的大湾区珠三角九市公司总量为 38 家，其中深圳、广州港股上市公司数量合计占比

① 刘凯，刘涛.中国市域经济发展质量水平的格局演变及其驱动因子［J/OL］.经济地理，2021：1-11.

78.85%，两市美股上市公司数量合计占比92.11%。按"注册地址"来看，大湾区珠三角九市港股上市公司总量为38家，其中在港股上市的深圳、广州公司数量合计占比84.21%。由于"注册地址"是大湾区珠三角九市的美股上市公司数量为0，因此表2-4中未列此项。

表2-4 港股、美股上市的粤港澳大湾区珠三角九市上市公司数量情况

单位：家

所属城市	按"经营业务所在地"是大湾区珠三角九市的上市公司数量		按"注册地址"是大湾区珠三角九市的上市公司数量
	港股	美股	港股
深圳	115	21	23
广州	64	14	9
东莞	11	1	2
佛山	11	1	2
珠海	8	1	1
中山	10	0	1
惠州	5	0	0
江门	2	0	0
肇庆	1	0	0
合计	227	38	38

资料来源：根据万得（Wind）数据库相关数据分析整理，统计截止日期为2023年9月8日。

2. 港澳上市公司

（1）港股相关分析。港股"本地"上市公司占一半，注册地为"避税天堂"的公司占比高。万得（Wind）数据库相关数据显示，截至2023年9月8日，港股上市公司总数为2611家。按"经营业务所在地"分析（见表2-5）：经营业务所在地是"香港"和"Hong Kong"的港股上市公司数量为1376家，占比约52.7%，其中主板上市公司1133家、创业板上市公司243家；经营业务所在地是"澳门"和"Macau"及"Macao"的港股上市公司数量为15家，其中主板上市公司13家、创业板上市公司2家。按"注册地址"分析：注册地址是"香港"和"Hong Kong"的港股上市公司数量为219家，其中主板上市公司211家、创业板上市公司8家；由于注册地址是"澳门"及"Macau"与"Macao"的港股上市公司数量为0，因此表2-5未列此项。综合来看，有

大量经营业务所在地是"香港"的港股上市公司注册地址在百慕大、开曼群岛等地：注册地址为"百慕大"和"Bermuda"的有425家；注册地址为"开曼群岛"和"Cayman"的有750家。

表2-5 港股上市公司情况表

单位：家

分类项目	上市公司总数量	细分项目	上市公司数量
经营业务所在地是"香港"	1376	主板上市公司	1133
		创业板上市公司	243
经营业务所在地是"澳门"	15	主板上市公司	13
		创业板上市公司	2
注册地址是"香港"	219	主板上市公司	211
		创业板上市公司	8

资料来源：根据万得（Wind）数据库相关数据分析整理，统计截止日期为2023年9月8日。

澳门15家在香港交易所上市的公司（见表2-6），大多数上市板块为主板，仅有"亚洲先锋娱乐"（证券代码：8400.HK）、"瀛海集团"（证券代码为8668.HK）的上市板块为创业板。从2022年年报的审计机构来看，15家上市公司2022年年报审计机构基本是香港会计师事务所。其中，有4家澳门上市公司2022年年报审计机构为"德勤·关黄陈方会计师行"；有2家澳门上市公司2022年年报审计机构为"天职香港会计师事务所"；有2家澳门上市公司2022年年报审计机构为"安永会计师事务所"。15家上市公司中，除1家上市公司2022年年报审计意见为带强调事项段的无保留意见，其他上市公司2022年年报审计意见均为标准无保留意见。

表2-6 在港股上市的澳门上市公司及简况

证券代码	证券简称	上市日期	上市板	所属Wind行业名称	2022年年报审计机构	2022年年报审计意见
1128.HK	永利澳门	2009/10/9	主板	赌场与赌博	安永会计师事务所	标准无保留意见
1928.HK	金沙中国有限公司	2009/11/30	主板	赌场与赌博	德勤·关黄陈方会计师行	标准无保留意见
2296.HK	华记环球集团	2019/11/21	主板	特殊消费者服务	—	—

续表

证券代码	证券简称	上市日期	上市板	所属 Wind 行业名称	2022 年年报审计机构	2022 年年报审计意见
8668.HK	瀛海集团	2019/9/26	创业板	酒店、度假村与豪华游轮	国卫会计师事务所	标准无保留意见
2266.HK	黎氏企业	2017/2/10	主板	建筑与工程	天职香港会计师事务所	标准无保留意见
2448.HK	恒宇集团	2018/1/16	主板	建筑与工程	信永中和（香港）会计师事务所	标准无保留意见
1408.HK	濠江机电	2020/9/11	主板	电气部件与设备	德勤·关黄陈方会计师行	标准无保留意见
2282.HK	美高梅中国	2011/6/3	主板	赌场与赌博	德勤·关黄陈方会计师行	标准无保留意见
8400.HK	亚洲先锋娱乐	2017/11/15	创业板	赌场与赌博	致同（香港）会计师事务所	标准无保留意见
1204.HK	博维智慧	2022/7/15	主板	系统软件	罗兵咸永道会计师事务所	标准无保留意见
0640.HK	星谦发展	2010/8/12	主板	特种化工	罗申美会计师事务所	标准无保留意见
1183.HK	澳能建设	2018/2/13	主板	建筑与工程	德勤·关黄陈方会计师行	标准无保留意见
1722.HK	建鹏控股	2017/12/15	主板	建筑与工程	金道连城会计师事务所	标准无保留意见
1615.HK	奥邦建筑	2018/9/10	主板	建筑与工程	天职香港会计师事务所	标准无保留意见
1680.HK	澳门励骏	2013/7/5	主板	赌场与赌博	安永会计师事务所	带强调事项段的无保留意见

资料来源：根据万得（Wind）数据库相关数据分析整理。其中，华记环球集团数据年报审计数据不全，参考网站报道"华记环球集团（02296）：上市复核委员会决定维持除牌决定"（https://baijiahao.baidu.com/s?id=1777383636018763837&wfr=spider&for=pc）。

（2）美股相关分析。表 2-7 数据显示，截至 2023 年 9 月 8 日，美股上市公司中，经营业务所在地是"香港"和"Hong Kong"的上市公司数量为 44 家；经营业务所在地是"澳门"和"Macau"与"Macao"的美股上市公司仅 1 家。按注册地址看，美股上市公司中注册地址在"香港"和"Hong Kong"以及"澳门"和"Macau"与"Macao"的上市公司数量都为 0。相关数据显示，到美股上市的经营业务所在地为港澳的上市公司基本选择在美国、英国、英属维尔京群岛、开曼群岛等境外国家和地区注册成立。

表 2-7　经营业务所在地是香港和澳门的美股上市公司

证券代码	证券简称	上市板	公司中文名称	公司英文名称	经营业务所在地
AGBA.O	AGBA	主板	AGBA Group Holding Limited	AGBA Group Holding Limited	香港
AGMH.O	安高盟	主板	安高盟集团控股有限公司	AGM Group Holdings Inc.	香港
AIU.N	META DATA LIMITED	主板	Meta Data Limited	Meta Data Limited	香港
AMTD.N	尚乘 IDEA 集团	主板	尚乘 IDEA 集团	Amtd Idea Group	香港
CHNR.O	中国天然资源	主板	中国天然资源公司	China Natural Resources, Inc.	香港
CLPS.O	华钦科技	主板	华钦科技有限公司	CLPS Incorporation	香港
CLWT.O	欧陆科仪	主板	欧陆科仪控股有限公司	Euro Tech Holdings Company Limited	香港
FUTU.O	富途控股	主板	富途控股有限公司	Futu Holdings Limited	香港
GDC.O	GD CULTURE	主板	GD Culture Group Limited	GD Culture Group Limited	香港
GRFX.A	烯石电车新材料	主板	烯石电动汽车新材料控股有限公司	Graphex Group Limited	香港
HCM.O	和黄医药	主板	和黄医药（中国）有限公司	Hutchmed（China）Limited	香港
HIHO.O	骇维金属加工	主板	骇维金属加工控股公司	Highway Holdings Limited	香港
HKD.N	尚乘数科	主板	尚乘数字有限公司	AMTD Digital Inc.	香港
ICLK.O	爱点击	主板	爱点击	iClick Interactive Asia Group Limited	香港
MEGL.O	智富	主板	Magic Empire Global Limited	Magic Empire Global Limited	香港
MGIH.O	禧图	主板	禧图集团国际控股有限公司	Millennium Group International Holdings Limited	香港
MLCO.O	新濠博亚娱乐	主板	新濠博亚娱乐有限公司	Melco Resorts & Entertainment Limited	香港

续表

证券代码	证券简称	上市板	公司中文名称	公司英文名称	经营业务所在地
MSC.N	新濠影汇	主板	新濠影汇酒店有限公司	Studio City International Holdings Limited	香港
MTC.O	海川证券	主板	海川证券	MMTec, Inc.	香港
NHTC.O	天然健康指数	主板	天然健康指数公司	Natural Health Trends Corp.	香港
OCG.O	东方文化	主板	东方文化控股有限公司	Oriental Culture Holding, Ltd.	香港
PUK.N	英国保诚	主板	保诚有限公司	Prudential PLC	香港
PWM.O	盛德财富	主板	盛德财富有限公司	Prestige Wealth Inc.	香港
RGC.O	脑再生	主板	脑再生科技控股有限公司	Regencell Bioscience Holdings Limited	香港
SDA.O	盛大科技	主板	盛大科技集团股份有限公司	SunCar Technology Group Inc.	香港
SIMO.O	慧荣科技	主板	慧荣科技股份有限公司	Silicon Motion Technology Corporation	香港
TOP.O	中阳金融	主板	中阳金融集团有限公司	Top Financial Group Limited	香港
TROO.O	盟军集团	主板	盟军集团	Troops, Inc.	香港
UCL.O	优克联新	主板	优克联新技术有限公司	uCloudlink Group Inc.	香港
WLGS.O	宏利营造	主板	宏利营造集团	Wang & Lee Group, Inc.	香港
ACBA.O	ACE GLOBAL BUSINESS ACQUISITION	主板	Ace Global Business Acquisition Limited	Ace Global Business Acquisition Limited	香港
ACBAU.O	ACE GLOBAL BUSINESS ACQUISITION	主板	Ace Global Business Acquisition Limited	Ace Global Business Acquisition Limited	香港
BRQS.O	播思科技	主板	Borqs Technologies, Inc.	Borqs Technologies, Inc.	香港
BTWN.O	BRIDGETOWN	主板	Bridgetown Holdings Limited	Bridgetown Holdings Limited	香港
BTWNU.O	BRIDGETOWN	主板	Bridgetown Holdings Limited	Bridgetown Holdings Limited	香港
GCT.O	大健云仓	主板	大健云仓科技公司	Gigacloud Technology Inc.	香港

证券代码	证券简称	上市板	公司中文名称	公司英文名称	经营业务所在地
HHLA.N	HH&L ACQUISITION	主板	HH&L Acquisition Co.	HH&L Acquisition Co.	香港
HHLA_U.N	HH&L ACQUISITION	主板	HH&L Acquisition Co.	HH&L Acquisition Co.	香港
ILAG.O	INTELLIGENT LIVING APPLICATION	主板	Intelligent Living Application Group Inc.	Intelligent Living Application Group Inc.	香港
OPA.N	MAGNUM OPUS ACQUISITION	主板	Magnum Opus Acquisition Limited	Magnum Opus Acquisition Limited	香港
OPA_U.N	MAGNUM OPUS ACQUISITION	主板	Magnum Opus Acquisition Limited	Magnum Opus Acquisition Limited	香港
PRE.O	PRENETICS GLOBAL	主板	Prenetics Global Limited	Prenetics Global Limited.	香港
TKAT.A	香港大公文交所	主板	香港大公文交所股份有限公司	Takung Art Co., Ltd.	香港
DSWL.O	德斯维尔工业	主板	德斯维尔工业	Deswell Industries, Inc.	澳门

资料来源：根据万得（Wind）数据库相关数据分析整理，统计截止日期为 2023 年 9 月 8 日。

（二）行业分类分析

1. 大湾区珠三角九市上市公司

表 2-8 统计数据表明，整体来看，大湾区珠三角九市上市公司所属行业总计 60 多个，具有"品类齐全"的特点，其中计算机、信息技术、设备制造、医药制造等相关行业较多，体现其"世界制造业重要基地"的产业特点。粤港澳大湾区珠三角九市有 209 家上市公司所属行业为"计算机、通信和其他电子设备制造业"，占比 25.36%；"电气机械和器材制造业""专用设备制造业""软件和信息技术服务业"三类行业上市公司占比相近，分别为 8.86%、8.25%、7.65%，朝着实现《粤港澳大湾区发展规划纲要》中"增强制造业核心竞争力"及"推动制造业智能化发展""支持装备制造、汽车、石化、家用电器、电子信息等优势产业做强做精"[①]迈进。房地产业、化学原料和化学制品制造业、医药制造业、橡胶和塑料制品业、专业技术服务业等行业的上市公司数量

---

① 中共中央 国务院印发《粤港澳大湾区发展规划纲要》[EB/OL]. https://www.gov.cn/zhengce/2019-02/18/content_5366593.htm?eqid=ff65296400053927000000006645c961b#1, 2019-02-18.

为 20~30 家，属于所有行业中上市公司数量占比较多的行业。

表 2-8 粤港澳大湾区珠三角九市上市公司所属行业情况

单位：家

序号	行业名称	深圳	广州	东莞	佛山	珠海	中山	惠州	江门	肇庆	行业合计数
1	计算机、通信和其他电子设备制造业	131	17	21	8	13	3	11	2	3	209
2	电气机械和器材制造业	33	7	6	11	4	6	2	4	0	73
3	专用设备制造业	37	11	6	5	4	1	2	2	0	68
4	软件和信息技术服务业	41	15	2	1	3	1	0	0	0	63
5	房地产业	17	4	1	0	3	0	0	0	0	25
6	化学原料和化学制品制造业	8	14	1	3	1	1	2	0	1	31
7	医药制造业	12	9	1	0	5	0	0	1	0	28
8	橡胶和塑料制品业	6	7	3	3	1	0	0	1	0	21
9	专业技术服务业	15	7	0	0	0	0	0	0	0	22
10	商务服务业	9	6	0	0	0	0	0	0	1	16
11	建筑装饰和其他建筑业	13	0	0	0	0	0	0	0	0	13
12	汽车制造业	5	2	1	1	0	1	1	1	3	15
13	非金属矿物制品业	5	0	1	7	0	0	0	0	0	14
14	金属制品业	3	2	5	1	1	0	0	0	0	13
15	批发业	11	0	0	0	0	0	0	0	0	11
16	通用设备制造业	4	3	3	2	0	1	0	1	0	14
17	仪器仪表制造业	7	3	3	2	0	0	0	0	0	15
18	零售业	8	3	0	1	0	0	0	0	0	12
19	电力、热力生产和供应业	5	5	0	0	0	0	0	0	0	10
20	家具制造业	1	4	1	0	0	2	0	0	0	8
21	生态保护和环境治理业	6	0	1	2	0	1	0	0	0	10
22	铁路、船舶、航空航天和其他运输设备制造业	4	2	1	0	1	0	0	0	0	8

序号	行业名称	深圳	广州	东莞	佛山	珠海	中山	惠州	江门	肇庆	行业合计数
23	资本市场服务	6	1	0	0	0	0	0	0	0	7
24	纺织服装、服饰业	3	3	0	1	0	0	0	0	0	7
25	互联网和相关服务	5	5	0	0	0	0	0	0	0	10
26	食品制造业	0	4	0	1	0	1	0	0	1	7
27	道路运输业	2	2	1	0	0	0	0	0	0	5
28	农副食品加工业	2	3	0	0	0	0	0	0	0	5
29	土木工程建筑业	3	3	0	0	0	0	0	0	0	6
30	航空运输业	2	2	0	0	0	0	0	0	0	4
31	水上运输业	1	2	0	0	1	0	0	0	0	4
32	文教、工美、体育和娱乐用品制造业	1	3	0	0	0	1	0	0	0	5
33	有色金属冶炼和压延加工业	4	0	0	1	0	1	0	0	0	6
34	造纸和纸制品业	2	0	0	0	0	2	0	0	0	4
35	仓储业	0	1	1	0	1	0	0	0	0	3
36	电信、广播电视和卫星传输服务	1	2	0	0	0	0	0	0	0	3
37	酒、饮料和精制茶制造业	1	2	0	0	0	0	0	0	0	3
38	皮革、毛皮、羽毛及其制品和制鞋业	0	2	0	0	0	1	0	0	0	3
39	其他制造业	2	0	1	0	0	0	0	0	0	3
40	印刷和记录媒介复制业	2	0	1	0	0	0	0	0	0	3
41	纺织业	3	0	0	0	0	0	0	0	0	3
42	废弃资源综合利用业	2	0	0	0	0	0	0	0	0	2
43	货币金融服务	2	0	0	0	0	0	0	0	0	2
44	燃气生产和供应业	1	1	0	1	0	0	0	0	0	3
45	水的生产和供应业	0	0	0	1	0	1	0	0	0	2
46	研究和试验发展	0	2	0	0	0	0	0	0	0	2
47	综合	1	1	1	0	1	0	0	0	0	4
48	保险业	1	0	0	0	0	0	0	0	0	1

续表

序号	行业名称	深圳	广州	东莞	佛山	珠海	中山	惠州	江门	肇庆	行业合计数
49	公共设施管理业	1	2	0	0	0	0	0	0	0	3
50	广播、电视、电影和影视录音制作业	0	2	0	0	0	0	0	0	0	2
51	化学纤维制造业	0	0	0	0	0	0	0	1	0	1
52	建筑安装业	1	0	0	0	0	0	0	0	0	1
53	开采辅助活动	1	1	0	0	0	0	0	0	0	2
54	科技推广和应用服务业	0	1	0	0	0	0	0	0	0	1
55	其他金融业	0	1	0	0	0	0	0	0	0	1
56	铁路运输业	1	0	0	0	0	0	0	0	0	1
57	卫生	0	1	0	0	0	0	0	0	0	1
58	新闻和出版业	0	1	0	0	0	0	0	0	0	1
59	邮政业	1	0	0	0	0	0	0	0	0	1
60	有色金属矿采选业	0	2	0	0	0	0	0	0	0	2
61	装卸搬运和运输代理业	0	0	0	1	0	0	0	0	0	1
62	各城市合计数	433	171	62	53	39	26	18	13	9	824

资料来源：根据万得（Wind）数据库相关数据分析整理，统计截止日期为 2023 年 9 月 8 日。

2. 港澳上市公司

整体来看，港股上市公司行业分布呈现出"行业种类丰富、房产行业凸显、行业差异较大"的特点（见表 2-9）。港股上市公司总计 2611 家，按所属 Wind 行业的"行业级别"为四级行业进行统计，涵盖 152 种行业，可谓"行业种类丰富"。2611 家公司中，"建筑与工程"行业上市公司数量为 143 家，占比最高。在占比最高的前五大行业中，与房地产相关的则含 4 个行业，分别为建筑与工程、房地产开发、房地产经营公司、多样化房地产活动行业，从上市公司所属行业来看具有"房产行业凸显"的特点。另外，从占比最高的行业上市公司数量为 143 家，到上市公司数量仅有 1 家的行业（白银、电脑硬件、酒店及娱乐地产投资信托、摩托车制造、农用农业机械、药品零售、再保险、综合货品商店行业），可看出不同行业之间上市公司数量差异较大，也反映出行业差异较大。

表 2-9　港股上市公司行业分布情况

序号	所属 Wind 行业名称	上市公司数量（家）	上市公司数量占比（％）	序号	所属 Wind 行业名称	上市公司数量（家）	上市公司数量占比（％）
1	建筑与工程	143	5.5	77	特殊金融服务	12	0.5
2	房地产开发	117	4.5	78	系统软件	12	0.5
3	房地产经营公司	87	3.3	79	出版	11	0.4
4	服装、服饰与奢侈品	80	3.1	80	公路运输	11	0.4
5	多样化房地产活动	58	2.2	81	黄金	11	0.4
6	投资银行业与经纪业	57	2.2	82	鞋类	11	0.4
7	西药	51	2.0	83	中药	11	0.4
8	食品加工与肉类	46	1.8	84	重型电气设备	11	0.4
9	餐馆	45	1.7	85	综合电信服务	11	0.4
10	教育服务	45	1.7	86	电力	10	0.4
11	生物科技	44	1.7	87	电脑存储与外围设备	10	0.4
12	酒店、度假村与豪华游轮	43	1.6	88	建筑产品	10	0.4
13	信息科技咨询与其他服务	42	1.6	89	贸易公司与工业品经销商	10	0.4
14	房地产服务	40	1.5	90	生命科学工具和服务	10	0.4
15	广告	40	1.5	91	铜	10	0.4
16	互联网软件与服务	40	1.5	92	消费品经销商	10	0.4
17	资产管理与托管银行	39	1.5	93	白酒与葡萄酒	9	0.3
18	电影与娱乐	37	1.4	94	独立电力生产商与能源贸易商	9	0.3
19	工业机械	34	1.3	95	贵金属与矿石	9	0.3
20	消费信贷	32	1.2	96	化肥与农用化工	9	0.3
21	应用软件	31	1.2	97	基础化工	8	0.3

序号	所属 Wind 行业名称	上市公司数量（家）	上市公司数量占比（%）	序号	所属 Wind 行业名称	上市公司数量（家）	上市公司数量占比（%）
22	环境与设施服务	30	1.1	98	家庭装潢零售	8	0.3
23	建材	29	1.1	99	林木产品	8	0.3
24	钢铁	28	1.1	100	食品零售	8	0.3
25	休闲用品	28	1.1	101	航空	7	0.3
26	机动车零配件与设备	26	1.0	102	家庭用品	7	0.3
27	医疗保健设备	26	1.0	103	家用器具与特殊消费品	7	0.3
28	特殊消费者服务	25	1.0	104	综合性石油天然气	7	0.3
29	纺织品	24	0.9	105	大卖场与超市	6	0.2
30	煤炭与消费用燃料	24	0.9	106	广播	6	0.2
31	综合支持服务	24	0.9	107	金属与玻璃容器	6	0.2
32	赌场与赌博	23	0.9	108	人力资源与就业服务	6	0.2
33	其他多元金融服务	23	0.9	109	人寿与健康保险	6	0.2
34	消费电子产品	23	0.9	110	石油与天然气的储存和运输	6	0.2
35	电气部件与设备	22	0.8	111	数据处理与外包服务	6	0.2
36	电子元件	22	0.8	112	半导体设备	5	0.2
37	保健护理设施	21	0.8	113	多元化保险	5	0.2
38	航空货运与物流	21	0.8	114	非传统电信运营商	5	0.2
39	区域性银行	21	0.8	115	铝	5	0.2
40	通信设备	21	0.8	116	软饮料	5	0.2
41	保健护理服务	20	0.8	117	纸制品	5	0.2
42	金属非金属	20	0.8	118	办公房地产投资信托	4	0.2

续表

序号	所属 Wind 行业名称	上市公司数量（家）	上市公司数量占比（％）	序号	所属 Wind 行业名称	上市公司数量（家）	上市公司数量占比（％）
43	综合类行业	20	0.8	119	电脑与电子产品零售	4	0.2
44	保健护理产品经销商	19	0.7	120	航天航空与国防	4	0.2
45	多元化银行	19	0.7	121	互助储蓄与抵押信贷金融服务	4	0.2
46	燃气	19	0.7	122	啤酒	4	0.2
47	纸包装	19	0.7	123	无线电信业务	4	0.2
48	半导体产品	18	0.7	124	安全和报警服务	3	0.1
49	海运	18	0.7	125	财产与意外伤害保险	3	0.1
50	家庭娱乐软件	18	0.7	126	调查和咨询服务	3	0.1
51	建筑机械与重型卡车	18	0.7	127	多领域控股	3	0.1
52	汽车零售	18	0.7	128	多样化房地产投资信托	3	0.1
53	新能源发电业者	18	0.7	129	多元资本市场	3	0.1
54	互联网零售	17	0.7	130	机场服务	3	0.1
55	商业印刷	17	0.7	131	家庭装饰零售	3	0.1
56	服装零售	16	0.6	132	零售业房地产投资信托	3	0.1
57	海港与服务	16	0.6	133	铁路运输	3	0.1
58	石油天然气设备与服务	16	0.6	134	休闲设施	3	0.1
59	个人用品	15	0.6	135	住宅建筑	3	0.1
60	家庭装饰品	15	0.6	136	办公服务与用品	2	<0.1
61	汽车制造	15	0.6	137	保险经纪商	2	<0.1
62	石油与天然气的炼制和销售	15	0.6	138	多元化工	2	<0.1

续表

序号	所属 Wind 行业名称	上市公司数量（家）	上市公司数量占比（%）	序号	所属 Wind 行业名称	上市公司数量（家）	上市公司数量占比（%）
63	食品分销商	15	0.6	139	复合型公用事业	2	<0.1
64	特种化工	15	0.6	140	管理型保健护理	2	<0.1
65	专卖店	15	0.6	141	轮胎与橡胶	2	<0.1
66	电子制造服务	14	0.5	142	石油天然气钻井	2	<0.1
67	农产品	14	0.5	143	烟草	2	<0.1
68	水务	14	0.5	144	有线和卫星电视	2	<0.1
69	技术产品经销商	13	0.5	145	白银	1	<0.1
70	家用电器	13	0.5	146	电脑硬件	1	<0.1
71	石油天然气勘探与生产	13	0.5	147	酒店及娱乐地产投资信托	1	<0.1
72	医疗保健技术	13	0.5	148	摩托车制造	1	<0.1
73	医疗保健用品	13	0.5	149	农用农业机械	1	<0.1
74	百货商店	12	0.5	150	药品零售	1	<0.1
75	电子设备和仪器	12	0.5	151	再保险	1	<0.1
76	公路与铁路	12	0.5	152	综合货品商店	1	<0.1

资料来源：根据万得（Wind）数据库相关数据分析整理，统计截止日期为 2023 年 9 月 8 日。

根据表 2-6 中的数据，澳门 15 家在香港交易所上市的公司所属行业中，"赌场与赌博"行业有 5 家上市公司，占比 33.3%；"建筑与工程"行业有 5 家上市公司，占比 33.3%；电气部件与设备、系统软件、特种化工及酒店、度假村与豪华游轮等行业各有 1 家上市公司，一定程度上反映出"博彩业"作为澳门支柱产业的特点，澳门"建筑与工程"行业亦占有相当比重。澳门上市公司行业分布也在一定程度上反映出澳门博彩业逐渐向综合旅游休闲业转型的发展趋势，符合《横琴粤澳深度合作区总体发展规划》中"大力发展促进澳门经济适度多元的新产业"[①]的要求。

---

① 国务院关于《横琴粤澳深度合作区总体发展规划》的批复［EB/OL］. https://www.gov.cn/zhengce/zhengceku /202312/content_6920084.htm，2023-12-13.

(三) 指标分类分析

(一) 真实盈余管理指标

真实盈余管理是指通过销售操作、生产操控和酌量性费用操控等对真实交易与活动进行操控以达到盈余管理的目标[①](Roychowdhury, 2006; Cohen and Zarowin, 2010)[②], 如通过期末降价促销以提高当期利润、削减当期研发或广告支出等实现盈余管理目的[③]。根据国泰安数据库真实盈余管理指标计算模型, 参考引用甚广的 Dechow 等 (1998)[④], Roychowdhury (2006)[⑤] 模型测量企业真实盈余管理水平的计算方法, 以下关于大湾区珠三角九市上市公司及港澳上市公司真实盈余管理指标的计算模型如式 (2-1) 至式 (2-4) 所示。分行业、分年度回归, 获得各模型回归残差, 即为各指标的异常值。然后再根据公式计算 $TREM_{i,t}$, 该指标的值越大, 表明真实盈余管理的程度越高。

$$\frac{CFO_{i,t}}{A_{i,t-1}} = \alpha_0 + \alpha_1 \frac{1}{A_{i,t-1}} + \alpha_2 \frac{REV_{i,t}}{A_{i,t-1}} + \alpha_3 \frac{\Delta REV_{i,t}}{A_{i,t-1}} + \varepsilon_{i,t} \tag{2-1}$$

$$\frac{PROD_{i,t}}{A_{i,t-1}} = b_0 + b_1 \frac{1}{A_{i,t-1}} + b_2 \frac{REV_{i,t}}{A_{i,t-1}} + b_3 \frac{\Delta REV_{i,t}}{A_{i,t-1}} + b_4 \frac{\Delta REV_{i,t-1}}{A_{i,t-1}} + \varepsilon_{i,t} \tag{2-2}$$

$$\frac{DISEXP_{i,t}}{A_{i,t-1}} = c_0 + c_1 \frac{1}{A_{i,t-1}} + c_2 \frac{REV_{i,t-1}}{A_{i,t-1}} + \varepsilon_{i,t} \tag{2-3}$$

异常经营活动现金流用 $A\_CFO_{i,t}$ 表示。

异常生产成本用 $A\_PROD_{i,t}$ 表示。

异常酌量费用用 $A\_DISEXP_{i,t}$ 表示。

$$TREM_{i,t} = (-1)A\_CFO_{i,t} + A\_PROD_{i,t} + (-1)A\_DISEXP_{i,t} \tag{2-4}$$

---

①⑤ Roychowdhury S. Earnings management through real activities manipulation [J]. Journal of Accounting and Economics, 2006, 42 (3): 335-370.

② Cohen D A, Zarowin P. Accrual-based and real earnings management activities around seasoned equity offerings [J]. Journal of Accounting and Economics, 2010, 50 (1): 2-19.

③ 严若森, 周燃. 公司年报 MD&A 中的管理层诚信承诺: 真实盈余管理之后的道德掩饰行为? [J/OL]. 南开管理评论: 1-28 [2024-01-01].

④ Dechow P M, Kothari S P, Watts R L. The relation between earnings and cash flows [J]. Journal of Accounting and Economics, 1998, 25 (2): 133-168.

公式中相关变量符号释义如下：

$CFO_{i,t}$：企业 i 在 t 年度的经营现金净流量。

$PROD_{i,t}$：企业的生产成本，等于企业本期营业成本和存货变动之和。

$DISEXP_{i,t}$：企业的操控性费用，等于企业的销售费用和管理费用之和。

$REV_{i,t}$：企业 i 在 t 年度的营业收入。

$\Delta REV_{i,t}$：企业 i 在 t 年度的营业收入变动额。

$\Delta REV_{i,t-1}$：企业 i 在 t-1 年度的营业收入变动额。

$A_{i,t-1}$：消除规模效应，用 t-1 期期末总资产。

1. 大湾区珠三角九市上市公司真实盈余管理指标

表 2-10 中粤港澳大湾区珠三角九市上市公司的真实盈余管理指标值，是根据国泰安数据库真实盈余管理指标计算模型所计算的指标值，用以测量企业的真实盈余管理水平。从真实盈余管理指标值来看，824 家公司中剔除指标缺失的 40 家之后，剩下 784 家上市公司 2022 年的真实盈余管理指标的平均值为 0.0009，表明正向盈余管理（真实盈余管理指标值大于 0）程度更甚。从真实盈余管理指标值的绝对值来看，784 家上市公司 2022 年真实盈余管理指标绝对值的平均值为 0.1442，低于 2022 年境内上市公司（含上交所、深交所、北交所）4211 个样本的真实盈余管理指标绝对值的平均值（0.1526），表明九市上市公司盈余管理程度低于整体平均水平，一定程度上说明大湾区珠三角九市上市公司盈余管理程度较低。784 家公司中，负向盈余管理（真实盈余管理指标值小于 0）的公司有 366 家，负向盈余管理指标的平均值为 -0.1534，表明这些企业采取降低当期盈余的操作从而使企业当期业绩下降，但有利于企业未来业绩提升；正向盈余管理的公司有 418 家，正向盈余管理指标的平均值为 0.1361，即为融资需要等目的提高企业当期盈余的操作能促进企业当期业绩上升。

表 2-10 大湾区珠三角九市上市公司真实盈余管理情况

所属城市	上市公司数量（剔除缺失值）（家）	真实盈余管理指标绝对值的平均值	真实盈余管理（正向）的公司数量（家）	真实盈余管理（正向）平均值	真实盈余管理（负向）的公司数量（家）	真实盈余管理（负向）平均值
深圳	404	0.1497	217	0.1421	187	-0.1585
广州	163	0.1605	82	0.1501	81	-0.1710
东莞	61	0.1376	29	0.1155	32	-0.1577

续表

所属城市	上市公司数量（剔除缺失值）（家）	真实盈余管理指标绝对值的平均值	真实盈余管理（正向）的公司数量（家）	真实盈余管理（正向）平均值	真实盈余管理（负向）的公司数量（家）	真实盈余管理（负向）平均值
佛山	53	0.1098	31	0.0856	22	−0.1439
珠海	38	0.1133	21	0.1080	17	−0.1198
中山	25	0.0967	11	0.1128	14	−0.0840
惠州	18	0.0993	10	0.1192	8	−0.0743
江门	13	0.1498	10	0.1693	3	−0.0848
肇庆	9	0.1940	7	0.1929	2	−0.1977
合计	784	0.1442	418	0.1361	366	−0.1534

资料来源：表中上市公司所属城市数据及真实盈余管理指标计算所需的相关指标数据来自于万得（Wind）数据库，表中真实盈余管理相关指标值根据本章"三、（一）"中所述真实盈余管理指标计算模型计算得出，具体可通过本书邮箱获取"2022年大湾区珠三角九市上市公司真实盈余管理指标及排名情况"具体信息，由于存在部分指标缺失等因素可能导致存在一定误差。表中合计行的真实盈余管理指标绝对值的平均值为大湾区珠三角九市 784 家上市公司 2022 年真实盈余管理指标绝对值的平均值（0.1442）；真实盈余管理（正向）平均值为大湾区珠三角九市 418 家上市公司 2022 年真实盈余管理（正向）平均值（0.1361）；真实盈余管理（负向）平均值为大湾区珠三角九市 366 家上市公司 2022 年真实盈余管理（负向）平均值（−0.1534）。另外，国泰安数据库数据统计显示，2022 年境内上市公司（含上交所、深交所、北交所）4211 个样本的真实盈余管理指标的平均值为 −0.00000102，真实盈余管理指标绝对值的平均值为 0.1526。

从真实盈余管理指标分城市统计数据来看（见图 2-4 和图 2-5），在一定程度上具有"经济发展程度较高的城市负向盈余管理程度更甚，经济发展程度较低的城市正向盈余管理程度更甚"的特点。从正向与负向盈余管理程度对比分析来看，对于经济发展程度较高的城市如深圳、广州、东莞、佛山的负向盈余管理指标平均值分别为 −0.1585、−0.1710、−0.1577、−0.1439，四个城市的正向盈余管理指标平均值分别为 0.1421、0.1501、0.1155、0.0856，一定程度上反映出该类城市负向盈余管理程度高于正向盈余管理程度。中山、惠州、江门的负向盈余管理指标平均值分别为 −0.0840、−0.0743、−0.0848，三个城市的正向盈余管理指标平均值分别为 0.1128、0.1192、0.1693，一定程度上反映出该类城市正向盈余管理程度高于负向盈余管理程度。从真实盈余管理指标绝对值的平均值来看，相对于经济发展程度处于中间水平的城市，经济发展程度较高和较低的城市盈余管理程度更高。

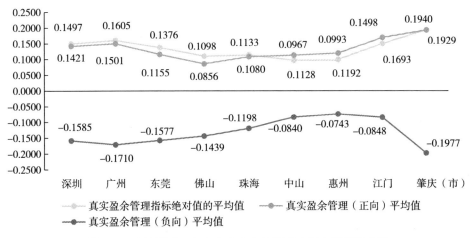

图 2-4 大湾区珠三角九市上市公司的真实盈余管理平均值

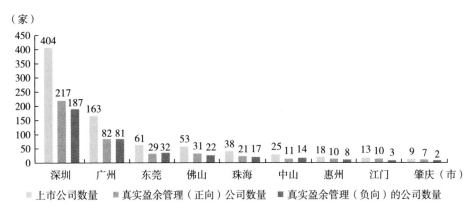

图 2-5 大湾区珠三角九市上市公司的真实盈余管理公司数量

2. 港澳上市公司真实盈余管理指标

根据万得（Wind）数据库数据，截止日期为 2022 年底的港股上市公司有 2621 家。由于计算真实盈余管理指标所需的指标相对较多，剔除指标值缺失较多（$\Delta REV_{i,t}/A_{i,t-1}$）的 1075 个样本，得到样本观测值 1546 个用于式（2-1）进行多元回归分析。剔除指标缺失较多（$PROD_{i,t}/A_{i,t-1}$）的观测值 1418 个，得到样本观测值 1203 个用于式（2-2）进行多元回归分析。剔除指标缺失较多（$DISEXP_{i,t}/A_{i,t-1}$）的观测值 1271 个，得到样本观测值 1350 个用于式（2-3）进行多元回归分析。最后，结合多元回归分析结果，根据式（2-4）的计算方法计算出港股上市公司真实盈余管理指标值，最终计算出 1126 个样本的真实盈余管理指标值。

总的来看（见表2-11），1126家上市公司真实盈余管理指标的平均值为0.0034，真实盈余管理指标绝对值的平均值为0.2218，反映出整体真实盈余管理程度相对较高。对比分析正向与负向盈余管理，正向盈余公司数量为666家，正向盈余管理指标平均值为0.1903；负向盈余公司数量为460家，负向盈余管理指标平均值为–0.2673，可见负向真实盈余管理程度更高。分行业来看，按真实盈余管理指标绝对值的平均值，港股上市公司中盈余管理程度较高的前三个行业为可选消费、日常消费、信息技术，三个行业真实盈余管理绝对值的平均值分别为0.4127、0.2748、0.2167，而电信服务、金融、公共事业、房地产行业属于真实盈余管理程度相对较低的行业。

表2-11 港股上市公司真实盈余管理指标（分行业统计）

序号	Wind行业名称	正向平均值	负向平均值	平均值	绝对值的平均值	正向公司数量（家）	负向公司数量（家）	公司数量合计（家）
1	能源	0.1571	–0.2838	0.0028	0.2015	26	14	40
2	材料	0.1361	–0.2095	0.0061	0.1637	68	41	109
3	工业	0.1106	–0.1488	–0.0168	0.1294	87	84	171
4	可选消费	0.2813	–0.8086	0.0098	0.4127	205	68	273
5	日常消费	0.2274	–0.3424	–0.0072	0.2748	40	28	68
6	医疗保健	0.1963	–0.2235	0.0011	0.2089	61	53	114
7	金融	0.1094	–0.0249	0.0557	0.0756	3	2	5
8	信息技术	0.2069	–0.2289	0.0124	0.2167	67	54	121
9	电信服务	0.0698	–0.0662	0.0245	0.0686	2	1	3
10	公共事业	0.0661	–0.0962	0.0095	0.0766	28	15	43
11	房地产	0.1123	–0.0757	0.0073	0.0919	79	100	179
12	合计	0.1903	–0.2673	0.0034	0.2218	666	460	1126

资料来源：根据万得（Wind）数据库港股上市公司财务指标等数据，按本书前述真实盈余管理指标计算模型计算得出港股上市公司真实盈余管理指标值，具体可通过本书邮箱获取"2022年港股上市公司真实盈余管理指标及排名情况"具体信息，由于存在较多指标缺失等因素可能导致存在一定误差。表中第12行的正向平均值"0.1903"是666家上市公司正向真实盈余管理指标的平均值；"–0.2673"是460家上市公司负向真实盈余管理指标的平均值；"0.0034"是1126家上市公司真实盈余管理指标的平均值；"0.2218"是1126家上市公司真实盈余管理指标绝对值的平均值。

图 2-6 和图 2-7 表明，1126 家港股上市公司所属 11 个行业中，从真实盈余管理正、负向平均值来看，负向真实盈余管理的程度高于正向真实盈余管理程度。从公司数量来看，整体来说这些公司更倾向于正向盈余管理。总的来看，真实盈余管理指标绝对值的平均值相对较大，反映出真实盈余管理程度整体较高。在所有行业中，可选消费、日常消费等行业的盈余管理绝对值的平均值约是盈余管理绝对值平均值较低行业对应指标值的 4~6 倍，反映出不同行业上市公司的真实盈余管理程度差异较大。

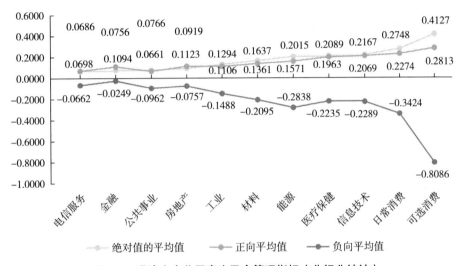

图 2-6　港澳上市公司真实盈余管理指标（分行业统计）

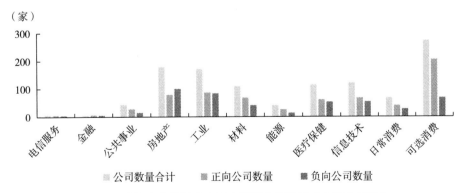

图 2-7　港澳上市公司真实盈余管理公司数量（分行业统计）

资料来源：根据万得（Wind）数据库港股上市公司财务指标等数据，按本书前述真实盈余管理指标计算模型计算得出港股上市公司真实盈余管理指标值。

（二）应计盈余管理指标

应计盈余管理是指通过会计政策选择、会计估计变更等会计手段进行盈余操纵，如通过固定资产折旧方式选择、无形资产摊销年限估计等进行盈余操纵[①]。结合国泰安数据库应计盈余管理指标计算模型，参考被广泛引用的 Dechow 等[②]（1995）修正的 Jones 模型测量企业应计盈余管理水平的计算方法，表 2-12 中应计盈余管理指标计算模型如式（2-5）至式（2-7）所示。首先，对式（2-5）进行分行业、分年度回归，得到相应回归系数带入式（2-6）得到非操控性应计利润 $NDA_{i,t}$，然后再代入式（2-7），从而计算得到修正的可操控应计利润 $DA_{i,t}$。

$$\frac{TA_{i,t}}{A_{i,t-1}}=\beta_0\frac{1}{A_{i,t-1}}+\beta_1\frac{\Delta REV_{i,t}}{A_{i,t-1}}+\beta_2\left(\frac{PPE_{i,t}}{A_{i,t-1}}\right)+\varepsilon_{i,t} \tag{2-5}$$

$$NDA_{i,t}=\hat{\beta}_0\frac{1}{A_{i,t-1}}+\hat{\beta}_1\frac{\Delta REV_{i,t}-\Delta REC_{i,t}}{A_{i,t-1}}+\hat{\beta}_2\left(\frac{PPE_{i,t}}{A_{i,t-1}}\right) \tag{2-6}$$

$$DA_{i,t}=\frac{TA_{i,t}}{A_{i,t-1}}-NDA_{i,t} \tag{2-7}$$

公式中相关变量的符号释义如下：

$TA_{i,t}$：第 i 企业在第 t 期的总应计利润，总应计利润 = 营业利润 − 经营活动现金流净额。

$NDA_{i,t}$：第 i 企业在第 t 期的非操控性应计利润。

$DA_{i,t}$：第 i 企业在第 t 期的操控性应计利润，其绝对值越大，盈余管理空间越大，会计信息质量越低。

$\Delta REV_{i,t}$：第 i 企业第 t 期的营业收入变动额。

$\Delta REC_{i,t}$：第 i 企业第 t 期的应收账款变动额。

$PPE_{i,t}$：第 i 企业在第 t 期的固定资产净额。

$A_{i,t-1}$：第 i 企业在第 t−1 期的期末总资产，用于消除规模效应。

---

① 严若森，周燃．公司年报 MD&A 中的管理层诚信承诺：真实盈余管理之后的道德掩饰行为？[J]．南开管理评论，2023，26（5）．

② Dechow P M, Sloan R G, Hutton A P. Detecting earnings management [J]. Accounting Review, 1995：192-225.

1. 大湾区珠三角九市上市公司应计盈余管理指标

从应计盈余管理指标分城市统计数据来看，剔除指标值缺失的 13 家上市公司，剩下 811 家大湾区珠三角九市上市公司应计盈余管理指标的平均值为 −0.0150，而境内上市公司（含上交所、深交所、北交所）4755 个样本的应计盈余管理指标平均值为 −0.0023，一定程度上表明大湾区珠三角九市上市公司负向盈余管理现象更甚。按应计盈余管理指标的绝对值来看，811 家上市公司盈余管理指标绝对值的平均值为 0.0714，高于全国平均值 0.0614，一定程度上说明湾区珠三角九市上市公司应计盈余管理程度较高。从应计盈余管理与真实盈余管理对比分析来看，真实盈余管理指标值更高，反映出这些公司更倾向于真实盈余管理。近年来资本市场监管加强，而随着法律制度和会计准则等不断完善，管理层更倾向于采取真实盈余管理而非应计盈余管理[①]。大湾区珠三角九市隶属全国经济发达（GDP 连续 34 年全国第一）的广东省，从盈余管理程度来看也与其经济发达程度有一定"相符"之处。应计盈余管理指标分城市看（见表 2-12 和图 2-8），按应计盈余管理（正向）平均值分析，中山、东莞上市公司该项指标值较高，分别为 0.0983、0.0836；按应计盈余管理（负向）平均值分析，广州、深圳等城市上市公司负向盈余管理程度相对较高。从上市公司数量（见图 2-9）来看，大部分城市负向应计盈余管理公司数量大于正向应计盈余管理公司数量，整体而言，大湾区珠三角九市上市公司更倾向于负向应计盈余管理。

表 2-12　大湾区珠三角九市上市公司应计盈余管理情况

所属城市	上市公司数量（剔除缺失值）（家）	应计盈余管理指标绝对值的平均值	应计盈余管理（正向）的公司数量（家）	应计盈余管理（正向）平均值	应计盈余管理（负向）的公司数量（家）	应计盈余管理（负向）平均值
深圳	421	0.0719	175	0.0627	246	−0.0784
广州	170	0.0740	68	0.0707	102	−0.0763
东莞	62	0.0682	29	0.0836	33	−0.0547
佛山	53	0.0654	26	0.0638	27	−0.0669
珠海	39	0.0773	19	0.0706	20	−0.0837

---

① Zang A Y. Evidence on the trade-off between real activities manipulation and accrual-based earnings management [J]. The Accounting Review, 2012, 87（2）: 675-703.

续表

所属城市	上市公司数量（剔除缺失值）（家）	应计盈余管理指标绝对值的平均值	应计盈余管理（正向）的公司数量（家）	应计盈余管理（正向）平均值	应计盈余管理（负向）的公司数量（家）	应计盈余管理（负向）平均值
中山	26	0.0649	9	0.0983	17	−0.0472
惠州	18	0.0745	8	0.0322	10	−0.1084
江门	13	0.0577	7	0.0531	6	−0.0631
肇庆	9	0.0618	3	0.0446	6	−0.0705
合计	811	0.0714	344	0.0664	467	−0.0750

资料来源：表中上市公司所属城市数据及应计盈余管理指标计算所需的相关指标数据来自于万得（Wind）数据库，表中应计盈余管理相关指标值根据本章"三、（二）"中所述应计盈余管理指标计算模型计算得出，具体可通过本书邮箱获取"2022年大湾区珠三角九市上市公司应计盈余管理指标及排名情况"具体信息，由于存在部分指标缺失等因素可能导致存在一定误差。表中合计行的应计盈余管理指标绝对值的平均值为大湾区珠三角九市811家上市公司2022年应计盈余管理指标绝对值的平均值（0.0714）；应计盈余管理（正向）平均值为344家上市公司2022年应计盈余管理（正向）平均值（0.0664）；应计盈余管理（负向）平均值为467家上市公司2022年应计盈余管理（负向）平均值（−0.0750）；811家上市公司2022年应计盈余管理指标的平均值为−0.0150。另外，国泰安数据库数据统计显示，2022年境内上市公司（含上交所、深交所、北交所）4755个样本的应计盈余管理指标的平均值为−0.0023；应计盈余管理指标绝对值的平均值为0.0614。

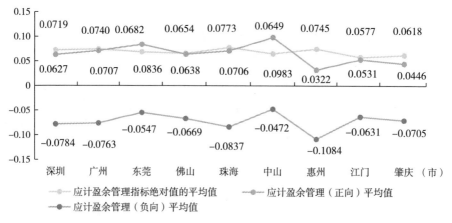

图2-8 大湾区珠三角九市上市公司的应计盈余管理指标

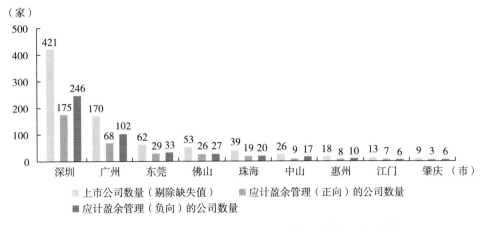

图 2-9 大湾区珠三角九市上市公司的应计盈余管理公司数量

2. 港澳上市公司应计盈余管理指标

根据万得（Wind）数据库数据，截止日期为 2022 年底的港股上市公司有 2621 家。由于计算应计盈余管理指标所需的指标中缺失值较多，剔除指标值缺失较多的样本 1076 个，得到样本观测值 1545 个用于式（2-5）进行多元回归分析，根据式（2-6）和式（2-7）计算出港股上市公司应计盈余管理指标值，再剔除 56 个部分指标缺失的观测值，最终计算出 1489 个样本的应计盈余管理指标值。

总的来看（见表 2-13），1489 家上市公司应计盈余管理指标的平均值为 0.1197，且应计盈余管理指标绝对值的平均值为 0.1703，反映出这些上市公司整体应计盈余管理程度相对较高，但与港股上市公司真实盈余管理指标绝对值的平均值相比，应计盈余管理程度更低，这与已有研究表明真实盈余管理比应计盈余管理具有较大的可操纵空间[1]较为一致。对比分析正向与负向应计盈余管理情况，正向应计盈余管理有 1263 家公司，占比 84.82%，负向应计盈余管理有 226 家公司，一定程度上表明正向盈余管理现象较普遍。按应计盈余管理指标绝对值的平均值分行业看，港股上市公司中应计盈余管理程度较高的前四个行业为医疗保健、信息技术、工业、日常消费，其中医疗保健、信息技术、日常消费行业的真实盈余管理程度也较高。另外，房地产、金融、公共事业则属于应计盈余管理程度较低的行业，而这三个行业也属于真实盈余管理程度相

---

① Graham J R，Harvey C R，Rajgopal S. The economic implications of corporate financial reporting［J］. Journal of Accounting and Economics，2005，40（1-3）：73.

对较低的行业。

表 2-13　港澳上市公司应计盈余管理指标（分行业统计）

序号	Wind 行业名称	正向平均值	负向平均值	平均值	绝对值的平均值	正向公司数量（家）	负向公司数量（家）	公司数量合计（家）
1	能源	0.1091	−0.2535	0.0216	0.1439	44	14	58
2	材料	0.1296	−0.2268	0.0980	0.1382	103	10	113
3	工业	0.2008	−0.2768	0.1418	0.2101	227	32	259
4	可选消费	0.1918	−0.1523	0.1378	0.1856	312	58	370
5	日常消费	0.2118	−0.1316	0.1590	0.1995	66	12	78
6	医疗保健	0.2374	−0.1639	0.1896	0.2286	111	15	126
7	金融	0.1006	−0.0354	0.0462	0.0745	12	8	20
8	信息技术	0.2107	−0.3333	0.1455	0.2254	147	20	167
9	电信服务	0.1688	−0.0387	0.1499	0.1570	10	1	11
10	公共事业	0.0707	−0.0712	0.0368	0.0708	51	16	67
11	房地产	0.0810	−0.0511	0.0570	0.0756	180	40	220
12	合计	0.1710	−0.1669	0.1197	0.1703	1263	226	1489

　　资料来源：根据万得（Wind）数据库港股上市公司财务指标等数据，按本书前述应计盈余管理指标计算模型计算得出港股上市公司应计盈余管理指标值，具体可通过本书邮箱获取"2022 年港股上市公司应计盈余管理指标及排名情况"具体信息，由于存在较多指标缺失等因素可能导致存在一定误差。表中第 12 行的正向平均值"0.1710"是 1263 家上市公司正向应计盈余管理指标的平均值；"−0.1669"是 226 家上市公司负向应计盈余管理指标的平均值；"0.1197""0.1703"分别是 1489 家上市公司的应计盈余管理指标的平均值、应计盈余管理指标绝对值的平均值。

　　图 2-10 和图 2-11 分别反映了港股上市公司的应计盈余管理指标值分行业情况，从应计盈余管理平均值来看，不同行业之间负向盈余管理程度差异较大，正向盈余管理程度差异相对较小。从盈余管理的公司数量来看，港股上市公司更倾向于正向盈余管理。从应计盈余管理绝对值的平均值来看，也反映出港股上市公司盈余管理程度相对较高。

　　对比分析真实盈余管理与应计盈余管理，港股上市公司真实盈余管理指标值更高。港股上市公司真实盈余管理指标绝对值的平均值为 0.2218，应计盈余管理指标绝对值的平均值为 0.1703，反映出整体真实盈余管理程度相对较高。已有研究表明，真实盈余管理比应计盈余管理具有较大的可操纵空间，且随着资本市场的发展及监管的变化等，一定程度上呈现出上市公司真实盈余管理程度较高的特点。

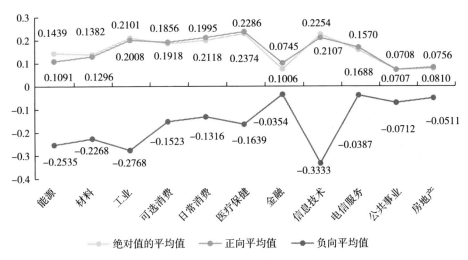

图 2-10 港股上市公司的应计盈余管理平均值

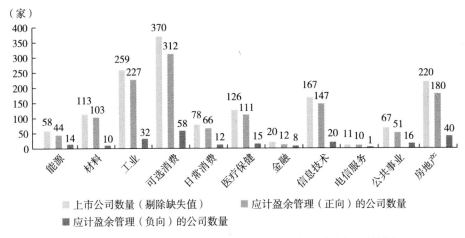

图 2-11 港股上市公司应计盈余管理的公司数量（分行业统计）

资料来源：根据万得（Wind）数据库港股上市公司财务指标等数据，按本书前述应计盈余管理指标计算模型计算得出港股上市公司应计盈余管理指标值。

（三）信息披露质量

上市公司会计信息披露是投资者决策的重要依据，会计信息质量的高低直接影响经济决策的有效性程度。大量的研究聚焦于上市公司会计信息披露的质量及其影响因素①。部分研究表明会计信息披露质量会受到企业产权制度、公司治理结构、会计信息混淆等因素的影响。本书对粤港澳大湾区上市公司会计信息披露质量进行研究的目的是帮助提高资本市场的透明度、保护投资者的合法权益。投资者可以根据这些信息做出更明智的决策，减少信息不对称带来的风险。

如表 2-14 所示，大湾区珠三角九市上市公司会计信息披露并不完善，除了肇庆市外，其他城市都存在不同程度的数据缺失情况。在数据结果方面，深圳市会计信息披露结果优秀的比例为 24.65%，略高于其他城市。大部分城市的上市公司会计信息披露结果为良好，比例在 60%~80%（见图 2-12），深圳、广州和佛山存在会计信息披露结果少数不及格的情况，比例都在 2.3% 以下。总的来说，大湾区珠三角九市上市公司会计信息披露质量整体表现良好。上市公司普遍加强了对会计准则和监管要求的遵守，使信息披露质量得到了整体提升。大部分公司采用了更加详细和规范的财务报告格式，增强了信息的可读性和可比性。

表 2-14　2022 年大湾区珠三角九市上市公司会计信息披露的数据结果

单位：%

城市	上市公司数量（家）	数据缺失比例	等级：1（优秀）	等级：2（良好）	等级：3（及格）	等级：4（不及格）
深圳	433	17.55	24.65	64.43	10.36	0.56
广州	171	21.05	24.44	64.44	9.63	1.48
东莞	62	26.67	8.70	80.43	10.87	0.00
佛山	53	16.98	20.45	70.45	6.82	2.27
珠海	39	33.33	23.08	73.08	3.85	0.00
中山	26	3.85	16.00	68.00	16.00	0.00
惠州	18	27.78	15.38	76.92	7.69	0.00
江门	13	15.38	9.09	63.64	27.27	0.00
肇庆	9	0.00	11.11	77.78	11.11	0.00

资料来源：国泰安数据库，会计信息披露质量考评结果：1= 优秀；2= 良好；3= 合格；4= 不合格。数据所属年度：2022 年。可通过本书邮箱获取"2022 年大湾区珠三角九市上市公司会计信息披露质量考评结果、ESG 综合得分及排名情况"具体信息。

---

① 陈晓芳，蒋武，夏文蕾等.会计研究核心热点主题评述及贡献分析：1980-2019［J］.会计研究，2021（4）：10-22.

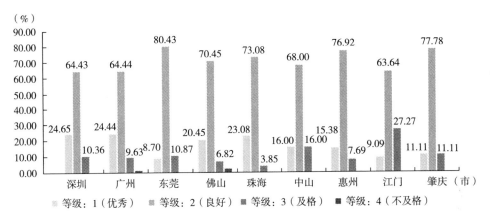

图 2-12 2022 年大湾区珠三角九市上市公司会计信息披露的数据结果

（四）ESG 表现指标

随着对可持续发展和企业社会责任的关注度提升，关于 ESG 综合分数披露的研究逐渐增多。投资者也越来越倾向于投资 ESG 表现良好的公司，这种投资被称为负责任、可持续的投资或 ESG 投资（Gillan et al., 2021）[①]。ESG 综合分数为企业提供了一个全面的可持续发展评估框架，帮助企业识别和解决潜在风险，从而做出更好的战略决策。然而，尽管企业的 ESG 概况和活动已被证明与该企业的市场、领导力和所有者特征及其风险、绩效和价值密切相关，但现有研究结论尚不一致。一方面，ESG 综合分数披露有助于降低企业的资本成本；另一方面，它也可能引发"漂绿"现象，即企业为了提高 ESG 形象而进行不实披露。通过对大湾区珠三角九市与香港上市公司的 ESG 表现进行对比分析，可以发现两地上市公司在 ESG 实践方面的差异，进而促进区域内的交流与合作，推动粤港澳大湾区的协同发展。

ESG 综合分数反映了企业在环境、社会和治理方面的非财务绩效。通过比较内地和香港上市公司的 ESG 综合分数，可以引导企业更加注重可持续发展，提高公司的社会责任和长期价值。对于政府和监管机构而言，此类研究为其制定相关政策提供了依据。课题组通过研究发现，大湾区珠三角九市上市公司在 ESG 披露方面存在不足（见表 2-15），政策制定者可以据此制定相应的规范和标准，促进市场的健康发展。通过与香港上市公司的 ESG 综合分数进行对比，

---

① Gillan S L, Koch A, Starks L T. Firms and social responsibility : A review of ESG and CSR research in corporate finance［J］. Journal of Corporate Finance，2021（66）.

大湾区珠三角九市的上市公司可以了解自身的优势和不足，从而调整战略、加强管理、提升竞争力。

表 2-15 2022 年粤港澳大湾区上市公司 ESG 综合评级

单位：%

城市 / 地区	上市公司数量（家）	数据缺失比例	等级：1 (≤ 6)	等级：2 (6~7)	等级：3 (7~8)	等级：4 (8~9)	等级：5 (>9)
深圳	433	9.93	40.88	36.03	10.62	2.08	0.46
广州	171	10.53	43.86	33.92	11.70	0.00	0.00
东莞	62	16.13	48.39	29.03	6.45	0.00	0.00
佛山	53	35.85	35.85	28.30	0.00	0.00	0.00
珠海	39	12.83	33.33	73.08	3.85	0.00	2.08
中山	26	7.69	46.15	34.62	11.54	0.00	0.00
惠州	18	5.56	38.89	16.67	22.22	0.00	0.00
江门	13	7.69	53.85	30.77	7.69	0.00	0.00
肇庆	9	0.00	44.44	55.56	0.00	0.00	0.00
香港	2621	5.80	27.89	41.32	25.14	5.34	0.31

资料来源：根据万得（Wind）数据库整理，截止到 2022 年 12 月 31 日；Wind ESG 评价体系由管理实践得分（总分 7 分）和争议事件得分（总分 3 分）组成，并给予"AAA-CCC"的七档评级，能综合反映公司 ESG 管理实践水平以及重大突发风险。详细数据可通过本书邮箱获取"2022 年粤港澳大湾区上市公司 ESG 评级与综合得分排名"具体信息。

在 ESG 综合分数披露方面，大湾区珠三角九市以及香港上市公司的数据均有所缺失，但整体上看，香港地区数据缺失比例较内地低，ESG 会计信息披露相对比较完整。从表 2-16 可知 ESG 综合分数的极值和均值，香港对比大湾区珠三角九市 ESG 分数高低跨度更大，香港最高分达 9.68 分，其平均值与广州、深圳的值差距不大，但是比其他七个城市要高。从大湾区珠三角九市来看，ESG 综合表现也存在较大分层，深圳、广州的平均值明显高于其他城市，其他城市均值基本在 6 分以下。从表 2-15 可知 ESG 分值的区间比例，处于 6 分以下和 6~7 分的城市比例较高，仅有香港 7 分以上的上市公司占比约 30%。图 2-13 显示，香港 7~8 分的上市公司比例达到了 25.14%，远高于大湾区珠三角九市。结合会计信息披露的结果来看，深圳、广州这两个经济发展势头相对更好的城市，在这两方面的信息披露表现都更好。这些数据结果一定程度上与前人的研究相符，也就是说 ESG 披露对公司运营有积极影响，并减少了资本市场的信息不对称[①]。总的来说，大湾区珠三角九市在 ESG 评级情况方面表现出一定的不均衡性，虽然数据缺失的比率较低，但整体评级并不高，这表明大湾区珠三角九市的上市公司在环境、社会和治理方面的表现还有待提高。为了提高 ESG 评级，建议上市公司应加强环境、社会和治理方面的管理，完善内部治理机制，提高信息披露的透明度和准确性。同时，监管机构应加强对上市公司 ESG 表现的监管力度，推动上市公司不断提高 ESG 表现。

表 2-16 2022 年粤港澳大湾区上市公司 ESG 综合分数情况

城市 / 地区	最大值	最小值	平均值
深圳	9.09	3.60	6.47
广州	7.92	4.22	6.37
东莞	7.85	4.36	4.89
佛山	6.43	5.27	5.86
珠海	8.2	4.55	5.54
中山	7.63	4.98	5.64
惠州	7.4	5.24	5.95
江门	7.27	4.87	5.5
肇庆	6.79	5.38	6.04
香港	9.68	2.93	6.23

资料来源：根据万得（Wind）数据库整理，数据截止到 2022 年 12 月 31 日。

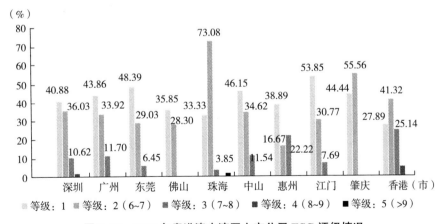

图 2-13 2022 年粤港澳大湾区上市公司 ESG 评级情况

---

① Shen H，Lin H，Han W，et al. ESG in China：A review of practice and research，and future research avenues［J］．China Journal of Accounting Research，2023．

（四） 总结与展望

（1）大湾区珠三角九市会计师事务所的上市公司客户较少，且上市公司客户绝大部分属大中型会计师事务所；大湾区珠三角九市上市公司客户集中于"北、上"，"本地"客户较少。由于负责大湾区珠三角九市上市公司年报审计的会计师事务所大部分所在城市为北京、上海，因此未来大湾区珠三角九市的会计师事务所要多关注大湾区珠三角九市上市公司相关信息，运用"近水楼台先得月"之优势，促进业务增长。

（2）湾区港澳客户集中度高，"本地"客户多。香港地区"四大"会计师事务所"港股上市公司的客户数量"约占港股上市公司总量的51%，可见客户集中度高。未来要紧密结合《横琴粤澳深度合作区总体发展规划》等湾区发展政策，乘势而上，拓展客户来源，实现服务多元化。

（3）大湾区珠三角九市上市公司集中度高，城市分布不均；港澳上市公司和"本地"上市公司占将近一半，注册地为"避税天堂"的公司占比高。根据《粤港澳大湾区发展规划纲要》的要求，发挥香港、澳门、广州、深圳创新研发能力强、运营总部密集以及珠海、佛山、惠州、东莞、中山、江门、肇庆等地产业链齐全的优势，优化制造业布局。

（4）相较于应计盈余管理，真实盈余管理程度指标值更高。大湾区珠三角九市及港澳上市公司真实盈余管理指标绝对值的平均值高于应计盈余管理指标绝对值的平均值，一定程度上表明相较于应计盈余管理，真实盈余管理程度更甚。已有研究表明，真实盈余管理比应计盈余管理具有较大的可操纵空间，且随着资本市场的发展及监管的变化等，一定程度上呈现出真实盈余管理指标更高的特点。未来监管方面应拓宽监管时间跨度，注意真实盈余管理的隐蔽性。考虑到诚信的营商环境及法制的发展对盈余管理具有一定抑制作用[1]，粤港澳大湾区各城市应致力于构建诚信的营商环境，同时通过修订法规及准则，加强协同合作，进一步完善法制。对于会计师事务所及注册会计师除加强审计质量控制、提升审计专业知识技能等对策之外，风险分担亦为可考虑的一种策略，如有实证研究表明三个审计师签字能够改善公司的财务业绩与市场业绩[2]，因

---

[1] 林斌，陈颖，林东杰. 诚信营商环境与企业盈余管理行为研究 [J]. 苏州大学学报（哲学社会科学版），2021，42（5）：88–101.

[2] 王娟，高燕. 三个审计师签字与盈余反应系数 [J]. 审计研究，2023（4）：129–138+160.

此可考虑采用增加审计师签字人数，一定程度上有助于提升审计质量，降低审计风险。由于已有研究表明，审计师利用专家工作应对关键审计事项有助于抑制公司的应计盈余管理与真实盈余管理，且利用不同类型的专家工作对盈余管理的作用程度不同，如利用估值专家工作有助于抑制应计盈余管理，而利用信息技术专家工作有助于抑制真实盈余管理[1]，因此可在审计师利用专家工作选择方面适度侧重。对于投资者而言，需结合公司财务报告及监管信息等多种渠道信息综合分析，如已有研究证明公司真实盈余管理与管理层诚信承诺之间存在正相关关系，因而投资者可通过公司年报 MD&A（即管理层讨论与分析）中的管理层用词情况以对企业真实业绩情况有一定了解，从而对其投资决策发挥一定辅助作用[2]。

（5）从信息披露来看，总的来说，大湾区珠三角九市上市公司会计信息披露质量整体表现良好。这些公司普遍重视会计准则和监管规定的执行，从而带动了会计信息披露质量的全面提升。大多数企业采纳了更为详尽和标准化的财务报告格式，这不仅增强了信息的易读性，还提高了信息的可对比性。然而，在 ESG 披露方面，大湾区珠三角九市以及香港地区的上市公司都存在数据缺失的情况。相对而言，香港的数据缺失比例较低，其 ESG 信息披露显得更为完整。从 ESG 综合分数的分布范围和平均值来看，香港与大湾区珠三角九市相比，其分数波动范围更大，香港的最高分达到了 9.68 分。尽管香港的平均 ESG 分数与广州、深圳相差不远，但它仍然高于大湾区珠三角的其他七个城市。大湾区珠三角九市在 ESG 评级情况方面表现出一定的不均衡性，虽然数据缺失的比率较低，但整体评级并不高，这反映出大湾区珠三角九市的上市公司在环境、社会和治理层面仍需进一步努力。为了提升 ESG 评级，建议各上市公司应着重加强在环境、社会和治理领域的管理实践，不断优化内部治理体系，并致力于提高信息披露的清晰度和真实性[3]。同时，监管机构在推动上市公司提升 ESG 表现方面应发挥更加积极的作用，切实加强对上市公司 ESG 表现的监管力度。鉴于当前许多上市公司的 ESG 报告并未经过第三方审计，这

---

① 柳木华，雷霄. 审计师利用专家工作抑制盈余管理了吗？——基于关键审计事项披露的经验证据[J]. 审计研究，2020（1）：78-86.

② 严若森，周燃. 公司年报 MD&A 中的管理层诚信承诺：真实盈余管理之后的道德掩饰行为？[J/OL]. 南开管理评论：1-28［2024-01-01］.

③ Serafeim G，Yoon A. Stock price reactions to ESG news：The role of ESG ratings and disagreement[J]. Review of Accounting Studies，2023（28）：1500-1530.

可能引发信息的可靠性和透明度问题，监管机构应特别关注并应对这一挑战。为了确保 ESG 报告的准确性和公信力，监管机构可以考虑制定更明确的审计要求和标准，鼓励或要求上市公司对其 ESG 报告进行第三方审计。这将有助于增强投资者对 ESG 信息的信任度，进而促进资本市场的可持续发展。此外，监管机构还可以通过提供指导、培训和支持，帮助上市公司提升 ESG 管理和报告能力。通过加强监管与引导相结合，监管机构可以更有效地推动上市公司在 ESG 方面取得实质性进展，为构建更加绿色、包容和可持续的湾区经济做出积极贡献。

第三章

智能审计

PART THREE

粤港澳大湾区案例

安永于前海举行了"安永大湾区卓越服务中心"启动仪式，标志着安永大中华区（安永）进一步深化粤港澳大湾区（大湾区）业务布局，以创新助推前海以至大湾区发展的战略决心。安永将继续通过"六通十一城"的架构，不断融合粤港澳三地的服务优势，以国际视野和本地市场专业知识，帮助企业把握大湾区开放与经济发展机遇。同时将以前海为重要枢纽，加速发展科技创新与研发业务，助力前海构建开放型的区域创新共同体。

粤港澳大湾区是中国"十四五"规划和经济发展战略的重要一环，也是安永业务发展战略的重点之一。大湾区政策的接连出台正推动区内经济融合不断加速，"三地"制度、关税和法域的协同不断深化，为现代服务业的蓬勃发展提供了契机。在这样的背景下，安永启动"安永大湾区卓越服务中心"，加码湾区布局，希望围绕前海所需，为建立优质服务业体系贡献安永力量。

安永中国主席、大中华区首席执行官陈凯表示："前海作为'特区中的特区'，坚持'依托香港、服务内地、面向世界'的战略定位，不仅拥有独特的区位优势，更是国家级政策高地，蕴藏巨大投资机遇，吸引着全球各地的资金、技术和人才，是粤港澳大湾区、深圳先行示范区建设新引擎。"陈凯指出，安永持续加大在大湾区的创新资源投入，在前海成立安永大湾区卓越服务中心，发挥安永"六通十一城"湾区战略架构优势，恰逢其时。

在"前海全球服务商"等计划的有力指引下，前海正积极招引、培育全球服务商集群，打造亚太地区重要的生产性服务业中心。谈及前海对企业的吸引力，安永华南区主管合伙人黄寅表示："前海以制度创新为核心，打造创新、协调、绿色、开放、共享的营商环境，凝聚了勇于创新的企业与人才。金融、科技、物流、信息等现代服务业主体在前海大展拳脚，共同打造出一个生机勃勃的大湾区生态圈。"

在六大领域服务框架下，安永聚焦科技主题，在前海打造三大功能区域，分别为科技互动展示区、科技应用方案研发区以及安全运营中心，成为安永大湾区卓越服务中心的一大亮点。服务中心配备了顶尖的工程和研发人员,致力于与企业共创全新的技术解决方案,以应对紧迫的挑战。

目前,三大功能区域建设稳步推进,30 多位来自人工智能、大数据、用户交互、区块链等领域的专家已与区域内行业伙伴展开紧密合作,持续交流企业转型成功经验,加速推动金融科技、智能制造、智慧城市等高新技术的产业应用,同时为企业提供业界领先的网络安全管理和运营服务,解决企业网络安全痛点,助力湾区企业发展。依托大湾区的地理优势和技术优势,安永大湾区卓越服务中心将持续引领区域创新发展。

安永香港区及澳门区主管合伙人李舜儿表示:"深圳前海是粤港澳的合作枢纽,是香港融入国家发展的首选地。香港企业可以把握前海在政策法规、税务以及商业运营等领域的创新优势,在前海寻找更广阔的发展空间。我们也将继续推动深港高质量合作,让我们一起共建湾区。"

(一) 智能审计的概念

智能审计,即智能技术与财务审计的有机结合,充分凸显了现代科技在财务审计中的应用。自人工智能的概念问世以来,"人工智能 +"在现代社会各个领域的应用引起了各方的关注。1987 年,美国执业会计师协会(AICPA)所发布的 "人工智能与专家系统简介" 正式提出了人工智能技术在审计领域应用的可能性。在此后的多年里,研究人员积极探索如何将智能技术应用到日常审计工作中,并在近几年逐渐取得了较为显著的研究成效:在国外,人工智能审计研究从决策辅助审计阶段过渡到人工智能审计重构阶段,前者集中于对人工智能审计的优势及对缺陷进行改进的探索,后者则集中于对审计方法和过程的构建;在国内,人工智能审计研究则经历了电算化审计阶段、计算机审计阶段和信息化审计阶段三个阶段,同样最终聚焦到传统模式向信息化模式的转换上(武晓芬等,2019)。事实上,随着新兴技术的不断革新,智能审计逐渐以大数据为基础,结合机器学习、深度学习神经网络等技术,给审计行业带来了多样化的技术手段和分析方法,审计人员可以根据这些新兴技术设计出不同的审计标准和规范,对原始数据加以分析、处理和信息提取(曹顺良等,2012),以获取更多的审计线索,进而发现其中的异常信息并形成较为完整的审计证据链，最终构建更加完善的审计信息系统。

根据课题组对大湾区珠三角九市 446 位会计师事务所从业人员的问卷调查结果（见表 3–1），整体而言，表中呈现了不同审计软件的接受度和普及程度。从受访者人数来看，选择引进鼎信诺审计软件和自行开发审计软件两种方案的事务所较多，说明这两种解决方案在受访对象中较为流行。可以预见，随着新时代下大数据、5G、云、人工智能等众多新技术的成熟和普及，越来越多的会计师事务所加快了自身的数字化进程以不断强化自身竞争力。

表 3–1 会计师事务所审计软件使用情况问卷统计

软件名称	受访者人数	软件名称	受访者人数
鼎信诺审计软件	100	用友审计软件	48
中普审计软件	75	铭太 E 审通	62
华为 ERP	2	博科审计软件	1
自行开发审计软件	84	其他审计软件	74

资料来源：根据课题组发放调查问卷结果整理分析。

在访谈调研中发现，大湾区会计师事务所在智能审计发展方面主要着眼于人才队伍建设、技术手段运用和制度体系建设。总的来说，实力雄厚的事务所大都会积极地在智能审计领域重金投入，进行外部合作或内部研发，中小规模的事务所则选择引进成熟的系统。在后续内容中，我们将通过具体案例和一些事务所的公开信息，来详细介绍审计领域中具有代表性的智能化创新。

 （二）智能审计相对于传统审计的优势

智能化审计与传统审计都强调审计的独立性和客观性，这是审计工作的基本原则之一。在审计过程中，两者都需要进行风险评估、内部控制审查、财务报表分析等程序，以确保审计的准确性和可靠性。在实质性程序上，人工智能并不能完全代替函证、风险评估和意见出具等环节中人的作用，也不能替代人作为评判的标尺。吴花平和汤麒胭（2023）指出，审计人员在借助先进技术进行智慧审计时不能完全依赖技术，审计人员还是需要具有独立的思考与判断能力。尽管审计的基本逻辑没有发生变化，但是智能审计相对传统审计存在以下优势：

（一）工作方法创新，程序效率提升

张悦和杨乐（2021）运用大数据对审计程序的影响在样本整体平均得分方面由高到低依次进行排序，其中：重新计算、重新执行、分析程序的审计程序将由期中或期末执行向持续审计转变；函证由第三方函证向云端储存的数据函证转变；检查、观察、询问的审计程序将被数据分析法替代，相较而言，这一项比前两项的平均得分要低很多。这说明，一些需要审计人员实地检查盘点的审计程序不易受大数据技术的影响或影响程度较低，而函证、重新计算等审计程序更容易受信息技术的影响，容易被其他方法替代。

（二）扩大审计范围，增加审计样本量

刘琼（2021）指出，传统审计通常采用抽样方式进行，这意味着审计师只能对部分数据进行分析和测试，传统的审计对象就是被审计单位，审计的主要内容就是被审计单位的财务报表。传统审计主要是根据被审计单位提供的财务报表等审计资料，检查被审计单位的具体经营管理活动等。在云审计的情况下，审计对象和审计内容的范围都比传统审计更加广泛。而智能审计则能够利用大数据和云计算技术，对所有相关数据进行全面覆盖，提高了审计的准确性和可靠性。

（三）减少重复程序，提高审计效率

智能审计通过自动化和智能化的方式处理审计工作，能够显著提高审计效率，缩短审计周期。而传统审计在处理大量数据和进行烦琐的审计程序时，效率相对较低。刘琼（2021）认为，在过去，获得这些审计资料需要耗费大量的人力和物力，不仅降低了审计工作效率，而且增加了审计的成本。彭洁（2023）强调，智能审计在数据处理和分析方面具有强大能力，可以利用大数据技术对海量数据进行筛选、分析和挖掘，快速发现问题和潜在风险。而传统审计的数据处理能力相对较弱，难以应对大规模数据。运用新型智能化审计技术，可以降本增效，提高审计的工作效率。

（四）集中风险预期，加强风险控制

宁红梅（2008）指出，在过去的手工会计时期，审计工作往往更重视事后审计。随着智能化审计工作的广泛开展，审计工作应从事后审计转变为事前审

计和事中审计。智能审计可以通过数据模型和算法对潜在风险进行预测和预警，提高风险控制的准确性和及时性。而传统审计主要依赖于经验和手工操作，风险控制能力有限。智能审计能够实时监控企业的财务状况和运营数据，能够更及时地发现问题并预警。而传统审计通常只能在事后进行审查和报告。同时，彭洁（2023）认为智能审计引入大数据技术之后可以广泛挖掘内外部有关数据，相较传统会计可以有效规避人为干预的差错风险。

 三 粤港澳大湾区事务所智能审计的发展概况

（一）智能审计的发展基础

在如今这个信息爆炸和技术飞速发展的时代，各行各业都在探索用数字化手段提升运营效率、改进服务质量和塑造竞争优势。会计师事务所在人工智能方面的布局是智能审计发展的重要基础。安永、毕马威、德勤、普华永道等大型会计师事务所在这一转型浪潮中担当着重要的角色。他们不仅为客户提供专业和多元化的服务，还在内部采纳尖端科技，尤其是应用人工智能（AI）技术，以确保自身在数字化浪潮中保持领先地位。以下将详细介绍这些事务所在人工智能领域的投入、创新和发展。

1. 安永

安永推出了 METIS 平台，整合了人工智能和大语言模型技术，以提升企业各项业务流程的效率和精准度。通过平台的智能办公助手、KPI 智能助手、全球雇佣与薪酬助手及国际派遣政策机器人等功能，安永着力优化企业运转流程，强化员工工作体验。此外，安永还涉足决策智能辅助和方案智能生成领域，支持企业快速响应市场变化。METIS 六大核心中心能高效发掘企业的 AI 潜力，加速数字化转型。安永也通过三大核心咨询服务，为企业采用 AI 提供全面支持，积极与全球科技伙伴合作构建健康的 AI 生态。

2. 毕马威

毕马威通过建立审计函证中心，利用先进科技，以标准化、智能化和数字化为目标，革新审计函证流程，提升审计质量和效率。该中心背靠大湾区人才库，培养新型专业人才，加强专业化服务团队建设。毕马威提倡函证工作的全流程管控，推动自动化和数字化技术的应用，如自创的函证平台、定制智能处理设备和机器人技术，提高函证工作的准确性和效能。在推动集约化函证发展的同时，积极参与修订相关法规，并与数字化建设同步，以推进银行函证的规范化建设。

3. 德勤

德勤高度重视人工智能技术的发展与应用，致力于实现公司级的 AI 转型。德勤创建了人工智能研究院和核心技术卓越中心，与汽车、消费品等多个行业客户合作探索 AI 解决方案，推动服务体系和商业模型的创新，以维持市场领导地位。德勤还建立了强大的人工智能生态联盟，与阿里云、华为云等科技巨头建立合作，共同开发业务闭环和联合创新中心。内部方面，德勤大力推动运营效率提升和人才能力升级，普及 AI 工具和认证培训，助力员工进行数字化转型，确保在 AI 时代的持续领导地位。

4. 普华永道

普华永道通过全球 CEO 调研认识到投资人工智能对于维持企业商业寿命的重要性，并宣布未来将投资 30 亿元人民币运用于中国内地和香港地区的人工智能领域。普华永道计划提升员工技能并将流程和系统自动化，推动客户以 AI 驱动的数字转型，并开发以人工智能为核心的创新解决方案。公司致力于通过人工智能改进客户服务产品、提高服务质量、增加客户价值。普华永道还积极与科技联盟伙伴、初创企业、学术界和政府进行合作，确保其人工智能战略的合规性、安全性和普惠性，并充分遵循中国的网络和数据安全法规。

5. 立信

立信通过自主研发的基于云的智能审计作业平台 SACP，在智能审计技术领域进行了重点投入。该平台在数据处理和分析方面表现出色，涵盖数据校验、分析、核对等多个层面，大幅提升了审计效率和内部控制的强度。立信也注重远程审核能力的增强和数据在线作业，集成了众多外部工具，如风报、企查查，用以加强数据收集和处理。此外，平台的知识共享功能彰显了立信对于知识管理和智慧化审计流程标准化的高度重视。

6. 中职信

中职信推出了适用于固定资产投资项目审计的工程智能审计平台 V1.0，显示了它在审计技术应用特定领域的深化发展。该平台重点提供了风险导向审计模型和个性化的"菜单式"审计咨询服务，通过引入模型化和标准化操作，将审计动作实现自动化和效率化。它的特色功能如风险点模型、定额审计方案和智慧锦囊等，凸显了中职信在审计服务中智能分析和客户服务个性化方面的专注。

7. 信永中和

信永中和对大数据技术实施较早，已经累积了大量数据分析的案例并形成了成熟的方法论。该事务所注重在审计执行过程中的数据全覆盖和多层面分析，擅长执行完整性校验和审计风险识别等。通过项目层级的数据治理与服务，以及针对特定行业的定制分析模型，信永中和在为客户供应深度数据分析服务方面的表现全面而深入。

8. 深圳正先

深圳正先将重点放在全面的数字化转型上，通过制定"蓝海战略"和"云战略"来指导公司未来的发展道路。该事务所的云系统和数字技术贯穿运营的每一个层面，这种做法显著提升了作业效率和客户体验。更为关键的是，深圳正先结合数字化转型和跨界融合创新，改造业务模式，并通过数字营销策略强化了事务所的知名度和市场份额。

（二）智能审计的技术积累

1. 毕马威会计师事务所：人工智能信贷审阅工具、KPMG Clara Workflow 与函证管理系统

毕马威华振会计师事务所（特殊普通合伙）（以下简称"毕马威"）于2013 年在广东省佛山市创立审计函证中心，旨在借助前沿科技，助力审计函证流程标准化、智能化和数字化改革。2021 年 3 月 16 日，毕马威智能创新空间大湾区中心在深圳前海启用，着眼于将人工智能、区块链、大数据等数字化技术运用到实际工作中。

毕马威在 2018 年推出了"人工智能信贷审阅工具"，专注于金融行业的借贷和投资领域。该工具应用自然语言处理和大数据技术的领先科技，显著提升了信息处理效率，并深度挖掘了多维度的风险信息。

2019 年，毕马威引入变革性技术，利用技术重塑审计流程，提供审计服务，借助不断延伸的科技力量来交付高质量审计和独创见解。对于现阶段毕马威的战略来说，科技已居于毕马威所有服务项目的核心。未来，毕马威将持续投资创新和新科技。目前，毕马威正大力开发技术解决方案，让内部的审计人员能够通过智能、直观的技术平台——KPMG Clara Workflow，利用其集成的新兴技术以及数据科学、审计自动化和数据可视化能力，始终如一地交付高质量审计服务。

2021年，毕马威已自行研发出内部函证平台，建立起了函证管理系统，规范函证工作，实现了函证工作全流程管控。一直以来，毕马威与先进的科技企业合作，大力引进自动化设备和智能化系统，提升审计效率。公司年报显示，通过应用数字化和自动化技术，实现函证工作的标准化、智能化和数字化，目前毕马威的函证流程总体用时比最初设立的时候缩短了30%，更加高效和准确。

2. 德勤会计师事务所：共享服务中心的"勤勤助手"和"小勤人"

德勤华永会计师事务所（特殊普通合伙）（以下简称"德勤"）依托其内部的共享服务中心的建设，与科技企业开展合作，不断更新内部流程，优化工作效率。对内效率提升上，德勤会计师事务所于2016年3月宣布与Kira Systems合作，推出"小勤人"，解决企业内部审计周期长、沟通成本高、重复工作量大的业务痛点。近年来，德勤在现有"小勤人"的基础上进一步与行业领先的智能应用业务（Assets-Based Business，ABB）相结合，开始向认知自动化（Robotic Cognition Automation，RCA）方向进化，可以在内部审计执行过程中协助内部审计人员完成如自助式内部审计数据采集、自动化测试、自动化文档审阅、自动化底稿编制、内部审计项目管理等工作项目。

2020年初，来也科技与德勤进行项目合作，于2021年6月正式签订战略合作协议。2022年3月，对话式人工智能平台，也就是RPA（指利用软件机器人或"机器人工人"来自动执行重复性、规律性的办公室任务）解决方案的"勤勤助手"——勤办引导式机器人在内部共享服务中心上线。在内部审计中，RPA可以助力于金融业内部审计业务流程中的审计项目管理、文档初步审阅、审计证据自动化与持续采集、审计底稿初步填写等工作，显著提升内部审计效率。"勤勤助手"最大的特点是在对外业务承接方面，目前的人工智能程序能够通过对话机器人与工单系统对接，实现日常事务处理和共享服务中心任务分配，7×24小时不间断服务，提高了接单处理的效率和响应速度。

3. 普华永道会计师事务所：多样智能财务机器人方案

普华永道会计师事务所比较具有代表性的是智能化建设成果，被称为"Aura"的内部审计工具能够快速抓取所需的内部资料和处理业务相关信息，也是每一位员工入职必备的技能。无论是在深圳还是在北京，无论是否身处粤港澳大湾区，都可以通过Aura审计平台根据客户业务定制审计服务。普华永道在全球的所有审计项目中均使用了Aura审计平台。普华永道的Aura审计平台可根据客户业务提供定制审计服务。通过设定具体风险等级，控制依赖程度和实质性测试水平，使普华永道的审计计划更具针对性。而通过使用Halo数据审计套件分析客户数据，普华永道可以更可靠地识别出异常和潜在风险领域。

普华永道利用其资本和团队不断创新技术，打造出贴合客户技术需求的审计工具。普华永道在2020年报告中指出：已经研发出了四大独有智慧工具——Aura、Halo、Connect和Extract，通过这一系列工具，普华永道能够更好地发现异常情况或新动向。该事务所最新的数据可视化工具能够帮助客户透过数字看到本质。因此，普华永道可以就关键审计领域执行有针对性的测试，创造新的价值并完成相关分析，并对其审计软件实施针对性测试，精简审计工作，提升审计质量。此外，还会根据不同客户的业务特点，执行有针对性的风险评估。普华永道使用Aura和Halo等工具套件分析客户数据，优先处理财报风险。

4.安永会计师事务所：以EY Helix为代表的系列工具套件

安永持续研发和应用的数据分析工具——EY Helix包括了多种分析器，可以对资产负债表、利润表等海量基础数据进行分析，精准识别异常数据，评估会计信息质量，识别流程中的趋势和异常情况，聚焦值得关注的风险。

除了EY Helix这一分析工具套件外，安永还有两个内部平台以供加速审计流程：EY Canvas是安永的全球在线审计平台，EY Atlas是其全球云知识平台。安永最新推出的数字化人才的学习认证系统，就是前文提到的EY Badges，从各方面、多角度为安永的企业发展注入了强大动力。

EY Helix是安永基于数据分析开发的审计程序，能够覆盖企业完整的业务循环。EY Helix不仅使安永审计团队能够识别可能发生错报风险的环节，而且能够深入分析每项交易，从而明确进一步调查的方向。在执行基于数据分析的审计程序时，安永审计团队还会与管理层分享在此过程中获取的洞察观点。

5.立信会计师事务所广东分所：立信SACP系统

立信SACP系统是一款为审计工作量身定制的全能助手，其功能涵盖数据校验、数据分析、大数据对接、强逻辑控制、数据核对、在线作业、远程复核以及知识共享等多个方面。

在数据校验方面，系统通过18种自动校验方式，包括负借正贷校验、重复性校验、制单人、审核人校验、辅助核算校验等，确保数据质量，帮助审计员及时发现异常数据，其重点在于数据的可视化和透明化。

在数据分析方面，系统设计了多种方式，包括科目绝对数分析、大金额凭证分析和行业均值分析，为审计提供深入的数据分析支持。其中，行业均值分析利用公开的上市公司财务数据库以及立信自有的财务数据库建立而成。

大数据对接方面，系统集成了风报（基于人工智能技术的企业情报分析系统）、企查查（企业信息查询工具，立足于企业征信的相关信息整合为用户提供全面、可靠、透明的数据信息）系统，实现一键获取企业详细的公开信息，包括分支机构、开庭文书、债券市场信息披露、董事会、监事会、高级管理层等资料，为审计提供更全面的信息支持，强化的是对情报的运用。

在强逻辑控制方面，系统建立了文件和程序之间的相互关联，强调可链接、可查询、可穿透的关联方式。这种关联并非文件夹式的归集，而是可链接、可查询、可穿透、由系统强制控制的关联。这一举措确保审计工作的逻辑性和系统性。

数据核对方面，系统实现了数据全程在线工作，支持交叉索引、单向链接和标签等功能，确保数字的追溯和验证的方便性。

在线作业方面，系统实现与 Excel 的一致功能体验，可以与 Excel 以及页面字段互通、相互做验证使项目组人员能够在不同地点进行无缝衔接，支持协同远程作业。

远程复核方面，系统提供了随时查阅最新版本底稿的功能，支持在线提问和微信提醒，使审计过程更加灵活。对于审核人员而言，可随时介入并查阅最新版本的底稿，在线提问，微信提醒。

知识共享方面，系统内建标准审计程序库、部门审计程序库和行业审计程序库，支持全球各个事务所之间的审计程序的共享，为审计团队提供高效的知识共享平台。

总而言之，立信的 SACP 系统以其严密的逻辑控制、全面的数据分析和便捷的在线工作方式，为审计人员提供了强有力的工具，提高了审计工作的效率和准确性。对员工工作来说仍然需要大量使用 Excel 或同质工具，最重要的功能还是基于系统的数据抓取功能，为审计工作提供了较多便利。

6. 深圳正先会计师事务所："云端事务所"端对端平台

面对科技及产业变革的浪潮，深圳正先会计师事务所（特殊普通合伙）顺应发展趋势，响应国家战略，在事务所与企业数字化转型方面进行了大胆探索与实践。经过近两年的数字化实践，深圳正先会计师事务所取得了丰硕的成果，在新冠疫情肆虐期间，远程服务 300 多家企业客户，获得了好评。另外，在数字化转型的过程中，正先会计师事务所及时进行经验教训总结，形成了多套数字化转型解决方案，并运用于客户服务之中，一方面拓展针对企业的数字化转型的全新顾问业务，另一方面服务于国家的数字化战略，推动产业数字化转型升级。

以深圳正先会计师事务所为代表的大湾区数十家事务所加入中国注册会计师事务所数字化云平台。在中国注册会计师事务所数字化云平台的基础上搭建"云端事务所"系统，前端展现的是事务所官网，采用"动态"网站技术。网站设有后台，可进行实时的动态管理。

"云端事务所"设有事务所"管理端"及客户"企业端"，集成了一系列数字软件工具及应用。"企业端"包括视频会议功能模块、区块链功能模块、即时通信功能模块、审计及专业服务功能模块，实现业务上云。"管理端"包括项目管理模块、"数据中台+业务中台"模块、视频会议模块，实现"管理上云"。借助在云端的 OA 系统，将原来零散的线下管理软件进行了线上集成，实现"系统上云"。

"云端事务所"的建设源于新冠疫情时期的居家办公。这也给予以正先为代表的大湾区数十家事务所一些启示和启发，及时把握住机会、迎接挑战，持续进行数字化转型，在国内的事务所里跻身前列。

7. 中职信会计师事务所研发的"中职信线上审计支持系统 V1.0"

前文提到，中职信会计师事务所通过成立项目小组的方式研发了"中职信线上审计支持系统 V1.0"。该平台主要分为审计案例线上查询和方法指引、审计作业协同、数据库建设和经典案例收录四个功能模块，将全面推动审计工作的线上作业指导和互动，提高整体审计效率，降低审计风险。

案例查询功能：围绕企业、行政事业单位、基本建设三个板块的审计业务提供案例查询。案例的呈现除了问题类型、问题性质、问题描述、适用法规常规等要素外，还标注了审计思路与审计方法，增强了案例库的应用效果。

审计作业协同功能：该系统实现了与公司 ERP［一般指企业资源计划（Enterprise Resource Planning），建立在信息技术基础上，以系统化的管理思想，为企业决策层及员工提供决策运行手段的管理平台］系统立项信息的对接，同一项目组可以将发现的问题资源共享，并一键生成问题台账、问题汇总报告。

数据库建设功能：该系统将项目组提交的审计问题进行结构化处理，为公司在后期数据积累、数据提取、数据分析和数据应用等方面提供了大量宝贵的素材。

经典案例收录功能：对收录的案例进行优化安排，实时将从项目上或其他途径获取的有价值的经典案例提交至案例库，实现案例的更新和完善。

中职信的线上审计支持系统是公司自主研发的系统（见表3-2），值得称道的是，中职信虽然规模仅有600人左右，相比"四大"规模较小，但也组建了自己的技术团队和IT工程师，不仅可以支持业务需求，也能够更新和打造更适合自身情况的审计服务平台。

表3-2　会计师事务所的智能审计工具及其优势比较

会计师事务所	技术工具	年份	主要功能
德勤（Deloitte）	"小勤人"及"勤勤助手"	2016	简化手工流程、管理自动化流程、数据合并、判断业务逻辑、识别优化点
普华永道（PwC）	人工智能Audit for Cash、Aura、Halo、Connect和Extract	2019	提高现金审计效率、准确度和可靠性，加快内部审计的速度和提高审计质量
毕马威（KPMG）	人工智能信贷审阅工具、KPMG Clara Workflow与函证管理系统	2013	升级版的审计沟通方式、大数据分析的新审计模式、灵活的函证方式
安永（ENYON）	以EY Helix为代表的系列工具套件	2018	可视化数据处理、审计流程平台和知识共享平台
立信	SACP系统	2019	严密的逻辑控制与全面的数据分析
信永中和	数据分析平台	2019	整合计算碎片化数据
中职信	线上审计支持系统	2023	具有针对性和实用性；数据交互和信息共享
正先	"云端事务所"系统	2021	全数字化流程，端对端的沟通交流

（三）智能审计的人才储备

1. 立信会计师事务所广东分所的信息化、智能化、数字化人才培养

对于国内八大事务所之一的立信会计师事务所广东分所（以下简称"立信"）而言，目前数字化转型的重点之一是继续加强对数字化人才的培养，并且是针对不同的成员进行有针对性的提升和培养。对于数字化团队的核心人员，立信注重其领导力、创新思维能力等专业能力的提升，以支撑事务所数字化转型的具体实施。对于基层负责执行的相关业务人员，主要加强其相关数字技术的技能提升。

具体来说，立信要求业务人员对编程、数据库技术、统计学理论、大数据理论等有所了解，对知识面的广度要求非常高，目前这些知识不能完全通过普

通高等教育获得，仍需要在实践中培养。

立信认为还需要培养适应数字化时代发展的专业人才，不仅包括传统审计业务的会计人才，还包括具备数据分析、信息技术应用和业务理解能力的人才。新的变革要求他们能够灵活运用数字化工具，深入理解客户业务并提供定制化解决方案。因此，立信认为会计师事务所应该加强对数字化人才的培养和招募，建立健全的人才发展机制，以应对数字化转型带来的挑战。

2. 德勤会计师事务所依托大湾区进行人才培养

从宏观层面来说，人瑞人才科技集团与德勤中国携手合作，共同撰写了《产业数字人才研究与发展报告2023》，通过该报告，可以了解中国产业数字化进程、现状，发掘企业数字化转型中的关键问题，分析数字化人才现状与趋势，对未来的人才储备发展进行规划。

从微观层面来说，德勤与大湾区科创企业围绕"大湾区科技 + 先进制造 + 人才 + 资本"的深度融合来进行合作。典型的举措包括2021年德勤与深圳市罗湖区人民政府签订战略合作框架协议，成立深港青年创新合作发展中心；又联合深圳大学举办"在深港澳台籍学生人才交流活动"，助力香港人才融入当地文化，开拓视野，并促进其在粤港澳大湾区的进一步成长与发展。

3. 普华永道会计师事务所的二次培训和人才储备计划

普华永道中天会计师事务所（以下简称"普华永道"）正在加速内部转型，在人才方面的转型途径包括对员工进行负责任的人工智能技能培训和再培训，扩充人工智能专家人才，建立全公司的人工智能合作中心，升级 IT 基础设施，投资人工智能、网络安全和数据合规性，通过以上途径保障未来人工智能与审计业务的融合通道畅通无阻，为未来的人才储备夯实基础。

4. 安永会计师事务所的湾区审计组试点与 EY Badges 计划推行

近年来，安永会计师事务所（以下简称"安永"）努力融入大湾区发展，启动深港人才交流。安永希望借助大湾区审计业务线的建立，在香港地区和内地培养一批能够跨越两地进行会计业务或审计业务的人才，从而将经验推广到其他业务线，使安永在跨境或国际合作上积累更加丰富的经验。

2017年12月，安永的数字培训计划 EY Badges 推出。该计划的目的在于应对数字化时代的发展需求，为员工培养各项未来所需的新技能，如数据科学、数据可视化、机器人流程自动化和人工智能等，为员工进行技能培训和提供数字化认证。这反映了安永早在2017年就开始了对智能化数字化人才团队的建设和布局，事实上也加快了安永数字化人才队伍的扩大。

5. 信永中和会计师事务所的专业信息化团队参与审计

信永中和会计师事务所（以下简称"信永中和"）的数据分析人员具备流程管理、底层数据处理分析经验和丰富的数据建模知识，能与专业审计团队协同工作，深度认知业务场景，并且可根据不同行业风险点，搭建数据分析模型。结合用户数据量，选用适当的解决方案和可视化工具，开展数据挖掘和可视化分析，而自建的大数据分析平台已能够胜任 PB 级别数据的分析服务，满足多客户多场景的复杂需求。

6. 广东中职信会计师事务所的内部项目组信息化建设

广东中职信会计师事务所（以下简称"中职信"）是大湾区一家以固定资产投资审计服务为特色优势的本土审计机构。为积极响应数字化转型战略要求，中职信组建了由管理人员、一线人员和 IT 人员组成的数字化小组，按照"一边搞生产、一边搞研发"的方式，坚持研发不脱离生产的实用性原则，成功开发中职信工程智能审计 V1.0 平台并将其投入使用，还解锁了工程审计新模式（见表 3-3）。

表 3-3　典型会计师事务所在人才培养方面的智能审计举措

会计师事务所	人才培养计划
立信	信息化智能化数字化人才培养
德勤	依托大湾区进行人才培养 "莞港高成长性科技人才 企业共同培育专项计划"
普华永道	二次培训和人才储备计划
安永	湾区审计组试点与 EY Badges 计划推行 深圳罗湖《深港青年人才交流战略合作框架协议》
信永中和	专业信息化团队参与审计
中职信	内部项目组信息化建设 开发中职信工程智能审计 V1.0

（四）对智能审计的探索

"四大"在实现业务智能化方面不惜重金投入，在智能审计实践方面均有可圈可点的优势和特色。德勤（Deloitte）已开发出若干智能机器人，专注于自动化复杂的会计及财务流程。这些系统采用机器学习和人工智能算法，能高效处理大量数据，并可提升数据处理的速度与准确性；普华永道（PwC）的智能审计机器人重点用于自动化审计和税务服务，应用高级数据分析技术，以识别财务风险和潜在异常；安永（EY）推出了多个智能机器人，旨在优化财务报告和合规流程，通过自动化日常任务，有助于降低人工错误率并提升工作效率；毕马威（KPMG）的智能审计机器人致力于提升审计的质量和效率，通过分析大规模数据集来揭示财务报告中的关键问题。

在粤港澳大湾区珠三角九市的会计师事务所中，也不乏智能审计应用的积极实践者。我们特别选取立信、信永中和、致同、中职信、正先这五家不同规模的本土事务所。这些事务所通过部署人工智能技术，不仅提高了工作效率，也改善了服务质量，体现了行业的创新和前瞻性。

信永中和通过使用智能审计机器人来优化传统的审计和财务报告流程。这些机器人利用先进的数据分析技术，能够自动处理大量的财务数据，减少了手动操作的错误和时间消耗。中职信对智能机器人方面的应用主要集中在税务规划和咨询服务上。通过集成最新的税法变化和规定，这些机器人能够为客户提供量身定制的税务建议。立信的智能审计机器人专注于自动化日常会计工作和财务报告。立信的机器人通过使用高级算法自动整理和分类账目，生成精确的财务报表。正先事务所使用的智能机器人则是专注于审计自动化和风险评估。这些机器人通过分析历史数据和当前交易，能够识别异常模式，及时预警潜在的财务风险，不仅提高了审计的效率，而且提高了审计质量。经过上文研究，我们不难总结出以下五点：

（1）技术投资与整合。会计师事务所开始重视投资人工智能和机器学习技术，以提高服务效率和准确性。这些投资不仅包括购买现成的财务机器人软件，还包括与科技公司合作，开发适合自身业务特点的解决方案。

（2）人才培训与团队构建。随着人工智能技术的引入，这些事务所增强了对员工的培训，重点是提高员工对新技术的理解和应用能力。培训内容包括人工智能基础知识、数据分析技能以及如何与智能系统协作。同时，一些事务所开始组建跨学科团队，包括会计专业人员、数据分析师和IT专家，以促进技术和专业知识的融合和创新。

（3）服务模式创新。在人工智能的辅助下，会计师事务所开始探索新的服务模式，尝试拓展服务范围，如提供与税务、风险管理相关的人工智能驱动服务，以满足客户更为多元化的需求。

（4）市场定位和品牌建设。在技术创新的同时，这些事务所也在积极进行市场定位和品牌建设。通过强调技术在提供会计服务中的作用，塑造了自身作为创新和前沿技术应用者的形象。

（5）遵循法规和伦理标准。在采用人工智能技术的过程中，会计师事务所开始注重遵守相关法规和伦理标准，在确保数据的安全性和隐私性的前提下，更加关注人工智能决策过程的透明度和可解释性。

总的来说，无论是国际四大会计师事务所还是大湾区本土的中小型会计师事务所，智能审计机器人的应用都为其提高了工作效率，减少了错误，降低了风险，同时提高了服务质量和增加了创新能力。大湾区本土会计师事务所应该发挥地域优势，借鉴国际四大会计师事务所的先进技术。

 五 智能审计存在的问题与政策建议

（一）智能审计存在的问题

随着大数据、人工智能和区块链等新兴技术日益成熟，一个规模体量巨大的数据应用场景逐渐开启。在这一背景下，宋书勇（2024）表明，企业在经营的过程中会产生大量的数据，如亚马逊、腾讯、阿里巴巴、百度等一大批企业在依托数据资源经营进行价值创造的过程中进一步带动了实体经济与数字技术深度融合，促进了传统产业转型升级，催生了新产业、新业态、新模式，成为社会经济发展的新引擎，虽然注册会计师审计的对象数字化已成为一种必然的趋势，但是注册会计师在利用智能审计技术开展业务的过程中，也面临一系列困难与挑战。

1. 数据真实性和法律授权

在开展智能审计的过程中，需要搭建庞大的数据库以满足审计人员开展审计工作的需求，信息数据的传输、存储和处理功能应得到重视。另外，在审计人员读取审计数据的过程中，可能会面临恶意病毒的入侵和信息被篡改的风险，也可能会由于技术支持和监管体系的不足导致审计数据外泄。虽然人工智能等技术在信息收集方面能够极大地提升效率，短期红利显著，但信息的真实性、准确性和完整性仍需要花费许多人力资源成本进行验证，才能保证审计数据的安全可靠。

虽然将大数据和人工智能技术运用到审计工作中的可行性非常高，但是数据的真实性、规范性以及法律是否授予注册会计师权利获得被审计单位的数据仍值得商榷。易德鹤（2020）指出，首先，注册会计师倘若利用大数据审计收集和存储有关政府部门和金融机构等的数据，则需要获得法律授权；其次，注册会计师在利用智能审计工具开展审计的过程中，也需要遵循审计准则以规范其审计行为；最后，如果注册会计师利用智能审计工具进行跨行业、跨部门和跨领域的数据比对，所获得的审计证据、得出的审计结论也需要依据法律法规进行确认。这也会间接导致审计工作者在审计过程中的职能处处受限，可能会降低工作者的工作效率，从而影响最终的审计质量。

2. 智能化技术应用的要求在提高

汪轶民和曾琦（2022）对所在单位注册会计师信息技术专业知识情况的调查研究表明，注册会计师所掌握的专业知识主要还局限在 Office 办公软件等传统的信息技术手段，而缺乏对大数据、云计算、人工智能和物联网技术等新兴信息技术专业知识的储备。虽然行业协会和会计师事务所都会对审计工作者进行继续教育，但是所涉及的专业知识也仅停留在电子表格的使用，而在智能审计时代，企业面对海量的数据并处于高度信息化的从业环境是一种必然的趋势，如果注册会计师只使用 Office 等办公软件，那么审计的效率和进度可能会大打折扣，从而影响审计质量。

另外，会计师事务所的人员流动比较频繁，随着业务体量的提高和审计需求的增大，事务所不得不每年都通过校招和社招等方式吸收新鲜的"血液"，由于这些新入职的大学生或者跨专业的从业工作者暂无相关工作经验，事务所不得不对他们进行培训，而培训之后，他们将大量精力投入实操中，而忽略了对智能审计软件的学习和应用，这种方式可能会抹杀其参与信息化建设的热情。

3. 监管跟进滞后带来的执业风险

贺勇和尹思（2023）认为，注册会计师审计作为一种增信机制和治理机制，可以参与到数字平台算法审计中。另外，把数字平台企业的算法作为一种审计对象，拓展了注册会计师的业务边界，同时注册会计师在不侵害算法设计和商业秘密的前提下可以增加算法主体和公众信任之间的算法透明性。南海（2020）认为，相较于智能审计的发展，审计准则中关于大数据审计规则的制定存在着一定的滞后性，滞后于企业的经营发展，因此现存的审计准则并不能够为注册会计师提供可靠的依据以处理业务，再加上目前企业的经营环境多变、会计准则和审计准则较为复杂，导致注册会计师在执业的过程中可能因执行效力低下而增加审计风险。

此外，当前的法律法规主要围绕"人"来进行审计的构建，如我国的《中华人民共和国审计法》、美国的《萨班斯—奥克斯利法案》、英国的《国家审计法》等，如果采用人工智能代替人工进行审计，审计的法律责任和法规体系都需要重新梳理。此外，会计的相关准则也可能需要更新，如需要明确人工智能产生的审计费用如何计入费用等问题。这需要建立专门的法规体系，以适应人工智能审计的发展，同时要强化对法规的遵守和修订。

（二）关于智能审计的政策建议

1. 加大数据授权力度，推动审计数据规范化发展

由于与审计相关的政府部门和金融机构等都具有一定的保密性质，其数据需要法律法规的授权，想要推进智能审计的发展，最重要的是健全和完善相关的法规体系和审计准则，用法律法规授权注册会计师并扩大其数据采集的范围。易德鹤（2020）提到，国外对大数据审计的相关准则已初步建立和实施，如国际信息系统审计协会发布的《云计算管理审计、保证程序》。在借鉴国内外已有的大数据审计准则时，也要考虑到我国的国情，针对性地制定符合我国注册会计师行业发展特点的大数据审计准则。当然，注册会计师的个人诚信和职业道德水平也会直接引发数据安全性的问题，因此，注册会计师的职业道德和诚信素养也应该是除了加大数据授权力度外首要考虑的问题。

2. 改革继续教育模式，加强信息技术职业技能的培养

随着智能审计的发展，目前的继续教育内容和体系已经无法满足新时代审计的需求，因此继续教育体制和教育的内容需要改革。为了进一步提高审计工作者在智能审计时代处理信息的能力，行业协会和事务所等应该加强对审计工作者在信息化技术应用方面的指导，并帮助他们在审计过程中充分利用信息化技术，提高专业水平和工作效率，更好地应对复杂多变的审计环境。同时，这也将有助于推动审计行业的现代化和转型升级，提升整个行业的竞争力和发展水平。

3. 持续优化智能审计系统，探索审计监管新模式

审计准则和相关法律法规的制定滞后于市场的发展，注册会计师可能无法把握市场的新变化与风险点，从而导致审计风险的增加。而借助各类信息平台的整合，将互联网技术、云审计系统等模块有机结合，并借助其功能搭建一个完善的审计风险体系，能够降低注册会计师在执业过程中的审计风险。除此之外，通过引入新的监管模式和方法，如利用大数据软件系统建立基于风险防范

和风险控制的平台，设置风险预警线以实时监管，并在出现违规的审计操作时起到自动预警的效果，实现审计监管的智能化和自动化，从而帮助注册会计师系统地规避审计风险。

（六） 总结与展望

在粤港澳大湾区注册会计师行业，智能审计机器人的应用日益成熟，大部分事务所通过部署高级的人工智能技术，将智能审计机器人引入审计业务中，这些人工智能系统能够以更快速、准确的方式处理大量数据，提高了审计的效率，同时也降低了人为错误的风险。通过自动化执行烦琐的审计任务，使注册会计师能够更专注于战略性、创新性的工作，提升了整体工作效能。这一趋势不仅体现了行业的创新性和前瞻性，也标志着注册会计师行业朝着更加智能和高效的方向进步。

面对智能审计机器人的挑战和机遇，大湾区中小型会计师事务所实施了综合策略以适应技术发展、保持竞争力并提升服务质量。这些策略包括：技术投资与整合，事务所投资于智能审计机器人和机器学习技术，以提升服务效率和准确性。人才培训与团队构建，加强对员工应用智能审计机器人技术的培训，提升其新技术理解和应用能力，同时构建跨学科团队，融合会计、数据分析和IT专业知识。服务模式创新，利用智能审计机器人探索新服务模式，扩展服务范围以满足多元化客户需求，如税务和风险管理。市场定位和品牌建设，通过强调技术在服务中的作用，塑造创新者和前沿技术应用者的品牌形象。遵循法规和伦理标准：在使用智能审计机器人时，注重遵守法规和伦理标准，确保数据安全性和隐私性，同时关注决策透明度和可解释性。

总的来说，无论是国际四大会计师事务所还是大湾区本土的中小型会计师事务所，智能审计机器人的应用都助其提高了工作效率，减少了错误，降低了风险，提高了服务质量和增加了创新能力。这些优势有助于提升行业竞争力，为客户提供更优质的服务，并满足客户的需求。智能审计化是关系注册会计师行业发展大局的重大课题。大湾区会计师事务所应该发挥地域优势，借鉴国际四大会计师事务所技术创新的成功经验，寻找一条适合自身条件和在行业中具有优势的发展路径。

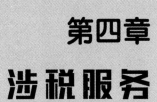

第四章

涉税服务

PART FOUR

粤港澳大湾区案例

2023 年 6 月 30 日，依托粤港澳大湾区（南沙）财税专业服务集聚区的平台，由广东省注册会计师协会、广州市南沙区财政局主办的"财智汇湾区 携手促发展"财务援企座谈会在中交国际邮轮广场举行。《广州南沙深化面向世界的粤港澳全面合作总体方案》（简称《南沙方案》）要求的相关税收优惠政策均已落地显效，港澳居民个税优惠金额超千万元、先行启动区企税优惠金额数亿元、区内 2 家企业申报新增亏损结转数千万元。

德勤华永、信永中和、广东中职信、广东司农等会计师事务所的资深合伙人出席，围绕企业落户区域选择、国企改革发展、企业投资并购风险和南沙税收优惠政策和实操等领域，分享专业财税服务助力企业成长的经验。南沙区来自先进制造、能源、物流、金融等不同行业的数十位企业财务管理人员参与座谈，结合自身业务提出疑惑和诉求，与专家、政府代表展开深入讨论。

"企业在投资选址过程中，对于如何享受地方优惠政策也需要更多考虑，这些都是专业服务可以发挥价值的领域。我们最近服务了一家大型香港上市的跨国食品集团，成功在南沙设立中国区总部。"德勤华永会计师事务所广州分所负责人洪锐明分享，在税务上，协助企业设计境内外股权架构和重组方案、业务运营模式。

"我们在为客户推荐投资区域时，也是首推南沙。"广东司农会计师事务所合伙人何英介绍，该所在 2020 年成立于南沙，过去两年营收皆实现了翻番增长，这既体现了合伙人的实力，更反映了区域经济的活力。

广东中职信会计师事务所首席合伙人聂铁良、信永中和会计师事务所广州分所负责人陈锦棋分享了服务企业通过投资并购实现跨步发展和规避风险的经验。"在实操层面，并购失败的案例是远远超过成功的。但是从企业角度来看，失败不一定是坏事，可能是在并购过程中，因为发现标的问题而终止，这其实是规避了风险。企业的并购目标往往是规模、利润、现金流之间的平衡，这需要财务的专业支持。"陈锦棋说。

广东省注册会计师协会秘书长穆慧妹表示，注册会计师行业将全力支持粤港澳大湾区建设和南沙高质量发展。广东省注协搭建了省注册会计师行业公益服务平台，企业单位如果遇到任何财税方面的困难，可以免费在平台咨询，公益服务团专家将竭诚免费服务，为南沙平台建设贡献专业力量。

当前，粤港澳大湾区是境内外投资的热门区域，南沙作为"立足湾区、协同港澳、面向世界"的战略合作平台，财税专业服务资源也在加快集聚。粤港澳大湾区（南沙）财税专业服务集聚区2023年3月挂牌以来，三地多家会计师事务所促成跨境合作初步意向，从而更好地服务好企业"走出去"和"引进来"。2023年6月，广东中职信会计师事务所（特殊普通合伙）与澳门崔世昌会计师事务所签订交流合作协议，双方将在南沙或横琴共同协作，争取落地首家粤澳合作联营所。

（一）涉税服务的概念

为了规范涉税专业服务行为、保障服务质量、维护国家税收利益和涉税专业服务当事人合法权益，根据《中华人民共和国税收征收管理法》及其实施细则和《涉税专业服务监管办法（试行）》，国家税务总局2023年9月制定并发布了《涉税专业服务基本准则（试行）》，其中第一章第四条规定："涉税专业服务包括纳税申报代理、一般税务咨询、专业税务顾问、税收策划、涉税鉴证、纳税情况审查、其他税务事项代理、发票服务和其他涉税服务等。"

由特许公认会计师公会（ACCA）、新加坡会计委员会（SAC）与上海国家会计学院（SNAI）联合发布的《专业财会服务市场需求调研——亚太地区（2021-2024财年）》将涉税服务业务划分为税务合规及税务咨询两大类共9种服务项目，具体为：税务合规大类包括企业所得税、个人所得税、流转税（商品和服务税/增值税/销售和服务税）、关税四项；税务咨询大类包括转让定价咨询、国际和跨境税务咨询、税收优惠申请更新和咨询、流转税（商品和服务税/增值税/销售和服务税）以及其他税务咨询五项。

涉税服务业务在会计师事务所的运营中具有关键地位和重要影响，事务所通过向客户提供极具专业性的价值服务以满足其合规发展及经济收益的核心诉求，同时为自身获取稳定的收入来源、建立良好的行业声誉和竞争优势。涉税服务业务与审计、鉴证、咨询评估等业务共同构成了会计师事务所的核心业务体系。它包括但不限于提供税务筹划、税务申报、税务审计、税务咨询等服务。随着国家财税政策的不断优化完善和征管手段的逐步精细化、数字化，各类客户更需要会计师事务所的专业能力和经验来处理税务问题，确保其遵守法律法规以避免罚款或其他法律风险。会计师事务所通过其高附加值的专业税务服务可以帮助客户实现税收优化，合理节税，其所代表的外部审计制度所履行的监督、评价、控制等职能行为有助于降低公司治理中的道德风险和代理成本，约束经理人自利行为，行使着保护投资者利益的重要职责[①]，从而为客户创造价值。此外，会计师事务所能够通过完善税务安排，减少客户的税务风险，为其创造稳定的商业环境。通过提高客户满意度和忠诚度，增加客户黏性，提升事务所专业形象并增加市场份额。

2023 年中央经济工作会议明确提出要落实好结构性减税降费政策，谋划新一轮财税体制改革，推动经济实现质的有效提升和量的合理增长。税收政策是引导企业高质量发展的助推器[②]，税收优惠政策在特定产业和行业落地实施，服务于国家战略发展需要，为实施创新驱动、关键核心技术突破等提供支持[③]。会计师事务所及其涉税服务业务在此过程中将起到有机连接国家财税政策和经济实体的重要纽带作用，在粤港澳大湾区融合发展过程中构建优良的营商环境，降低企业纳税成本[④]，以涉税服务业务高质量融合联动式发展为抓手推动粤港澳大湾区会计师行业协同共进，为实现粤港澳大湾区"新发展格局的战略支点、高质量发展的示范地、中国式现代化的引领地"的目标作出贡献。

本部分内容依据国家税务总局发布实施的《涉税专业服务信用评价管理办法（试行）》等相关文件，利用国家政务服务平台、国家税务总局及广东省税务局官方网站提供的公开查询数据，使用多项评价方法与指标对广东省注协公布的 2022 年度省内一百五十强会计师事务所以及中注协公布的 2022 年度全国百强会计师事务所涉税服务业务进行客观、科学、公正的评价，并对评价结果予以展示。充分分析运用评价结果，肯定了大湾区及广东省在全国以及广州、深圳两市在大湾区珠三角九市的领先地位，与其经济发展的基础

① 代彬，彭程，刘星. 高管控制权、审计监督与激进避税行为 [J]. 经济管理，2016，38（3）：67–79.
② 李远慧，徐一鸣. 税收优惠对先进制造业企业创新水平的影响 [J]. 税务研究，2021（5）：31–39.
③ 马海涛，姚东旻. 成就与方向：立足中国式现代化的财税体制改革 [J]. 人民论坛，2022（22）：56–59.
④ 刘静，陈懿赟. 影响我国纳税人遵从的经济因素及实证研究 [J]. 财政研究，2012（11）：52–56.

密不可分，与广州、深圳发达的资本市场及总部经济的带动关系密切。同时，也应该看到，大湾区珠三角九市之间存在着较为明显的发展不平衡；大湾区内地城市与港澳之间存在着较为明显的差异和协同衔接有待优化等问题亟须完善解决。最后从向内提升自身发展水平、向外开拓协同共治格局、缩小区域发展水平差距、促进大湾区协同融合等多个方面提出政策优化举措，以涉税服务业务质效提升为抓手带动大湾区会计师事务所高质量发展，为粤港澳大湾区营商环境迈向更高水平、建设富有活力和国际竞争力的一流湾区和世界级城市群提供强劲动能。

（二） 涉税服务业务的评价方法指标

一是使用涉税（Tax Service Credit，TSC）等级信用积分法。依据国家税务总局发布实施的《涉税专业服务信用评价管理办法（试行）》《国家税务总局关于纳税信用评价有关事项的公告》《国家税务总局关于发布〈从事涉税服务人员个人信用积分指标体系及积分记录规则〉的公告》等相关文件，利用国家政务服务平台、国家税务总局及广东省税务局官网提供的公开查询数据对会计师事务所的相应信用等级和信用积分进行查询统计和排名展示。该方法设置多项评价指标，将各项指标按照一定权重进行加权平均，得出每家会计师事务所的综合得分。具体指标包括：委托人纳税信用、纳税人和税务机关评价、实名办税、业务规模、注册会计师专业能力和人才队伍等。通过对会计师事务所的税务管理、服务质量、专业技能等多个方面进行评估，以得出其信用积分。

涉税专业服务机构信用等级 TSC 按照从高到低顺序分为五级，分别是 TSC5 级、TSC4 级、TSC3 级、TSC2 级和 TSC1 级。涉税专业服务机构信用积分满分为 500 分。其中，TSC5 级为信用积分 400 分以上的；TSC4 级为信用积分 300 分以上不满 400 分的；TSC3 级为信用积分 200 分以上不满 300 分的；TSC2 级为信用积分 100 分以上不满 200 分的；TSC1 级为信用积分不满 100 分的。TSC 等级越高、信用积分分值越大则代表涉税服务业务评价越高。涉税专业服务机构信用积分为评价周期内的累计积分，评价周期为每年 1 月 1 日至 12 月 31 日。

二是查验会计师事务所是否存在重大税收违法失信上市公司客户。根据广东省税务局官网公布的近 3 年《重大税收违法失信案件涉及的企业名单》与本书整理的大湾区珠三角九市会计师事务所上市公司客户数据对比验证，核实是否有事务所的上市公司客户在《重大税收违法失信案件涉及的企业名单》中且存在税收违法失信行为，从不同视角对其涉税服务业务的规范性及服务质量加以验证衡量。

三 会计师事务所涉税服务业务评级展示

（一）广东省会计师事务所 TSC 等级信用积分排名

根据涉税 TSC 等级信用积分评分标准对 2022 年广东省注协公布的综合评价前 150 名的会计师事务所进行等级积分查询和排名展示，如表 4-1 所示。

表 4-1　2022 年广东省会计师事务所 TSC 等级信用积分排名

名次	会计师事务所名称	所在地区	信用积分（仅供参考）	上一年度累计信用积分	信用等级
1	大华会计师事务所（特殊普通合伙）珠海分所	珠海	447.9	448.99	TSC5 级
2	广州市正大中信会计师事务所有限公司	广州	448.02	446.38	TSC5 级
3	广东诚安信会计师事务所（特殊普通合伙）	广州	439.04	434.32	TSC5 级
4	广东广汇会计师事务所有限公司	广州	421.58	431.55	TSC5 级
5	广东宏建会计师事务所有限公司	广州	457.83	423.90	TSC5 级
6	佛山市卓信会计师事务所有限公司	佛山	355.03	414.41	TSC5 级
7	江门市志尚会计师事务所有限公司	江门	414.7	414.38	TSC5 级
8	中山香山会计师事务所有限公司	中山	423.28	414.05	TSC5 级
9	广州中信诚会计师事务所有限公司	广州	422.43	413.86	TSC5 级

续表

名次	会计师事务所名称	所在地区	信用积分（仅供参考）	上一年度累计信用积分	信用等级
10	中证天通会计师事务所（特殊普通合伙）广东分所	广州	336.4	413.12	TSC5 级
11	北京兴华会计师事务所（特殊普通合伙）广东分所	广州	385.2	409.94	TSC5 级
12	广东恒生会计师事务所有限公司	江门	387.23	409.68	TSC5 级
13	深圳普天会计师事务所有限公司	深圳	360.63	405.86	TSC5 级
14	深圳源丰会计师事务所有限公司	深圳	357.31	403.91	TSC5 级
15	广东岭南智华会计师事务所（特殊普通合伙）	广州	411.25	402.72	TSC5 级
16	广东岭南智华会计师事务所（特殊普通合伙）	广州	411.25	402.72	TSC5 级
17	中山市中正联合会计师事务所有限公司	中山	409.29	401.18	TSC5 级
18	利安达会计师事务所（特殊普通合伙）深圳分所	深圳	361.03	400.64	TSC5 级
19	深圳广深会计师事务所（普通合伙）	深圳	386.42	400.23	TSC5 级
20	公证天业会计师事务所（特殊普通合伙）深圳分所	深圳	370.03	400.15	TSC5 级
21	茂名市油城会计师事务所有限公司	茂名	339.46	397.28	TSC4 级
22	深圳德永会计师事务所（普通合伙）	深圳	376.28	396.19	TSC4 级
23	深圳市义达会计师事务所有限责任公司	深圳	369.04	395.21	TSC4 级
24	中证天通会计师事务所（特殊普通合伙）深圳分所	深圳	357.65	394.22	TSC4 级
25	深圳市长城会计师事务所有限公司	深圳	373.89	393.61	TSC4 级
26	广东智合会计师事务所有限公司	广州	369.5	393.47	TSC4 级

名次	会计师事务所名称	所在地区	信用积分（仅供参考）	上一年度累计信用积分	信用等级
27	中勤万信会计师事务所（特殊普通合伙）深圳分所	深圳	356.94	393.29	TSC4级
28	广东中职信会计师事务所（特殊普通合伙）	广州	360.47	392.13	TSC4级
29	广东上德会计师事务所有限公司	东莞	317.59	391.03	TSC4级
30	佛山市瑞志会计师事务所（普通合伙）	佛山	317.59	391.03	TSC4级
31	广东粤信会计师事务所有限公司	广州	339.26	389.25	TSC4级
32	永拓会计师事务所（特殊普通合伙）广东分所	中山	428.95	388.25	TSC4级
33	大信会计师事务所（特殊普通合伙）广东分所	东莞	347.65	386.5	TSC4级
34	肇庆中鹏会计师事务所有限公司	肇庆	409.05	386.3	TSC4级
35	上会会计师事务所（特殊普通合伙）深圳分所	深圳	353.71	384.53	TSC4级
36	广东金穗红日会计师事务所有限公司	广州	364.73	381.52	TSC4级
37	广东粤龙会计师事务所有限公司	惠州	438.7	380.7	TSC4级
38	广州市华穗会计师事务所有限公司	广州	418.24	380.06	TSC4级
39	广东南方天元会计师事务所（普通合伙）	广州	388.2	379.25	TSC4级
40	深圳日浩会计师事务所（普通合伙）	深圳	343.14	377.06	TSC4级
41	中天运会计师事务所（特殊普通合伙）深圳分所	深圳	352.99	375.99	TSC4级
42	广州德永会计师事务所有限公司	广州	395.18	374.25	TSC4级
43	东莞市永和会计师事务所有限公司	东莞	346.04	371.7	TSC4级

续表

名次	会计师事务所名称	所在地区	信用积分（仅供参考）	上一年度累计信用积分	信用等级
44	致同会计师事务所（特殊普通合伙）珠海分所	珠海	386.87	366.35	TSC4 级
45	佛山市金安达会计师事务所（普通合伙）	佛山	344.66	363.72	TSC4 级
46	深圳正先会计师事务所（特殊普通合伙）	深圳	326.74	362.41	TSC4 级
47	希格玛会计师事务所（特殊普通合伙）深圳分所	深圳	325.21	359.67	TSC4 级
48	深圳华创德会计师事务所（普通合伙）	深圳	334.12	359.67	TSC4 级
49	广东德方信会计师事务所（普通合伙）	东莞	339.27	357.5	TSC4 级
50	中山市成诺会计师事务所有限公司	中山	361.95	354.2	TSC4 级
51	中天运会计师事务所（特殊普通合伙）广东分所	广州	367.24	353.18	TSC4 级
52	广东旭东至晟会计师事务所有限公司	广州	333.29	353.03	TSC4 级
53	中勤万信会计师事务所（特殊普通合伙）广州分所	广州	424.83	351.68	TSC4 级
54	广州市大公会计师事务所有限公司	广州	355.1	350.5	TSC4 级
55	深圳市永明会计师事务所有限责任公司	深圳	328.06	350.36	TSC4 级
56	广东中诚安泰会计师事务所有限公司	东莞	332.99	349.44	TSC4 级
57	韶关中一会计师事务所有限公司	韶关	345.16	347.48	TSC4 级
58	广东天健会计师事务所有限公司	东莞	361.84	346.22	TSC4 级
59	天职国际会计师事务所（特殊普通合伙）广州分所	广州	343.6	345.78	TSC4 级
60	广东司农会计师事务所（特殊普通合伙）	广州	348.6	345.73	TSC4 级

名次	会计师事务所名称	所在地区	信用积分（仅供参考）	上一年度累计信用积分	信用等级
61	广州中勤会计师事务所有限公司	广州	337.99	345.51	TSC4 级
62	广东中穗会计师事务所有限公司	广州	344.41	341.13	TSC4 级
63	致同会计师事务所（特殊普通合伙）广州分所	广州	339.26	341.1	TSC4 级
64	天健会计师事务所（特殊普通合伙）广东分所	广州	324.21	340.82	TSC4 级
65	广东众联会计师事务所有限公司	佛山	374.55	338.09	TSC4 级
66	广东泽信会计师事务所有限公司	广州	316.66	336.17	TSC4 级
67	大华会计师事务所（特殊普通合伙）广州分所	广州	322.56	336.05	TSC4 级
68	深圳诚信会计师事务所（特殊普通合伙）	深圳	325.37	335.43	TSC4 级
69	广东晨瑞会计师事务所（普通合伙）	广州	331.12	333.96	TSC4 级
70	中喜会计师事务所（特殊普通合伙）深圳分所	深圳	300.38	333.62	TSC4 级
71	惠州广诚会计师事务所	惠州	357.31	330	TSC4 级
72	佛山市智勤会计师事务所有限公司	佛山	357.31	330	TSC4 级
73	广州市光领有限责任会计师事务所	广州	309.53	323.63	TSC4 级
74	广州玮铭会计师事务所有限公司	广州	326.65	323.33	TSC4 级
75	东莞市德信康会计师事务所有限公司	东莞	294.56	322.8	TSC4 级
76	深圳市宝永会计师事务所（特殊普通合伙）	深圳	315.33	321.29	TSC4 级
77	广州信瑞知仁会计师事务所有限公司	广州	329.91	321.15	TSC4 级

名次	会计师事务所名称	所在地区	信用积分（仅供参考）	上一年度累计信用积分	信用等级
78	中兴财光华会计师事务所（特殊普通合伙）广州分所	广州	326.6	319.85	TSC4 级
79	众华会计师事务所（特殊普通合伙）深圳分所	深圳	303.38	318.17	TSC4 级
80	广东中天粤会计师事务所（特殊普通合伙）	广州	286.31	316.17	TSC4 级
81	广州明信会计师事务所有限公司	广州	320.86	313.7	TSC4 级
82	华兴会计师事务所（特殊普通合伙）广东分所	广州	318.43	312.22	TSC4 级
83	佛山大诚会计师事务所有限公司	佛山	371.69	310.64	TSC4 级
84	众华会计师事务所（特殊普通合伙）广东分所	广州	278.81	310.45	TSC4 级
85	信永中和会计师事务所（特殊普通合伙）深圳分所	深圳	290.6	309.55	TSC4 级
86	中兴华会计师事务所（特殊普通合伙）深圳分所	深圳	315.12	309.19	TSC4 级
87	中喜会计师事务所（特殊普通合伙）广东分所	广州	312.83	308.87	TSC4 级
88	广东金铭会计师事务所有限公司	广州	304.53	308.63	TSC4 级
89	永拓会计师事务所（特殊普通合伙）广州分所	广州	305.52	302.6	TSC4 级
90	广东中恒信会计师事务所（特殊普通合伙）	广州	317.28	302.02	TSC4 级
91	珠海国睿信达会计师事务所（普通合伙）	珠海	321.25	300.68	TSC4 级
92	广东华审会计师事务所有限公司	广州	290.39	299.66	TSC3 级
93	广州皓程会计师事务所有限公司	广州	304.93	299.64	TSC3 级
94	中审众环会计师事务所（特殊普通合伙）广东分所	广州	283.82	291.55	TSC3 级

名次	会计师事务所名称	所在地区	信用积分（仅供参考）	上一年度累计信用积分	信用等级
95	中兴华会计事务所（特殊普通合伙）广东分所	广州	292.89	289.75	TSC3级
96	立信会计师事务所（特殊普通合伙）广东分所	广州	271.33	289.7	TSC3级
97	深圳永信瑞和会计师事务所（特殊普通合伙）	深圳	290.90	279.38	TSC3级
98	广东中正会计师事务所有限公司	湛江	304.88	278.83	TSC3级
99	广东诚丰信会计师事务所有限公司	广州	287.57	273.66	TSC3级
100	广东正粤会计师事务所（普通合伙）	广州	326.68	272.92	TSC3级
101	中准会计师事务所（特殊普通合伙）广东分所	广州	301.42	270	TSC3级
102	德勤华永会计师事务所（特殊普通合伙）广州分所	广州	293.10	265.52	TSC3级
103	信永中和会计师事务所（特殊普通合伙）广州分所	广州	293.10	265.52	TSC3级
104	普华永道中天会计师事务所（特殊普通合伙）广州分所	广州	263.06	265.31	TSC3级
105	大信会计师事务所（特殊普通合伙）南沙自贸区分所	广州	287.22	261.11	TSC3级
106	安永华明会计师事务所（特殊普通合伙）广州分所	广州	286.90	259.52	TSC3级

注：本表仅展示有信用等级或积分的会计师事务所。

（二）全国百强会计师事务所 TSC 等级信用积分排名

根据涉税 TSC 等级信用积分评分标准，对中注协公布的 2022 年度全国综合评价前 100 名的会计师事务所进行等级积分查询和排名展示，如表 4-2 所示。

表 4–2 2022 年度全国百强会计师事务所 TSC 等级信用积分排名

名次	会计师事务所名称	所在地区	信用积分（仅供参考）	上一年度累计信用积分	信用等级
1	大华会计师事务所（特殊普通合伙）	珠海	447.79	448.99	TSC5 级
2	广东诚安信会计师事务所（特殊普通合伙）	广州	439.12	434.32	TSC5 级
3	浙江浙经天策会计师事务所有限公司	台州	429.09	428.64	TSC5 级
4	中天运会计师事务所（特殊普通合伙）	海南	406.19	421.18	TSC5 级
5	天健会计师事务所（特殊普通合伙）	厦门	416.78	419.7	TSC5 级
6	利安达会计师事务所（特殊普通合伙）	海南	403.11	414.46	TSC 5 级
7	中证天通会计师事务所（特殊普通合伙）	广州	387.88	413.12	TSC5 级
8	北京兴华会计师事务所（特殊普通合伙）	广州	387.49	409.94	TSC5 级
9	浙江至诚会计师事务所（特殊普通合伙）	浙江	355.51	409.29	TSC5 级
10	公证天业会计师事务所（特殊普通合伙）	江苏	417.33	406.57	TSC5 级
11	信永中和会计师事务所（特殊普通合伙）	大连	411.83	404.5	TSC5 级
12	广东岭南智华会计师事务所（特殊普通合伙）	广州	411.32	402.72	TSC5 级
13	鹏盛会计师事务所（特殊普通合伙）	珠海	422.83	401.24	TSC5 级
14	中勤万信会计师事务所（特殊普通合伙）	深圳	355.87	393.29	TSC4 级
15	广东中职信会计师事务所（特殊普通合伙）	广州	408.1	392.13	TSC4 级
16	天津倚天会计师事务所有限公司	江苏	379.57	390.07	TSC4 级
17	永拓会计师事务所（特殊普通合伙）	中山	428.95	388.25	TSC4 级

名次	会计师事务所名称	所在地区	信用积分（仅供参考）	上一年度累计信用积分	信用等级
18	中兴财光华会计师事务所（特殊普通合伙）	唐山	384.46	386.88	TSC4 级
19	大信会计师事务所（特殊普通合伙）	东莞	368.22	386.5	TSC4 级
20	尤尼泰振青会计师事务所（特殊普通合伙）	上海	317.28	386.41	TSC4 级
21	北京国富会计师事务所（特殊普通合伙）	江西	364.14	386.4	TSC4 级
22	亚太（集团）会计师事务所（特殊普通合伙）	重庆	336.64	381.32	TSC4 级
23	中审众环会计师事务所（特殊普通合伙）	上海	342.9	381.12	TSC4 级
24	立信中联会计师事务所（特殊普通合伙）	河北	391.29	379.91	TSC4 级
25	中兴华会计师事务所（特殊普通合伙）	安徽	363.16	378.13	TSC4 级
26	天衡会计师事务所（特殊普通合伙）	南京	352.78	374.12	TSC4 级
27	上海华安会计师事务所有限公司	上海	319.83	371.7	TSC4 级
28	江苏华星会计师事务所有限公司	苏州	349.92	367.37	TSC4 级
29	致同会计师事务所（特殊普通合伙）	珠海	386.87	366.35	TSC4 级
30	和信会计师事务所（特殊普通合伙）	潍坊市	337.38	359.9	TSC4 级
31	中一会计师事务所有限责任公司	青海	382.06	355.69	TSC4 级
32	新联谊会计师事务所（特殊普通合伙）	山东	336	355	TSC4 级
33	天圆全会计师事务所（特殊普通合伙）	北京	338.09	354.96	TSC4 级
34	苏亚金诚会计师事务所（特殊普通合伙）	江苏	330.65	353.23	TSC4 级

续表

名次	会计师事务所名称	所在地区	信用积分（仅供参考）	上一年度累计信用积分	信用等级
35	中汇会计师事务所（特殊普通合伙）	无锡	346.52	353.07	TSC4 级
36	河北金诚会计师事务所有限公司	河北	340.17	350.81	TSC4 级
37	四川中衡安信会计师事务所有限公司	四川	314.65	348.24	TSC4 级
38	北京中路华会计师事务所有限责任公司	湖北	349.69	348.14	TSC4 级
39	中喜会计师事务所（特殊普通合伙）	河北	361.74	347.6	TSC4 级
40	中天浩会计师事务所有限公司	成都	319.89	347.5	TSC4 级
41	天职国际会计师事务所（特殊普通合伙）	广州	363.09	345.78	TSC4 级
42	容诚会计师事务所（特殊普通合伙）	南京	341.32	341.32	TSC4 级
43	众华会计师事务所（特殊普通合伙）	杭州	331.38	331.89	TSC4 级
44	重庆康华会计师事务所（特殊普通合伙）	重庆	337.92	327.02	TSC4 级
45	北京中天恒会计师事务所（特殊普通合伙）	甘肃	305.24	326.2	TSC4 级
46	新疆驰远天合有限责任会计师事务所	新疆	312.59	319.93	TSC4 级
47	上海沪港金茂会计师事务所有限公司	上海	316.16	317.52	TSC4 级
48	广东中天粤会计师事务所（特殊普通合伙）	广州	286.63	316.17	TSC4 级
49	浙江天平会计师事务所（特殊普通合伙）	杭州	323.03	315.15	TSC4 级
50	中瑞诚会计师事务所（特殊普通合伙）	北京	267.92	306.9	TSC4 级
51	天津中审联有限责任会计师事务所	天津	322.2	306.5	TSC4 级

名次	会计师事务所名称	所在地区	信用积分（仅供参考）	上一年度累计信用积分	信用等级
52	上海财瑞会计师事务所有限公司	上海	267.22	306.06	TSC4级
53	江苏天宏华信会计师事务所有限公司	苏州	309.32	304.23	TSC4级
54	湖南天平正大会计师事务所（特殊普通合伙）	贵州	321.1	302.2	TSC4级
55	广东中恒信会计师事务所（特殊普通合伙）	广州	316.59	302.02	TSC4级
56	上海文汇会计师事务所有限公司	上海	303.64	299.08	TSC3级
57	上海玛泽会计师事务所（普通合伙）	上海	312.81	285.17	TSC3级
58	德勤华永会计师事务所（特殊普通合伙）	江西	256	280	TSC3级
59	希格玛会计师事务所（特殊普通合伙）	陕西	315.47	280	TSC3级
60	江苏苏港会计师事务所（特殊普通合伙）	江苏	361.15	280	TSC3级
61	立信会计师事务所（特殊普通合伙）	江苏	302.03	275.88	TSC3级
62	中审亚太会计师事务所（特殊普通合伙）	北京	292.01	275.65	TSC3级
63	徐州方正会计师事务所有限公司	徐州	299.93	275.59	TSC3级
64	北京和兴会计师事务所有限责任公司	北京	280.18	273.6	TSC3级
65	上海瑞德会计师事务所有限公司	上海	287.78	269.53	TSC3级
66	四川华信（集团）会计师事务所（特殊普通合伙）	重庆	288.52	268.13	TSC3级
67	上海公信会计师事务所有限公司	上海	283.52	267.6	TSC3级
68	上海上咨会计师事务所有限公司	上海	282.56	267.45	TSC3级

续表

名次	会计师事务所名称	所在地区	信用积分（仅供参考）	上一年度累计信用积分	信用等级
69	中准会计师事务所（特殊普通合伙）	北京	277.19	266.77	TSC3 级
70	新疆宏昌天圆有限责任会计师事务所	新疆	312.11	260.57	TSC3 级
71	恒信弘正会计师事务所有限责任公司	长沙	273.53	260.07	TSC3 级
72	安永华明会计师事务所（特殊普通合伙）	广州	286.9	259.52	TSC3 级
73	湖南天信兴业会计师事务所有限责任公司	长沙	269.96	246.84	TSC3 级
74	湖南建业会计师事务所（特殊普通合伙）	湖南	277.63	244.75	TSC3 级
75	北京大地泰华会计师事务所（特殊普通合伙）	北京	253.94	244.39	TSC3 级
76	普华永道中天会计师事务所（特殊普通合伙）	北京	261.75	243.84	TSC3 级
77	北京中天银会计师事务所（特殊普通合伙）	贵州	294.01	241.92	TSC3 级
78	北京恒诚信会计师事务所有限公司	北京	254.12	240	TSC3 级
79	上海琳方会计师事务所有限公司	上海	282.13	234.11	TSC3 级
80	江苏益诚会计师事务所（普通合伙）	南京	413.3		
81	浙江德威会计师事务所（特殊普通合伙）	浙江	415.21		

注：本表仅展示有信用等级或积分的会计师事务所。

（四）评价结果分析

（一）整体情况

（1）2022 年广东省注协公布的综合评价前 150 名的会计师事务所涉税服务业务查询结果显示：具有 TSC 等级及信用积分的有 106 家，其中 TSC5 级

20 家，TSC4 级 71 家，TSC3 级 15 家，无 TSC 等级但有信用积分的 8 家，未在官方渠道查询到有涉税专业服务信用评价信息的事务所 36 家，如图 4-1 所示。

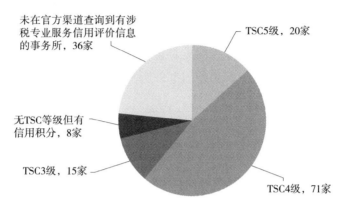

图 4-1　2022 年广东省 150 强会计师事务所 TSC 信用等级情况

（2）中注协公布的 2022 年度综合评价前 100 名的会计师事务所涉税服务业务查询结果显示：具有 TSC 等级及信用积分的为 79 家，其中 TSC5 级 13 家，TSC4 级 42 家，TSC3 级 24 家，无 TSC 等级但有信用积分 2 家，未在官方渠道查询到有涉税专业服务信用评价信息的事务所 19 家，如图 4-2 所示。

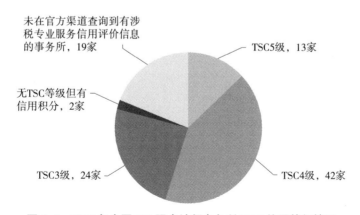

图 4-2　2022 年全国 100 强会计师事务所 TSC 信用等级情况

（3）针对部分事务所未查询到数据的情况，经过对《涉税专业服务信用评价管理办法（试行）》以及《国家税务总局关于纳税信用评价有关事项的公告》等文件的梳理以及向税务机关的咨询，可能的原因有以下几点：一是根据文件规定："在一个评价周期内新设立的涉税专业服务机构，不纳入信用等级评价范围。"因此，在一个评价周期内新设立的事务所，未能查询到相应的数据。二是根据文件规定："信用等级评价结果自产生之日起，有效期为一年，每年 4 月 30 日前完成上一个评价周期信用等级评价工作。"对于已经超过有效期，或者还未完成评价的事务所，其数据将无法查询。三是文件还规定了信用积分和信用等级标准对管辖的涉税专业服务机构进行信用等级评价。因此，没有涉税服务业务的事务所未被纳入评价范围，也就无法查询到数据。

（4）根据广东省税务局官网公布的近 3 年《重大税收违法失信案件涉及的企业名单》与本皮书整理的大湾区珠三角九市会计师事务所上市公司客户数据对比验证，未发现有上市公司客户在重大税收违法失信案件涉及的企业名单中，从另一维度证明 150 家会计师事务所对上市公司客户的涉税服务业务规范程度和服务质量较高。

（二）广东省内及大湾区珠三角九市情况

（1）广东省内 TSC5 级分布情况。如图 4-3 所示，广东省共有 TSC5 级 20 家，均位于大湾区珠三角九市，其中广州 9 家，深圳 5 家，江门、中山各 2 家，佛山、珠海各 1 家，说明其在涉税服务业务管理、专业知识和服务质量等方面表现出色，具有极高的综合实力和竞争力。TSC5 级不存在位于非大湾区珠三角九市的情况，大湾区内外差距显而易见。

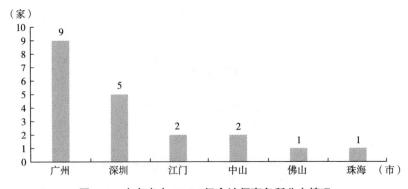

图 4-3　广东省内 TSC5 级会计师事务所分布情况

（2）广东省内 TSC4 级分布情况。如图 4-4 所示，广东省共有 TSC4 级 71 家，位于大湾区珠三角九市的有 69 家，占比达到 97.18%；其中广州 32 家，深圳 18 家，广州、深圳占比达到 70%，反映出广州、深圳地区会计师事务所税务信用评价质量较高，TSC4 级位于非大湾区珠三角九市地区的只有 2 家，湾区内外差距再次凸显。

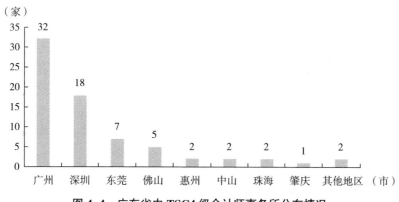

图 4-4　广东省内 TSC4 级会计师事务所分布情况

（三）广东省及大湾区珠三角九市在全国排名情况

2022 年全国百强会计师事务所 TSC 信用等级前 20 名位于大湾区珠三角九市的占比高达 50%，如图 4-5 所示。其中广州市 5 家，珠海 2 家，东莞、中山和深圳各 1 家，说明大湾区会计师事务所涉税服务业务水准在全国领先，专业性强、服务质量高，能够为客户提供具有价值的税务服务，同时也能得到主管税务机关的认可。

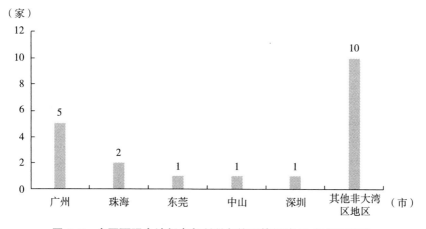

图 4-5　全国百强会计师事务所税务信用等级前 20 名分布情况

（四）优势原因及面临的困境

1.优势原因

广东省以及大湾区的经济社会发展为会计师事务所和涉税服务业务的发展提供了丰富的机遇和广阔市场。这种优势主要源自以下因素：一是改革开放的先锋。广东省是中国改革开放的先锋和风向标，也是粤港澳大湾区的主要组成部分，对中国经济发展具有重要推动作用。广东省和大湾区蓬勃的经济和社会发展为会计师事务所和涉税服务业务提供了丰富市场和良好的业务环境。二是核心城市的发展。广州市和深圳市作为大湾区的核心城市和重要经济中心，拥有发达的资本市场和总部经济。广州市作为国家级中心城市和多功能门户城市，在国际商贸和综合交通方面具有独特优势；深圳市作为经济特区和国家级经济中心城市以及国家创新型城市，一直在加快建设现代化国际化城市的步伐，还被定位为中国特色社会主义先行示范区。这为涉税服务业务的开展提供了广阔的空间和行业机遇。

2.面临的困境

一是广东省大湾区珠三角九市与省内其他城市之间会计师事务所涉税服务业务发展不平衡，大湾区珠三角九市明显领先于其他城市；二是大湾区珠三角九市之间会计师事务所涉税服务业务发展不平衡，广州市和深圳市明显领先于大湾区其他内地城市；三是港澳和大湾区珠三角九市之间涉税服务业务的内部协同提升有待加强。

（五）推进大湾区内部协同互促

中共中央、国务院印发的《粤港澳大湾区发展规划纲要》及国家发展改革委发布的《粤港澳大湾区国际一流营商环境建设三年行动计划》提出了"建立粤港澳大湾区与国际通行规则相衔接的营商环境制度体系，共商共建共享体制机制运作更加顺畅，市场化、法治化、国际化营商环境达到世界一流水平，营商环境国际竞争力居全球前列"的要求。粤港澳大湾区内新经济、新业态、新模式持续涌现并不断交织，复杂经济事项和税收事项频繁发生，但粤港澳三地在办事办税制度流程、习惯、评价体系上存在较大差异，如何增强和提升协同共治框架下各主体的参与意识和融入程度，建立健全互联互通机制，是促进大湾区会计师行业协同共进、涉税服务业务融合联动的重要抓手。具体到会计师事务所涉税服务业务方面，可以把内地与港澳地区之间相互借鉴推行对方领先经验作为协同互促的开端。

在涉税服务业务评价方面，内地现行的《涉税专业服务信用评价管理办法（试行）》等政策从 2018 年实施至今已有较为丰富的经验和成果可供港澳借鉴。梳理涉税专业服务机构信用积分及等级评价标准，共涉及 9 个一级指标及若干二三级指标，归纳筛选出重要指标及信用积分规则，如表 4-3、图 4-6 所示，以供港澳管理部门、行业组织等参考使用，力争结合港澳现实情况早日建立起一套具有可操作性和可比性的涉税服务业务评价体系，对于协同提升大湾区事务所评价机制，促进大湾区会计师事务所及涉税服务业务共通融合发展作用巨大。

表 4-3 纳税信用积分规则

信用等级	对应信用积分标准
TSC5	400 分以上
TSC4	300 分以上不满 400 分
TSC3	200 分以上不满 300 分
TSC2	100 分以上不满 200 分
TSC1	不满 100 分

在规范财务会计报告依法审计方面，港澳地区目前实行企业所得税类申报表必须经审计或连同审计报告一并提交的政策。其中，香港税务局通常于每年四月的第一个工作日寄发利得税报税表，供企业填报于报税表内有关上一课税年度结束的会计年度报表的相关信息，企业（小型公司除外）提交报税表时须连同经审计的财务报表提交香港税务局。澳门《所得补充税章程》规定纳税人应具备完善的会计账册，且有在本局注册的会计师或者核数师核对账册及签署有关申报文件。我国《公司法》第二百零八条也规定"公司应当在每一会计年度终了时编制财务会计报告，并依法经会计师事务所审计"。但在实际执行中缺少实现路径和监管部门，内地可参考港澳做法把纳税申报或商事办理作为监管的卡点。此举一是能够切实落实《公司法》的相关要求；二是有利于规范公司财务报告行为，提升会计核算质量和内部管理水平；三是为会计师事务所的发展开拓了市场空间；四是在制度层面与港澳实现协同对接。

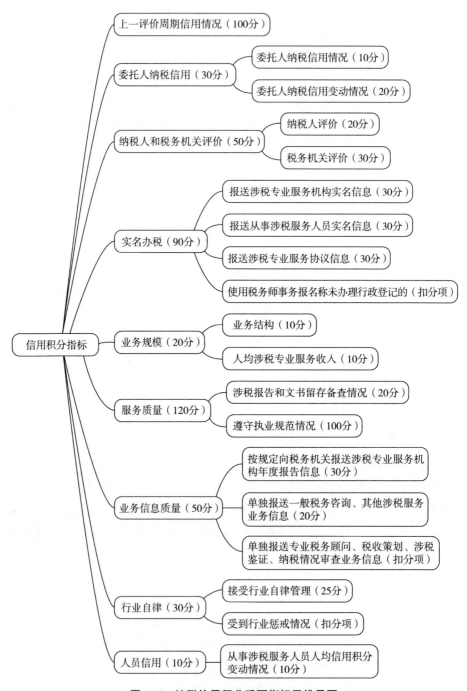

图 4-6　纳税信用积分重要指标思维导图

（六） 对策及建议

以中共中央、国务院印发的《粤港澳大湾区发展规划纲要》为引领，以中共中央办公厅、国务院办公厅印发的《关于进一步深化税收征管改革的意见》和《关于进一步加强财会监督工作的意见》以及国家税务总局颁布实施的《国家税务总局关于进一步促进涉税专业服务行业规范发展的通知》为行动指南，推动大湾区会计师事务所涉税服务业务高质量融合发展。

（一）向内提升自身发展水平

（1）大力提升专业能力和服务水平，打造精品涉税服务业务团队，树立行业品牌影响力。

（2）加强人才建设，加大对既有人才的培养力度，通过内部培训、外部交流等多种方式提升员工的业务能力和专业素养。同时要注重人才的引进招募，设计有竞争力的待遇薪酬体系吸引更多优秀人才加入。

（3）建立完善的质量控制体系，确保服务的合法合规性、准确性和完整性。加强内部审核和外部监督，降低风险，提高服务质量。

（4）关注最新财税政策变化、最新经济模式、新兴行业和领域的发展趋势，保持敏锐的市场洞察力，积极拓展业务覆盖面。

（5）关注客户需求，不断优化服务内容和方式，提高客户满意度。同时，应加强与客户沟通，了解客户需求和反馈，以便及时调整服务策略。

（二）向外开拓协同共治格局

（1）加强大湾区同行业交流与合作，分享经验和资源，共同提升行业整体水平。通过建立战略合作伙伴关系，在合作区开设分所等形式，实现优势互补，共同发展壮大。

（2）与税务机关、行业协会等相关机构部门保持良好关系，为涉税服务业务发展打牢根基。

（3）开展行业与高校、企事业单位互动，提高社会影响力与关注度，并共建实习实践基地等。

（三）缩小区域发展水平差距

（1）提升教育和培训资源的可获取性，通过在弱势区域投放更多的教育和培训资源，可以提升该地区会计师事务所的专业素质和服务能力。

（2）财税部门及行业协会加大对弱势地区的各种形式的帮扶力度，如设立专项补贴等。

（3）规范行业规章制度，设立公平、公正、开放的行业规章制度，有助于消除地区间会计师事务所及涉税服务业务的发展差距。

（4）优先推广技术应用，如 AI 应用、云计算服务等，能够有效地帮助该地区的会计师事务所提升工作效率和服务质量。

（四）促进大湾区协同融合

（1）港澳可借鉴内地的涉税专业服务信用评价体系和规范，建立适合的税务服务评价体系，使大湾区内具有协同性和可比性。

（2）内地可借鉴港澳的企业所得税类申报表必须经审计或连同审计报告一并提交的政策，实施在纳税申报或商事登记核验环节必须提交经审计的财务报告政策。

第五章

破产管理服务

5

PART FIVE

粤港澳大湾区案例

　　破产是维护金融秩序和当事人合法权益的重要工具。在深圳,破产这一工具的价值更是有目共睹。2019 年 1 月 14 日至 2024 年 1 月 14 日,深圳市中级人民法院(以下简称"深圳中院")成立后的五年时间里帮助 300 余家企业和 200 余名个人破产债务人摆脱债务困境,盘活资产 3000 亿元,清偿债权总额 1450 亿元。其中,破产管理业务发挥着至关重要的作用。

　　2021 年 5 月,深圳中院裁定受理梁某某个人破产重整一案,并指定了破产管理人。在管理人的指导和协助下,梁某某的个人破产重整计划获得第一次债权人会议一次性高票通过,并得到法院批准。该案于 2023 年 6 月执行完毕,并依法免除了梁某某的未清偿债务,梁某某因此获得经济重生。梁某某表示,"把债都还清了,在法律意义上得到了经济'重生',终于松了一口气,可以开启我全新的生活了"。

　　2021 年 10 月某大型房地产企业深陷债务困境,随之陷入坏账风波,出现资金回流困难并引发债务危机,最终进入了破产重整程序。该企业负债规模超百亿元,相关事务涉及 1000 余名职工、3000 余家材料供应商、40000 多名劳务工以及 20000 余名中小股东的权益保护。管理人凭借其专业能力和经验,有序推进各项重整事项。通过增发股票、设立信托等方式,有效化解上游房企违约造成的连锁式债务危机,并通过引进重整投资人拓展业务渠道,为公司未来经营发展创造条件。经过重整,该企业有效化解了债务危机,不仅实现了上市公司自身的资产负债重组,还有效维护了上下游民营经济主体的经营稳定,有效保护了建筑装饰行业民营企业产业链的发展。

破产管理的相关概念

（一）破产与破产管理人的概念

经济意义上的破产是指债务人的一种特殊经济状态。在此状态中，债务人已无力支付其到期债务，而最终不得不倾其所有以偿债务。法律意义上的破产是指一种法律手段和法律程序。通过这种手段和程序，概括性地解决债务人和众多债权人之间的债权债务关系。

破产制度对市场经济具有重要的调整作用，是市场经济法律制度的关键组成部分。破产法是规定在债务人丧失清偿能力时，强制对其全部财产清算分配、公平清偿债权人，或通过和解或重整挽救程序，避免债务人破产的法律规范的总称。在对债务关系的保护上，破产法具有其他任何法律都不具有且不可替代的特殊调整作用，即在债务人丧失清偿能力时，解决因多数债权在债务人的有限财产上发生竞合而在债权人之间发生的矛盾，保证对全体债权人的公平、有序清偿，并通过和解、重整、免责等特殊法律制度维护债务人的正当权益，实现社会实质公平，进而发挥市场对资源的优化配置效用，维护社会整体利益，促进社会和谐发展，保障市场经济秩序。

破产管理人是破产程序启动以后依法选任的，在法院的指挥和监督之下全面接管债务人企业并负责债务人财产的保管、清理、估价、处理和分配等事务的专门机构。关于管理人的法律地位，破产财团代表认为，应将被宣告破产后的债务人财产视为拟人化的抽象团体，是独立的权利义务主体，并可以其名义依法设定法律关系。管理人即为这个团体的议事机关和代表机构。[①]

（二）粤港澳大湾区破产管理业务的总体概况

1. 内地破产业务发展现状

《中华人民共和国企业破产法（试行）》于 1986 年出台，后于 2006 年经修订通过，于 2007 年 6 月 1 日起施行。2007 年实施的《企业破产法》建立了不同于旧破产法中清算组的破产管理人制度。陈吉先（2010）提出，管理人是指人民法院依法受理破产申请的同时指定的全面接管债务人并负责债务人财产的保管、清理、估价、处理和分配，总管破产清算事务的人。管理人是破产程序

---

① 破谈·法官道 | 破产管理人的法律地位及其民事责任探析 _ 程序（sohu.com），2018-11-23。

中最重要的一个组织，它具体管理破产中的各项事务，破产程序进行中的其他机关或组织仅起监督或辅助作用。破产程序能否在公正、公平和高效率的基础上顺利进行和终结，与管理人的活动密切相关[1]。肖重阳（2007）提出，破产管理是指管理人在破产程序中依法或根据法院的指令进行的破产财产管理、处分、业务经营以及破产财产方案拟定和执行等工作[2]。

近年来我国企业的破产案件数量上升迅速，且主要集中在江苏、浙江、广东三个省份，经由法定程序审判后宣告破产的案件数量远超黑龙江、上海、河南等省或直辖市。这三个省份均有发达的制造业、丰富的科教资源，开放程度高、法律意识较强，企业经营困难后通常会借助司法力量来获取合理的、符合债务人和债权人共同利益的破产结果。

根据破易云大数据检索显示（见图5-1），2013年至2023年6月江苏省破产案件总计71277件，主要集中在苏州市8810件、南通市8456件、宿迁市7350件。浙江省破产案件总计36218件，主要集中在温州市9576件、杭州市5862件、金华市4413件。广东省破产案件总计35080件，主要集中在深圳市9648件、广州市8114件、佛山市4084件，江苏、浙江、广东三省的破产案件数量共占全国破产案件总量的51.37%。

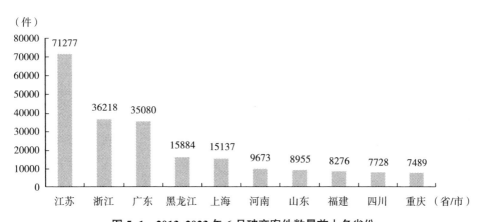

图5-1 2013~2023年6月破产案件数量前十名省份

资料来源：破易云。

除企业破产外，近年来我国个人破产制度也正在从理论研究走向实践探

---

① 陈吉先.承办破产管理人业务的体会与建议［J］.中国注册会计师，2010（2）：81-82.

② 肖重阳.破产管理研究［D］.西南政法大学，2007.

索，2021年3月我国首部个人破产条例《深圳经济特区个人破产条例》（以下简称《个人破产条例》）颁布之后，破产业务呈迅猛发展态势（见图5-2）。同日，全国首家个人破产事务管理机构——深圳市破产事务管理署挂牌成立。此后，其他省市也根据地区经济实际需要探索建立"类个人破产程序"。个人破产制度的探索，让诚信的创业失利者能有重归市场打拼的机会。

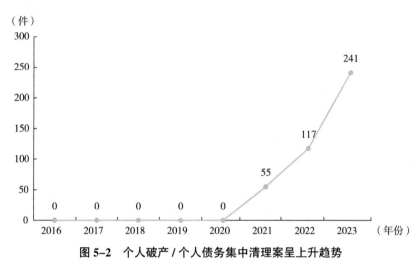

图5-2 个人破产/个人债务集中清理案呈上升趋势

资料来源：破易云。

2. 香港地区破产业务发展概况

香港地区的破产制度包括自然人破产和公司法人破产。香港在破产制度上同样实行严格的行政权与司法权分离体制，破产管理权与破产案件审理权分别由政府和法院来行使。香港的企业破产或清盘处理由法院、政府破产管理署、会计师、律师互相配合。香港终止企业法人地位分破产与清盘两种形式。破产是针对自然债务人或无限责任公司，以《破产条例》为法律依据，债务人与债权人均可向法院提出破产申请。清盘是针对有限责任公司，以《公司条例》为法律准绳。清盘又分强制清盘与自愿清盘两类，强制清盘的法律处理程序与破产程序类似，自愿清盘一般可以通过股东决议委任清盘人启动清盘。清盘完毕到注册处核销公司法人地位即可。破产与清盘的重要区别是，破产涉及个人财产，破产人在破产期内（一般四年）不能再担任公司董事，个人消费受到限制，而被清盘公司股东仅负有限责任。

根据香港破产管理署公布的最新数据，截至2023年香港破产呈请书多达7860份，较2022年增长了13.5%，2013~2023年共有92558份。根据破易云和香港破产管理署数据显示，2016~2023年6月广东省的破产业务总案件为35080件。2016年至2023年6月30日香港破产呈请书共59019份（见图5-3）。其中，香港破产呈请书指的是用于向法院提出破产申请的文件，是破产案件受理的起点，如果将每一份香港破产呈请书视同于一份破产业务案件，2016~2023年香港破产案件数量大概是广东省的1.68倍。从以上数据可以看出，香港的产业投资者、经营者对破产管理的重视程度相对较高。

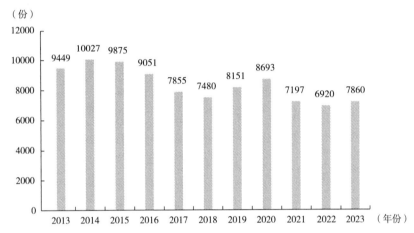

图5-3 2013~2023年香港破产呈请书的提交数量

资料来源：香港破产管理署。

3.澳门地区破产业务发展

澳门特别行政区目前关于破产的法律制度主要规定在经1999年10月8日第55/99/M号法令核准之《澳门民事诉讼法典》内，该法典第五卷"特别程序"之第十二编"财产之清算"之第三章规定了"为债权人利益作清算"的特别程序，该章下分十三节，共计152个条文（第1043~1194条）。根据澳门特别行政区法院的数据，自2016年以来，澳门特别行政区初级法院审结的破产及无偿还能力案只有162件（见表5-1）。

表5-1 2016~2023年广东省与港澳地区破产案件数量对比

破产案件	数量（件）
广东省总案件（2016年至2023年6月30日）	35080
香港破产呈请书（2016年至2023年6月30日）	59019
澳门破产及无偿还能力案（2016~2023年）	162

资料来源：破易云、香港破产管理署、澳门特别行政区法院。

（二）大湾区珠三角九市破产管理相关制度概述

（一）内地破产相关制度概述

1. 企业破产法概述

《企业破产法》由中华人民共和国第十届全国人民代表大会常务委员会第二十三次会议于 2006 年 8 月 27 日通过，自 2007 年 6 月 1 日起施行。企业破产适用企业破产法律体系，包括《企业破产法》及相关配套司法解释、各地法院或破产法庭发布的地方性司法文件以及其他与破产相关的规范性文件。例如，最高人民法院制定的《最高人民法院关于适用〈中华人民共和国企业破产法〉若干问题的规定（一）》（以下简称《破产法司法解释（一）》）、《最高人民法院关于适用〈中华人民共和国企业破产法〉若干问题的规定（二）》、《最高人民法院关于适用〈中华人民共和国企业破产法〉若干问题的规定（三）》、北京破产法庭制定的《北京破产法庭破产案件管理人工作指引（试行）》、国家发展改革委等十三部门制定的《加快完善市场主体退出制度改革方案》等。

破产程序是指企业法人不能清偿到期债务，并且资产不足以清偿全部债务或者明显缺乏清偿能力、有明显丧失清偿能力可能的，依照破产相关规范性文件进行破产重整、破产清算、破产和解程序的总称，破产法是兼有程序法和实体法双重性质的综合性法律。

《企业破产法》第二条：规定"企业法人不能清偿到期债务，并且资产不足以清偿全部债务或者明显缺乏清偿能力的，依照本法规定清理债务。企业法人有前款规定情形，或者有明显丧失清偿能力可能的，可以依照本法规定进行重整"。关于前述条款中"不能清偿到期债务"的界定，2011 年最高院发布的《破产法司法解释（一）》第二条明确了当下列情形同时存在的，人民法院应当认定债务人不能清偿到期债务：（一）债权债务关系依法成立；（二）债务履行期限已经届满；（三）债务人未完全清偿债务。

最高院在《破产法司法解释（一）》中，对于"资产不足以清偿全部债务"的界定为债务人的资产负债表，或者审计报告、资产评估报告等显示其全部资产不足以偿付全部负债。

同时，最高院对"明显缺乏清偿能力"也做了明确规定，应为：债务人账面资产虽大于负债，但存在下列情形之一：（一）因资金严重不足或者财产不能变现等原因，无法清偿债务；（二）法定代表人下落不明且无其他人员负责管理财产，无法清偿债务；（三）经人民法院强制执行，无法清偿债务；（四）长期亏损且经营扭亏困难，无法清偿债务；（五）导致债务人丧失清偿能力的其他情形。

根据《企业破产法》第七条，债务人有《企业破产法》第二条规定的情形，可以向人民法院提出重整、和解或者破产清算申请；债务人不能清偿到期债务，债权人可以向人民法院提出对债务人进行重整或者破产清算的申请；企业法人已解散但未清算或者未清算完毕，资产不足以清偿债务的，依法负有清算责任的人应当向人民法院申请破产清算。

现阶段破产法体系主要包括三种企业救助方式，分别为破产清算、破产重整及破产和解。

（1）破产清算。破产清算是指公司被人民法院依法宣布破产后，由管理人对公司的财产进行清理，将破产财产依法分配给债权人，并最终注销企业法人资格的法定程序。破产清算由管理人依照《企业破产法》的规定执行。

破产清算程序中，管理人应当就破产财产的分配拟定分配方案，在债权人会上审议通过（财产分配方案由出席会议的有表决权的债权人过半数通过，并且其所代表的债权额占无财产担保债权总额的二分之一以上），报人民法院裁定批准后由管理人具体执行。破产财产的分配方案经债权人会议二次表决仍未通过的，由人民法院裁定。破产财产在优先清偿破产费用及共益债务后，依照下列顺序清偿：（一）破产人所欠职工的工资和医疗、伤残补助、抚恤费用，所欠的应当划入职工个人账户的基本养老保险、基本医疗保险费用，以及法律、行政法规规定应当支付给职工的补偿金；（二）破产人欠缴的除前项规定以外的社会保险费用和破产人所欠税款；（三）普通破产债权。

破产财产分配完毕后，应由管理人向人民法院提交破产财产分配报告，并提请人民法院裁定终结破产程序。管理人应当自破产程序终结之日起十日内，持人民法院终结破产程序的裁定，向企业法人的原登记机关办理注销登记，依法终止企业法人的资格。

（2）破产重整。破产重整是指对于具备法定条件的债务人，根据相关主体的申请，经人民法院审查，裁定对债务人进行生产经营上的整顿和债权债务关系上的清理，以期摆脱财务困境，重获生产经营能力的法律程序。破产重整是人民法院受理破产案件的一种司法程序，由人民法院主导，具有严格的司法程序性。

按照《企业破产法》第七十条规定，债权人和债务人都可以向人民法院申请对债务人进行重整。如果债权人提出破产清算，在法院受理破产申请后、宣告债务人破产前，债务人或者出资额占债务人注册资本十分之一以上的出资人，可以向人民法院申请重整。由人民法院裁定债务人进行重整，并公告。

人民法院裁定债务人重整之日起 6 个月内，债务人或管理人应当向人民法院和债权人会议提交重整计划草案。其中符合条件的，经批准，可以延长三个月。人民法院应当自收到重整计划草案之日起三十日内召开债权人会议，并按照债权是否有担保权，是否为所欠职工的工资、医疗、保险等，是否为所欠税款等对债权进行分类，分组对重整计划草案进行表决。出席会议的同一表决组的债权人过半数同意重整计划草案，并且其所代表的债权额占该组债权总额的三分之二以上的，即为该组通过重整计划草案。部分表决组未通过重整计划草案的，债务人或者管理人可以同未通过重整计划草案的表决组协商。该表决组可以在协商后再表决一次。双方协商的结果不得损害其他表决组的利益。未通过重整计划草案的表决组拒绝再次表决或者再次表决仍未通过重整计划草案，但重整计划草案符合《企业破产法》第八十七条中所列示的满足条件的，债务人或者管理人可以申请人民法院批准重整计划草案。满足条件具体如下：（一）按照重整计划草案，本法第八十二条第一款第一项所列债权就该特定财产将获得全额清偿，其因延期清偿所受的损失将得到公平补偿，并且其担保权未受到实质性损害，或者该表决组已经通过重整计划草案；（二）按照重整计划草案，本法第八十二条第一款第二项、第三项所列债权将获得全额清偿，或者相应表决组已经通过重整计划草案；（三）按照重整计划草案，普通债权所获得的清偿比例，不低于其在重整计划草案被提请批准时依照破产清算程序所能获得的清偿比例，或者该表决组已经通过重整计划草案；（四）重整计划草案对出资人权益的调整公平、公正，或者出资人组已经通过重整计划草案；（五）重整计划草案公平对待同一表决组的成员，并且所规定的债权清偿顺序不违反本法第一百一十三条的规定；（六）债务人的经营方案具有可行性。人民法院经审查认为重整计划草案符合前款规定的，应当自收到申请之日起三十日内裁定批准，终止重整程序，并予以公告。

（3）破产和解。债务人可以依照《企业破产法》规定，直接向人民法院申请破产和解，也可以在人民法院受理破产申请后、宣告债务人破产前，向人民法院申请和解。债务人申请和解，应当提出和解协议草案。

经人民法院审查认为破产和解申请符合《企业破产法》规定的，应当裁定和解，予以公告，并召集债权人会议讨论和解协议草案。

当出席会议的有表决权的债权人过半数同意和解协议，并且其所代表的债权额占无财产担保债权总额的三分之二以上时，和解协议通过，经人民法院认可后，和解协议对债务人和全体和解债权人均有约束力。债务人应当按照和解协议规定的条件清偿债务。

（4）破产和解与破产重整的区别。和解与重整存在不同，申请主体方面，破产重整的申请主体包括债权人、债务人、占债务人注册资本十分之一以上的出资人（股东）；破产和解的申请主体为债务人。另外，破产重整程序中担保物权暂停行使，破产和解程序中担保物权不暂停行使等。

上述三种程序之间，即重整、清算、和解在适用中存在转换关系。在重整程序中，在因债务人自身原因（如债务人的经营状况和财产状况继续恶化缺乏挽救的可能性等），法定期限内未提交重整计划草案、重整计划草案未获批准等情况下，重整程序可能转化为清算程序；在和解程序中，在和解协议未通过或通过但未获法院认可、和解协议无效、债务人不能执行或者不执行和解协议等情况下，和解程序可能转化为清算程序；在清算程序中，在人民法院已经受理破产申请但人民法院尚未对债务人作出宣告破产的裁定前且债务人具有继续经营存续的价值与可行性时，清算程序可能转化为重整程序或者和解程序。

2. 个人破产制度概述

1986 年《中华人民共和国企业破产法（试行）》颁行后，学术界开始探讨个人破产立法，研究在我国是否需要规定个人破产制度。2006 年《中华人民共和国企业破产法》修订过程正式文本中撤销了有关个人破产制度的规定[①]，直接导致"是否需要个人破产制度"的争议达到高潮，该制度再次成为学术界探讨的热点。汤维建（2021）认为制定《个人破产法》有助于完善我国市场经济法律体系、维护社会稳定、破解"执行难"问题，同时也是平等保护市场经济各类主体的需要。[②]2020 年 8 月 26 日，深圳市人大常委会借助经济特区优势，首创我国第一部个人破产立法，正式通过《个人破产条例》（以下部分称其为《条例》），此举弥补了新中国成立以来个人破产立法的空白[③]。

《条例》分 13 章，共 173 条，在实现促进竞争、宽容失败、保障生存的立

[①] 贾志杰：《关于〈中华人民共和国企业破产法（草案）〉的说明》，载于中国人大网。

[②] 汤维建.制定我国《个人破产法》的利弊分析及立法对策［J］.甘肃政法大学学报，2021（6）：41-56.

[③] 张玉燕.个人破产立法的展望与优化——基于对《深圳经济特区个人破产条例》的思考［J］.西部金融，2021（2）：54-59.

法理念下，主要从程序逻辑、失复权制度（权利限制措施）、自由财产制度（豁免财产制度）、债务免除制度、破产事务管理机构的角色分配几个维度构建：

（1）个人破产制度的三种程序逻辑。《条例》采用了三轨制的逻辑，如同企业破产制度一样，采取破产清算、重整、和解三种程序。利用这三种程序的选择处理债务人债务，保障债权人公平受偿。《条例》整体采用了总分的结构，第七章、第八章、第九章分别规定了破产清算、重整与和解，而其他章节内容均概括适用于该三种程序。

（2）个人破产程序中对债务人的失复权制度。个人破产因无法像企业破产那样，让进入破产的主体最终进行注销而消亡，故个人破产的主要核心规则是围绕着债务人的个人权利与财产限制展开。从个人破产的制度逻辑来说，主要是以个人破产制度中失权规则的设定对债务人进行惩戒，以督促和监督债务人更为谨慎和有序开展经营活动，而惩戒必定需要从权利、财产上作出相应限制来达成。

（3）个人破产程序中自由财产制度。财产构成债务清偿的基础，而现代意义上的个人破产法强调债务清偿的同时也给予债务人一定的权利考虑，而体现在个人破产制度的规则上则是设置财产豁免（自由财产）规则。为保障债务人及其所扶养人的基本生活及权利，特别规定了债务人可保留部分财产，不在破产程序中向债权人进行分配。

（4）个人破产程序中的债务免除制度。债务免除规则构成个人破产的核心制度，甚至有学者认为缺乏余债免除制度的个人破产制度与民事执行中的参与分配制度无本质差异，最终也将无法解决个人破产问题。个人破产制度的核心功能和目标在于免除债务人的部分债务，使债务人获得重生的机会。

（5）破产事务管理机构的角色分配。参考破产制度发达国家和地区的实践经验，针对《企业破产法》实施的顽疾，在立法过程中，效仿国际通行的破产案件审判权与破产事务管理权分离改革，创造性地成立全国首家破产事务管理部门承担破产办理中的行政事务管理职能，并于《条例》第六条、第一百五十五条确定其定义与八大基本职能。

（二）破产案件的主管机构

2016 年 8 月 8 日，广东省高级人民法院（以下简称"广东高院"）成立全国高级法院第一个破产审判庭，2019 年 1 月 14 日深圳破产法庭成立，同年 12 月广州破产法庭成立。广东省现已形成了广州、深圳两个中院设立破产法庭，佛山中院、珠海中院、惠州中院、茂名中院、中山中院、汕尾中院、中山第一法院、东莞第一法院、顺德区法院设立专门的破产审判庭，其他中院设立破产审判合议庭的破产审判新格局。自 2016 年至 2023 年 6 月 30 日全国共成立 17 家破产法庭，其中深圳、北京、上海三个破产法庭是最高人民法院首批批复设立的破产法庭，2019 年 1 月 14 日全国首家破产法庭深圳破产法庭设立。2022 年最高人民法院工作报告中提到，2022 年人民法院审结破产案件 4.7 万件，涉及债权 6.3 万亿元，对仍有市场潜力的高负债企业通过依法重整实现重生，对资不抵债、拯救无望的企业宣告破产，实现市场出清。审结破产重整案件 2801 件，盘活资产 3.4 万亿元，帮助 3285 家企业摆脱困境，稳住了 92.3 万名员工的就业岗位。

以深圳市为例，深圳中院在 1993 年 12 月 1 日设立了全国法院第一个破产审判庭，在全国最早开始破产案件集中管辖、专业审理的实践探索。2018 年 12 月，深圳法院率先提出创新设立独立运作的破产法庭，为营造市场化、法治化、国际化营商环境，为粤港澳大湾区建设提供强有力的司法服务和保障。在上级法院以及市委、市政府的重视和支持下，深圳破产法庭从请示到批复再到正式落编，仅用了 1 个月时间。深圳破产法庭于 2019 年 1 月 14 日正式揭牌，成为全国第一家破产专门审判机构，以专业化审判服务保证经济高质量发展。深圳破产法庭管辖以下案件：一是深圳市辖区内地（市）级以上（含本级）工商行政管理机关核准登记公司（企业）的强制清算和破产案件；二是前述强制清算和破产案件的衍生诉讼案件；三是跨境破产案件；四是其他依法应当由其审理的案件。

2020 年 10 月 11 日，中共中央办公厅、国务院办公厅印发《深圳建设中国特色社会主义先行示范区综合改革试点实施方案（2020–2025 年）》，从国家层面支持深圳"推进破产制度和机制的综合配套改革，试行破产预重整制度，完善自然人破产制度"。2021 年 3 月 1 日，我国首部个人破产法规《深圳经济特区个人破产条例》开始施行。同日，全国首家个人破产事务管理机构——深圳市破产事务管理署挂牌成立。这标志着深圳在破产领域率先探索实施案件审判权与事务管理权相分离机制，构建起"法院审判、机构管理、管理人执行、公众监督"四位一体的现代破产办理体系，对于促进深圳个人破产案件审理提质增效具有非常重要的积极意义。2021 年 7 月，国家发展改革委发布《关于推广借鉴深圳经济特区创新举措和经验做法的通知》，深圳在五大方面的 47 条创新举措和经验做法被推广。在促进诚信市场主体"经济再生"方面，包括了

"设立独立运作的破产事务管理署"。破产署职能：负责确定个人破产管理人（以下简称管理人）资质，建立管理人名册；依法提出管理人人选；管理、监督管理人履行职责；拟订管理人的任用、履职和报酬管理具体办法。组织实施破产信息登记和信息公开制度，及时登记并公开破产申请、行为限制决定、财产申报、债权申报及分配方案、重整计划、和解协议、免责考察等信息。协助调查破产欺诈和相关违法行为。提供破产事务咨询和援助服务。建立完善政府各相关部门办理破产事务的协调机制。配合人民法院开展与破产程序有关的其他工作；完成上级部门交办的其他任务。

（三）破产管理人及行业协会

《企业破产法》赋予了律师事务所、会计师事务所、破产清算事务所等社会中介机构和个人担任破产管理人的合法性，破产管理业务主要由破产管理人开展。但进入管理人名册比较严格，需要递交一系列材料并经过专门的评审委员会评审。根据《企业破产法》第十七条规定，负责内地企业破产后续程序的即被称为管理人。同时第十三条又规定，人民法院如果裁定受理破产程序，则应该同时指定管理人。我国对管理人的范围和条件也进行了限定，管理人可以由有关部门、机构的人员组成的清算组或者依法设立的律师事务所、会计师事务所、破产清算事务所等社会中介机构担任。近年来，破产管理人队伍越来越壮大，破产管理业务也越来越规范高效，破产管理人为"僵尸企业"出清、危困企业挽救和破产个人"重生"做出了不可估量的贡献，在维护社会和谐稳定、促进经济发展方面发挥了重要作用。

2017 年广东省高级人民法院下发《关于规范企业破产案件管理人选任与监督工作的若干意见》，建立起全省统一编制、分等级管理、高等级管理人跨地域执业、进出有序的管理人管理机制。2018 年经组织全省统一考试、评审，2019 年初编制了全省统一管理人名册，规范了行业准入门槛。广东高级人民法院按照执业业绩、专业能力、机构规模、办理破产案件经验等因素，将管理人分为一级、二级、三级机构管理人，个人管理人不分等级，参照三级机构管理人开展工作。截至 2023 年 6 月 30 日，全国范围内在册机构管理人共有 6289 家。管理人在人民法院、破产事务管理部门的监督指导下勤勉履职，各个破产管理人团队也在加强自身建设方面下足了功夫。例如，在深圳，北京大成（深圳）律师事务所破产管理人团队坚持长期举办"破产管理人团队内部交流与学习"分享会，就破产管理理论与实践问题进行深入研讨；广东融关律师事务所敏锐觉察到破产事务操作方面的不统一存在的弊端，编著了《破产管理人操作规程》一书，为解决管理人在破产实务操作方面遇到的问题提供了有效指引。

为推进破产管理业务的发展，2014 年 11 月全国第一家破产管理人协会在广州成立，之后各地纷纷开始成立破产管理人协会。2020 年 8 月 3 日，深圳市破产管理人协会成立，2020 年 9 月 15 日，广东省破产管理人协会成立。截至 2023 年 6 月 30 日前，广东省共成立了 17 家破产管理人协会。全省各个破产管理人协会的成立为破产管理人行业自治打下了坚实基础，提升了管理人的专业素养和办案能力，有效推动了管理人工作的规范化和集约化，提高了破产案件办理质效。根据破易云大数据显示，截至 2023 年 6 月 30 日，共有 230 家破产管理人协会成立，全国范围内在册机构管理人共有 6289 家。聚焦到大湾区珠三角九市，截至 2023 年 11 月，均已成立破产管理人协会，其主管单位均为市中级人民法院，广东省破产管理人协会主管单位为广东省高级人民法院（见表 5-2）。根据 2019 年广东省高院发布的《广东省企业破产案件管理人名册》统计，大湾区九市共有 266 家机构管理人及个人管理人，其中律师事务所 174 家、会计师事务所 26 家、清算公司 19 家、其他机构 3 家、个人管理人 44 名。

表 5-2 粤港澳大湾区珠三角九市破产案件管理人协会概况

	成立时间	主管单位	会员数量（家）	广东省				深圳
				一级管理人	二级管理人	三级管理人	个人管理人	个人破产管理人
广东省	2020 年 9 月 15 日	广东高级人民法院	530	—	—	—	—	—
广州市	2014 年 9 月 13 月	广州市中级人民法院	57	4	15	28	10	2
深圳市	2020 年 8 月 3 日	深圳市中级人民法院	70	12	14	30	10	33
珠海市	2021 年 1 月 19 日	珠海市中级人民法院	118	0	5	10	5	0
佛山市	2019 年 9 月 24 日	佛山市中级人民法院	35	2	7	13	5	1
惠州市	2019 年 6 月 24 日	惠州市中级人民法院	77	1	7	13	3	1
东莞市	2019 年 12 月 23 日	东莞市中级人民法院	51	1	7	13	5	1

	成立时间	主管单位	会员数量（家）	广东省				深圳
				一级管理人	二级管理人	三级管理人	个人管理人	个人破产管理人
中山市	2019 年 12 月 12 日	中山市中级人民法院	69	0	5	10	3	0
江门市	2019 年 12 月 11 日	江门市中级人民法院	61	0	3	11	1	0
肇庆市	2023 年 4 月 4 日	肇庆市中级人民法院	67	0	4	4	2	0

注：一级、二级、三级、个人管理人数量是指"2019 年发布的《广东省企业破产案件管理人名册》数量"；个人破产管理人数量是指"2022 年发布的《深圳市个人破产管理人名册》数量"。

资料来源：2019 年发布的《广东省企业破产案件管理人名册》、2022 年发布的《深圳市个人破产管理人名册》，并剔除已退出名单。

　　近年来，各地破产管理人协会围绕提质增效开展了一系列的行业建设工作。以深圳市破产管理人协会（以下简称"深管协"）为例，协会近年来制定和实施了一系列规范和改革措施（见表 5-3），旨在强化破产管理行业的效率、透明度、公信力以及自律监督管理。这些措施包括但不限于破产案件财产网络拍卖规范、审计评估机构选聘规范、职业道德与行为规范，以及破产案件管理人公开办案规程。此外，深管协还推出了创新性的庭外重组和解法律服务操作流程，并在深圳市中级人民法院的推动下建立了"深破通"平台，该平台以市场化导向，集成了多种服务模块，推动市场主体的优化与高质量发展。通过这些措施，深管协不仅提高了破产案件处理的专业性和效率，也有力地促进了行业健康发展，树立了破产管理人的品牌形象，并在全国范围内起到了示范引领作用。

表 5-3　深圳市破产管理人协会行业建设文件汇总

日期	相关文件
2021 年 1 月 1 日	《深圳破产案件财产网络拍卖公约》开始实施，致力于推进破产综合改革并提升破产办理的质量与效率。 同日，《深圳破产管理人银行账户管理公约》也开始施行，旨在建立管理人账户管理的集约化工作机制
2021 年 6 月 22 日	《破产案件管理人委托审计和评估工作规范制度管理公约》实施，标准化审计评估机构的选聘流程

续表

日期	相关文件
2022 年 1 月 28 日	成立维权与纪律委员会，并发布《深圳市破产管理人协会破产管理人职业道德准则和履职行为规范（试行）》以及《深圳市破产管理人协会投诉调查处理规则（试行）》，加强行业自律监督管理和提升行业标准化水平
2022 年 9 月 6 日	发布《深圳市破产管理人协会案件办结数量公示办法（试行）》，鼓励会员提高办案效率，此为全国首创的实践
2022 年 12 月 27 日	实施《深圳破产管理人行业发展公约》，推动行业健康持续发展，加强队伍建设，树立品牌形象，并制定工作纲领和行业发展规划
2023 年 4 月 1 日	《深圳市破产管理人协会管理人公开办案工作规程（试行）》开始施行，意在提升办案的透明度和公信力，规范管理人公开办案行为，是全国的首创
2023 年 7 月 27 日	通过《深圳市破产管理人协会庭外重组、和解法律服务操作流程（试行）》，旨在促进财务困难但具有潜在价值企业的破产重整，探索企业与个人破产重整和解程序的协调处理

资料来源：根据深圳市破产管理人协会官网整理。

2021 年 3 月 1 日，我国首部个人破产法规《深圳经济特区个人破产条例》开始施行。同日，深圳市破产事务管理署作为全国首家个人破产事务管理机构挂牌成立，由其对深圳市内的破产行政事务进行专业化集约化管理。2022 年 8 月 11 日，深圳市破产事务管理署出台了《深圳市个人破产管理人名册管理办法（试行）》。2022 年 12 月 4 日，《深圳市中级人民法院加强企业破产案件管理人指定与监督暂行办法》出台，该办法从多个角度完善了管理人监管规则，便于有效督促管理人勤勉履职。同时国内首部个人破产管理人名册正式生效，编入名册的 40 家机构被赋予办理个人破产案件的权利。2023 年 8 月 3 日，深圳市破产事务管理署印发了《深圳市个人破产管理人业务操作指引（试行）》，为个人破产管理人履职提供了参考。

 ## 三 香港地区破产制度概述

（一）香港地区破产相关制度概述

根据香港法律，"资不抵债"（Insolvency）、"清算"（Liquidation）或"清盘"（Winding-up）一词用于指有限公司，而"破产"（Bankruptcy）则是指与个人有关的破产程序。前者主要受《公司（清盘及杂项条文）条例》

（第 32 章）监管，而后者则受《破产条例》（第六章）监管。以下条款侧重于公司破产制度，涉及财务发生困难、无法偿还债务或无法履行付款义务的公司。

公司破产法的根本目的是解决针对破产公司的所有索偿，并提供一个公平和有序的程序来收集整合和变现破产公司的资产，使其能够按照法定的分配方案在债权人之间分配。目前，法律框架通过法定债务重组计划（被称为"安排计划"）和正式清盘程序，向陷入财务困境的企业提供援助。

1. 不进行清盘的重组

债务重组是指公司在不进行清算或解散的情况下重组其债务的过程。它可以是非法定的和 / 或法定的。非法定解决方案是债务人公司与其债权人之间自由达成的庭外安排，受普通法合同项下规则管辖。法定债务偿还安排是根据《公司条例》（第六百二十二章）的规定，经法院许可的妥协，对债务人公司的所有债权人具有约束力，即使并非所有债权人都同意该安排。

2. 正式清盘程序

清盘发生在法院指定的清盘人接管一家公司并变现其资产分配的情况下，公司在清盘过程结束时解散。在《清盘条例》的规定下，在香港将公司清盘有两种方式可供选择：自动清盘或强制清盘。

自动清盘可通过公司在股东大会上就解散公司的决定进行。其可进一步分为公司成员自动清盘和债权人自动清盘。公司成员自动清盘适用于有偿债能力的公司。作为公司偿付能力的证据，董事们必须签署一份"偿债能力证明书"，表明他们已经对公司事务进行了全面调查，并形成了公司将能够在自动清盘开始之日起不超过 12 个月的期限内全额偿还债务的意见。另外，债权人主动清盘适用于无力偿债的公司，其负债超过可用资产。

相比之下，强制清盘是指法院根据公司债权人提出的呈请命令公司进行清盘。在法院清盘令下发前，债权人必须满足《公司（清盘及杂项条文）条例》中规定的法定申请条件，最常见的理由之一为公司未能支付其债务。

3. 其他方式

除以上两种形式外，香港特区政府跟随国际上现行实务操作，有可能推出期待已久的法定企业救助程序，对一个或可能存在无力偿债情况的公司发起临时监管，从而取得企业救助方案并促进重组工作。企业救助的一个突出特点是进行重组的同时实施法定延期偿付程序。其效果是使企业能够在不进行清算的情况下生存，同时防止债权人提出索赔，从而损害正在进行的救助工作。这种延期偿付或搁置清盘法律程序通常持续 45 个工作日，经债权人同意可延长至 6 个月，如属于复杂案件，则经法院许可后可延长至 6 个月以上。

（二）破产案件的主管机构

香港的破产案件处理，不仅涉及法院的管辖，还涉及政府管理。香港政府为了处理破产事宜，特别设立破产管理署来参与破产案件的处理。香港破产管理署是特别行政区设立的负责本地区企业清盘或个人破产事务的政府机构，破产管理署署长由特别行政区行政长官委任。破产管理署是参与处理案件的政府专门机构，由破产管理官和代理破产管理官组成。其中，破产管理官是代表政府参与破产案的专门机构，对破产程序期间保护破产财产的安全起着重要作用。

破产管理署的主要职能为负责处理个人的破产和公司清盘，同时对私营清盘从业人员进行监督管理。其主要职责有以下五项：提供破产和清盘服务；选择私人清盘机构，并监察强制清盘中私营清盘从业人员的行为操守；调查破产人及无力清偿公司的董事及职员的行为操守，并在适当的情况下，采取监控行动；追踪有关破产、清盘的法律、政策及程序实施中的情况，并提出必需的修改意见；与有关的国际机构保持联系，了解他们的发展和趋势。

（三）清盘人

在香港，清盘人是在公司生命周期结束时介入工作，负责调查公司破产原因，保护及变现资产，并据法定规则分配所得款项。香港的清盘人制度旨在确保公司清盘过程公平、有序，并在专业人士监督下进行。

任何符合《公司（清盘及杂项条文）条例》资格的人士都可被委任为清盘人，但有特定不合格对象，如法人团体、未清偿破产债务者等。清盘人必须独立，无与公司利益冲突的关联。清盘人是公司的代理人，承担公司财产的受托人职责，并在必要时起到协助法院的作用。清盘人的主要职责是管理公司财产并分配给债权人和股东及评定债权申索，必须调查公司事务并能对有不当行为的个体进行法律追究。清盘人享有一系列权力以助于其职责的履行，包括销售资产、进行不同操作等，有些权力需要法院或监察委员会批准。粤港澳大湾区三地关于破产规则的差异、关于个人破产规则的差异如表 5-4、表 5-5 所示。

表 5-4　粤港澳大湾区三地关于破产规则的差异

项目	内地	香港	澳门
关于破产的法律依据	《企业破产法》	《破产条例》与《公司（清盘及杂项条文）条例》共同建立了较为完整的破产法律制度体系	《民事诉讼法典》
破产原因的界定	《企业破产法》第2条规定："企业法人不能清偿到期债务，并且资产不足以清偿全部债务或者明显缺乏清偿能力的，依照本法规定清理债务。"	《破产条例》规定如在债务人无力偿付债务，债务人或债权人可提起破产申请	《民事诉讼法典》第1043条规定："不能如期履行债务之商业企业主，视为处于破产状况。"第1082条规定："a）商业企业主未履行一项或一项以上之债务，且根据未履行之债务之数额及不履行之实际情况，显示债务人不能如期履行其债务；b）商业企业主在未有指定适当替代人之情况下因缺乏资金而逃逸，或其为法人时，法人行政管理机关之据位人在未指定适当替代人之情况下因缺乏资金而逃逸；c）商业企业主弃置主要行政管理机关之所在地，或其为法人时，弃置法人住所或主要行政管理机关之所在地；d）商业企业主浪费财产或使财产消失，虚构债权，或作出任何显示其有意造成不能如期履行债务之状况之不当行为。"以及第1185条第一款规定："非为商业企业主之债务人财产内之资产少于负债时，须宣告该债务人处于无偿还能力之状况。"
破产主体的界定	《企业破产法》并未将个人破产纳入破产制度的适用范围，第2条规定该法仅适用于所有的企业法人	《破产条例》中规定债务人的主体身份包括符合破产申请条件的所有个人和合伙，适用对象为一切自然人、遗产和部分法人	《民事诉讼法典》第1043条规定破产制度适用于"商业企业主"，非商业企业主则适用第1185条规定之无偿还能力制度
破产管理人的任免	破产管理人由人民法院指定，债权人会议可以申请更换	香港特别行政区规定破产令作出后，破产管理署长成为破产人财产的暂时受托人，此后署长和债权人会议可委任其他人为受托人	澳门特别行政区则规定由法官在债权人大会召开前选任一名破产管理人，其他人有权利提出建议
破产管理人/清盘人的任职情况	会计师及律师均可担任破产管理人，但是大多数情况下都由律师担任	可以由律师或者会计师担任，但是由于清盘涉及较多财务问题，而会计师在这方面会有更多资源，通常情况下会由会计师担当	澳门的破产管理人由法官从被认定属适当之人中选任。澳门破产程序因牵涉法律专业知识，实务上主要委任律师担任破产管理人

项目	内地	香港	澳门
破产管理人/清盘人的报酬情况	破产管理人能够收到的费用受其管理且能够变卖的资产影响，通常会按照比例获取。如出现极端情况，内地的破产管理人不可辞任，破产管理基金会会提供部分收入	在破产程序中，如有资产，首先会先通过变卖资产获取资金，以支持破产程序的运行；如果没有资产可以变卖，则可能会向外寻找投资者，以提供资金支持如出现无资产可破的情况，受托人很有可能没有收入	法官将根据案件复杂程度以及工作量进行订定，同时也具有优先受偿权。如果出现极端情况，完全无法变卖任何财产，则由澳门法院支付所认定的费用

资料来源：

（1）张亮. 粤港澳大湾区商事法律规则差异及司法应对研究［J］.中国应用法学，2019（6）：86-98.

（2）广东省律师协会、香港律师会、澳门律师公会主办，广州市律师协会承办的第二期"湾区说法"系列研讨会（https://mp.weixin.qq.com/s/AL_u8KeTR3fVgcrTs7V1oA）。

表 5-5　粤港澳大湾区三地关于个人破产规则的差异

项目	内地	香港	澳门
个人破产申请条件	债务人申请破产的条件：《深圳个破条例》第 2 条规定，在深圳经济特区居住，且参加深圳社会保险连续满三年的自然人，因生产经营、生活消费导致丧失清偿债务能力或者资产不足以清偿全部债务的，可以依照本条例进行破产清算、重整或者和解。 债权人申请破产的条例：《深圳个破条例》第 9 条规定，当债务人不能清偿到期债务时，单独或者共同对债务人持有五十万元以上到期债权的债权人，可以向人民法院提出破产申请，申请对债务人进行破产清算	债务人申请破产的条件：《破产条例》第 4 条规定，债务人（a）以香港为其居籍；（b）在申请日当日处身于香港；或（c）在以该日为终结的 3 年期间内的任何时间通常居住于香港或在香港有居住地方、或在香港经营业务可以向法院提出任何破产申请。 债权人申请破产的条件：《破产条例》第 3 条规定，破产申请可由债务人的债权人中的一人向法院提出或由该等债权人中多于一名的债权人共同向法院提出。且第 6 条规定，债权人的债权总额超过 1 万港币以上方可申请债务人破产	无偿还能力程序：《澳门民诉法典》第 1185 条规定，非为商业企业主之债务人财产内之资产少于负债时，得宣告该债务人处于无偿还能力之状况。第 1188、1189 条规定，可因债务人前往法院提出要求而作出无偿还能力之宣告，或由债权人申请宣告债务人无偿还能力

项目	内地	香港	澳门
破产程序期间的职业限制	《深圳个破条例》第86条规定债务人在破产期间不得担任上市公司、非上市公众公司和金融机构的董事、监事和高级管理人员职务	《香港公司条例》规定，身为未获解除破产的破产人的人，不得担任任何公司的董事，或直接或间接参与或关涉任何公司的管理。如破产人持有专业执业牌照如律师、会计师、地产代理、保险代理，则不得继续持牌执业	《澳门民诉法典》第1097条规定，破产一经宣告，破产人即不得从事商业活动，且破产人不得担任合伙或公司之机关据位人之职务。然而，如从事上款所指活动对破产人获取维持生活所需之资源属必要，且不妨碍对破产财产作清算，则法官可以许可破产人从事上述活动
破产过程中豁免财产的范围	《深圳个破条例》第36条规定，为保障债务人及其所扶养人的基本生活及权利，为其保留的财产为豁免财产，包括①债务人及其所扶养人生活、学习、医疗的必需品和合理费用；②职业发展需要的物品和合理费用；③有特殊纪念意义的物品；④没有现金价值的人身保险；⑤勋章或者表彰荣誉的物品；⑥专属于债务人的人身损害赔偿金、社会保险金以及最低生活保障金；⑦根据法律规定或者基于公序良俗不应当用于清偿债务的其他财产。除第五项、第六项规定的财产外，豁免财产累计总价值不得超过二十万元	《香港破产条例》第43条规定的豁免财产范围：破产人职业所需工具、簿册、车辆；破产人及其家庭的基本的生活物品；及破产人以信托形式为任何其他人持有的财产等	《澳门民诉法典》第1099条规定，如破产人完全缺乏维持生活所需之资源，也不能通过工作获取该等资源，则法官得向破产人发放一份津贴作为其生活费，该津贴从破产财产之收益中支出
如何向债权人分配财产	《深圳个破条例》第89条规定了破产财产的清偿顺序：破产费用—共益债务—欠付的赡养费、抚养费和损害赔偿金—所欠员工工资和医疗、伤残补助费用及社保费用—所欠税款—普通破产债权—因违法或者犯罪行为所欠的罚金类款项。破产财产不足以清偿同一顺序债权的，按照比例分配	《香港破产条例》第67条规定，每当受托人手中有足够款项可用于此目的时，他除保留为支付破产案开支所需的款项外，须就债权人已分别证明的破产债项宣布摊还债款并将其派发予债权人	《澳门民诉法典》第1161条规定，就附有担保物权负担之财产进行清算后，须立即对有关之优先债权人作支付；如该等债权人未获全额支付，则与一般债权人分享尚存之金额。第1162条规定，所有存入之款项可确保不低于一般债权额5%之分配，破产管理人须提交按比例分配之计划及图表，法官经听取检察院意见后，须以批示许可其认为合理之支付

项目	内地	香港	澳门
破产程序结束后的偿债义务	《深圳个破条例》第95、96条规定自人民法院宣告债务人破产之日起三年，为免除债务人未清偿债务的考察期限。债务人在考察期内违反其义务规定的，人民法院可以决定延长考察期，但延长期限不超过两年。第100条规定，考察期届满，债务人可以向人民法院申请免除其未清偿的债务	《香港破产条例》第30A条规定破产人在有关期间届满时，即获解除破产。（a）就以前从未被判定破产的人而言，自破产开始起计的4年期；（b）就以前曾被判定破产的人而言，自破产开始起计的5年期。第32条规定，凡破产人获解除破产，则该项破产解除即免除其所有破产债项，但该项破产解除违反一些强制性规定的除外	企业主破产：《澳门民诉法典》第1183条中"就债权作出免除后"属于"破产对于破产人所产生之效力即告终止"的其中一种情形。无偿还能力程序：《澳门民诉法典》第1193条规定了无偿还能力人对尚欠数额的责任：（一）如无偿还能力人之财产经清算后全部债权人并未获全额支付，无偿还能力人仍须对尚欠数额承担责任。（二）尚欠数额须以无偿还能力人嗣后所取得之财产支付

注：个人破产制度在中国内地仅有深圳试点。

（四）澳门地区破产制度概述

（一）澳门地区破产相关制度概述

在澳门，破产程序（无偿还能力程序）是一项民事特别程序，规定在《澳门民事诉讼法典》第五卷第十二编第三章中，章名为"为债权人利益作清算"，该章共设十三节，其中第一节至第十二节规定的是破产程序，第十三节规定的是无偿还能力程序。可见，澳门现行破产法律制度在结构方面的一个显著特点是"无偿还能力制度"与"破产制度"双轨并行：根据《民事诉讼法典》的有关规定，破产（Falência）程序适用于不能如期履行债务的"商业企业主"（Empresário Comercial）（第1043条），即自然人商业企业主、法人商业企业主和公司，如果非为商业企业主的债务人资不抵债，不适用破产制度，但可宣告其"无偿还能力"（Insolvência）（第1185条）。

简单来说，澳门地区破产制度有两种，即破产和无偿还能力。破产主要针对商人，不区分法人还是自然人；无偿还能力，针对非商人，即普通市民。在实践中，博彩业视为商人，以破产程序宣布；无法证明是商人的，宣布为无偿还能力。

（二）破产案件的主管机构

澳门特别行政区的法院是破产案件的主管机构，澳门目前没有设置类似内地的破产法庭，也没有设置类似香港的破产管理署等机构。

（三）破产管理人

澳门地区的破产管理人由法官任免，没有资格考核的要求。澳门破产程序因牵涉法律专业知识，实务上主要委任律师担任破产管理人。

五 粤港澳大湾区破产管理实务案例

（一）企业破产案例

案例一：预重整有效破解上市公司重整困境

【基本案情】

A 公司是一家以销售服装服饰、珠宝首饰，生产、销售和研发电能表、电力管理终端为主营业务的民营企业，于 2010 年 2 月在深圳证券交易所上市。2018 年以来，受金融市场去杠杆影响，A 公司无法获取新增授信，资金链断裂，陷入债务危机，债权人对公司资产及账户冻结，加剧公司经营困境。2020 年度 A 公司经审计的期末净资产为负值，公司股票被实施退市风险警示，2021 年度面临退市风险。2020 年 12 月，债权人向深圳市中级人民法院申请对 A 公司进行破产重整，A 公司出具同意意见。

【审理情况】

深圳中院于 2021 年 2 月 1 日决定对 A 公司启动预重整程序，并指定管理人担任 A 公司预重整期间管理人。预重整期间，预重整管理人完成了对 A 公司的资产调查及评估、债权审查及核查、经营情况调查等工作，并推动 A 公司与主要债权人、出资人、意向投资人等利害关系人协商制定重整预案。

截至 2021 年 6 月 30 日，A 公司账面资产总计 237152.64 万元，清算价值为 463634.32 万元。预重整管理人审查确认 128 家债权人共计 188040 万余元债权，暂缓确认债权额为 152753 万余元。预重整管理人通过协商、公开招募的方式引进重整投资人，推动 A 公司与主要债权人、出资人、意向投资人等利害关系人协商制定重整预案。预重整管理人于2021年11月22日向深圳中院提交《关于A公司预重整管理人工作报告》,认为A公司具备重整价值和重整可行性。2021年11月29日,深圳中院依法裁定受理A公司重整案,并指定预重整管理人担任A公司管理人。2021年12月2日,深圳中院准许A公司在管理人的监督下自行管理财产和营业事务。

重整期间,A公司在重整预案的基础上制定了重整计划草案。2021年12月20日,重整计划草案中的出资人权益调整方案经A公司出资人组会议表决通过。2021年12月29日召开第一次债权人会议,《A公司重整计划草案》经各表决组表决通过。2021年12月29日,深圳中院裁定批准《A公司重整计划》,并终止A公司重整程序。2021年12月31日,深圳中院裁定确认A公司重整计划执行完毕,并终结A公司重整程序。根据偿债能力分析,A公司破产清算状态下普通债权清偿比例为8.09%;根据重整计划安排,每家普通债权人50万元以下(含50万元)部分债权金额予以现金全额清偿;超过50万元的债权部分,全部以股抵债方式清偿,股票的抵债价格为10元/股。

【典型意义】

本案系运用预重整制度优势助推上市公司重整成功的典型案例。深圳中院围绕"大产业""大平台""大项目""大企业"推进司法保障和资源投入,积极推动建设泛亚太破产重整中心。基于上市公司的特殊性,上市公司重整申请的前置审查程序涉及的部门多、层级高、审查耗时较长,为保障困境上市公司及时获得破产保护、不错失拯救良机,深圳中级人民法院对上市公司破产案件在立案审查阶段即启动市场化预重整,正式进入重整程序后充分吸纳预重整期间重要工作成果,从裁定受理重整申请至重整计划执行完毕仅用32天。本案连同A公司及其关联企业协调审理,共化解债权债务93亿余元、安置职工134人、化解执行积案200多件,及时有效地化解了A企业债务危机和经营困境,避免了退市风险,维护了广大中小股民和债权人的利益,同时丰富了上市公司重整实践,为预重整制度的完善提供经验。

(二)个人破产案例

案例二:全国首例个人破产案件为如何认定"诚实而不幸"债务人探索法定程序和判断依据——梁某某个人破产重整案

【案情简介】

梁某某自2018年开始与同事、朋友创业。期间,分别向13家银行、网络贷款公司陆续借贷以解决资金问题，债务金额累计达 75 万余元。因无法清偿借款，2021 年 3 月 10 日，梁某某向广东省深圳市中级人民法院申请个人破产。经法官面谈辅导，梁某某根据自身偿债能力和意愿，于 4 月 27 日重新提交了个人破产重整申请。5 月 11 日，法院裁定受理梁某某的申请，并为其指定破产管理人，负责调查核实其财产、债务情况，协助制作重整计划草案。6 月 22 日，深圳中院组织召开梁某某个人破产重整案第一次债权人会议。会上，破产管理人向债权人会议作阶段性工作报告、债务人财产报告以及债权审核报告，债权人会议审议并表决通过了《豁免财产清单》与《重整计划草案》。7 月 19 日，深圳中级人民法院（以下简称深圳中院）将批准重整计划的裁定送达梁某某，全国首例个人破产案件正式生效。生效的重整计划显示：在未来 3 年，梁某某夫妻除保留每月用于基本生活的 7700 元以及一些生活必需品作为豁免财产之外，承诺其他收入均用于偿还债务。重整计划执行完毕将实现债权人本金 100% 清偿，债务人免于偿还利息和滞纳金。如果梁某某不能严格执行重整计划，债权人有权向法院申请对其进行破产清算。

【专家点评】（徐阳光　中国人民大学法学院教授、博士生导师）

　　个人破产制度是市场主体退出与拯救制度的重要内容，对于完善市场主体退出渠道、畅顺市场经济循环具有不可或缺的重要意义。长期以来，我国仅有《企业破产法》"半部破产法"，一方面，导致自然人、个体工商户等主体在从事商事活动时，无法获得与企业同等的市场主体保护；另一方面，企业家在经营、融资中常常因个人担保为企业的经营、市场风险承担无限连带责任，突破了现代企业有限责任制度。在中央授权先行先试的支持下，深圳率先出台了全国首部关于个人破产的地方性立法《深圳经济特区个人破产条例》，并于 2021 年 3 月 1 日起正式施行。梁某某个人破产重整案是《深圳条例》实施以来，深圳中院裁定受理和顺利审结的首个个人破产案件、首个个人破产重整案件，也是全国的个人破产第一案。

　　由于破产免责理念与我国传统文化观念相悖，审理个人破产案件如何做到入法、入理、入情，让社会公众在法理和情理上能够更好地理解和接受个人破产制度是个案法律适用的重点和难点。在本案中，深圳中院秉持"鼓励创新、宽容失败、鼓励重生"的破产保护理念，严格贯彻个人破产立法原理规则，深圳中院通过债务人申报财产、债权人申报债权，由管理人调查核实，到债权人会议审议财产债权核查结果、豁免财产清单，表决重整计划草案，再到债务人在管理人、破产事务管理署监督下依照重整计划清偿债务的各个程序环节，首次全面、完整、立体地向社会公众展示了债务人的破产原因及其经过，以及法院如何认定"诚实而不幸"债务人的法定程序和判断依据，取得了法律效果和社会效果的统一。

本案中，深圳中院合理确定债务人的豁免财产范围和具有可执行性的重整计划，既保障了债务人及其家庭的基本权利和安宁生活，也降低了债权人追收成本、实现债权回收最大化，推动债务人、债权人的共赢。在裁定批准重整计划的同时，深圳中院依法决定解除了对梁某某的行为限制措施，为债务人经济重生提供了有力支持，体现了个人破产制度鼓励创业者、保护企业家精神的人文关怀和救济理念。

在梁某某个人破产重整案及其后一系列个人破产案件的审理中，深圳中院进一步明确了个人破产裁判规则，积累了具有参考价值的示范案例，为全国范围内个人破产立法探索提供了有益的实践经验。

（三）跨境破产典型案例

案例三：内地首例跨境破产协助案
——清盘人申请认可和协助香港破产程序案

【基本案情】

B公司于1981年3月在香港注册成立，是一家香港老牌纸制品贸易企业，年收入曾经超过50亿港元。由于陷入流动性危机，B公司于2020年8月14日经股东决议，在香港启动债权人自动清盘程序，并委任清盘人。清盘过程中，清盘人调查发现B公司在深圳等地还有多项资产。为接管处置B公司在内地的资产，清盘人请求香港高等法院向深圳市中级人民法院商请司法协助。2021年7月20日，香港高等法院作出司法协助请求函，商请深圳中院予以司法协助。随后，B公司清盘人于8月30日向深圳中院提出认可和协助香港破产程序的申请。

【审理情况】

深圳中院经审理查明，B公司在内地持有C公司全部股权，该财产为其在内地的主要财产。C公司在深圳市注册成立，经营地址位于深圳市福田区，深圳中院依法对本案具有管辖权。香港高等法院作出的《司法协助请求函》载明，B公司于1981年在香港注册成立，在香港从事纸制品贸易已有40多年。B公司A类股股东于2020年8月14日通过书面决议，自愿将公司清盘，并委任清盘人。因此，B公司自2020年8月14日起已在香港进行债权人自愿清盘。

另查明，B公司的主要财产位于香港。截至2020年8月14日，该公司的资产负债状况报告显示，公司资产负债状况为资不抵债。B公司关于认可和协助香港破产程序的申请符合企业破产法规定。2021年12月15日，深圳中院裁定认可B公司在香港的债权人自动清盘程序，认可B公司清盘人的身份，允许清盘人在内地依法履职。

【典型意义】

　　本案是2021年5月14日《最高人民法院和香港特别行政区政府关于内地与香港特别行政区法院相互认可和协助破产程序的会谈纪要》签署和《最高人民法院关于开展认可和协助香港特别行政区破产程序试点工作的意见》（以下简称《试点意见》）发布后，内地法院援引《企业破产法》并适用《试点意见》审理的全国首例跨境破产协助案件，是两地跨境破产协助机制从制度建立走向司法运行的首次具体司法实践。该案件是香港清盘人首次在内地提出的认可和协助香港破产程序申请的案件，深圳中院也成为首次认可与协助依据香港法律任命之清盘人的内地试点法院。在本案中，深圳中院在全国率先就国际上普遍关注的跨境破产承认与协助问题进行审查；准确适用《试点意见》，明晰跨境破产协助案件裁判思路；同时在实践层面有力推动两地规则衔接、机制对接，促使跨境破产协作机制落地见效，稳健推进大湾区司法规则"软联通"，努力为把粤港澳大湾区建设成为世界一流湾区提供高水平的司法服务和保障。

（四）案例启示

　　深圳在破产保护制度方面的创新为企业和个人提供了更加灵活、有利的破产解决途径。首先，预重整制度成功解决了上市公司重整难题，为企业提供了及时破产保护，避免了退市风险，保护了中小股民和债权人的利益。其次，个人破产制度体现了对个体的宽容和鼓励重生的理念，为解决个人债务问题提供了积极保障，降低了追收成本，实现了共赢。最后，跨境破产协助机制的成功实践强调了在处理跨境破产问题中的紧密合作和相互认可的重要性，推动了大湾区司法规则的"软联通"，为该地区成为世界一流湾区提供了高水平的司法服务和保障。这些实例为中国破产管理制度的发展提供了有益经验，凸显了制度创新在促进经济稳定和保护权益方面的关键作用。

　　破产管理制度是市场经济催生的重要机制之一，是良好营商环境建设的重要组成部分。企业破产法是市场经济的一项基础性法律制度，发挥着调节社会主义市场经济体制、优化资源配置的重要作用。持续提升破产管理业务的质效，对于维护社会和谐稳定、促进经济发展具有非常重要的作用。

通过上述个人、企业和跨境破产的典型案例的经验，为粤港澳大湾区提供了法律支持和制度经验，有助于推动其经济高质量发展，提升整体竞争力，为区域内企业和投资者创造更加有利的法律和经济环境，同时破产制度的优化也提高了法律体系的透明度。

内地与香港应该进一步完善跨境破产合作机制。关于具体合作需要注意的事项，袁泉（2022）提出几点建议：第一，取消将互惠作为相互认可与协助跨境破产程序的条件，建议最高人民法院在内地与香港进行跨境破产合作时，可考虑不再强调《企业破产法》《民事诉讼法》有关互惠条件的规定。第二，协调两地在"主要利益中心"认定标准上存在的差异。确定主要利益中心地时应考虑：①该所在地为债务人的中央行政地；②该所在地易于债权人确认；③债务人账册所在地；④主要资产或业务所在地、雇员所在地等。第三，两地应就平行破产问题加强交流与合作。明确债务人在一地进入破产程序后，管理人即有权在另一地行使归集债务人的财产、清收债务人的债权、中止涉及债务人的诉讼等权利，甚至可能将债务人在另一地的关联公司纳入合并破产的范畴，从而避免对债务人财产的范围和债权人的清偿率造成不利的影响。[①]⑤内地与港澳的跨境破产业务未来需要司法协助。

出于我国区际司法合作特殊性，袁泉（2022）建议内地对涉港澳台的跨境破产案件，可通过分别与我国香港、澳门、台湾地区签订专门的跨境破产司法合作安排予以解决。具体就内地与香港两地的跨境破产合作而言，两地司法、行政机关应该形成合力，在坚持"一国两制"和相互尊重、磋商的原则下，在不断总结经验的基础上，未来可以签署两地相互认可与协助跨境破产的司法协助安排，以期达成更多的共识，实现两地债权人利益的平等保护，促进破产财产价值的最大化。

六 注册会计师在破产管理服务中的作用

担任破产管理人是注册会计师的法定业务之一，《企业破产法》不仅赋予

---

① 袁泉. 内地与香港跨境破产合作机制前瞻［J］.法律科学（西北政法大学学报），2022（3）：173–187.

了会计师事务所担任破产管理人的权利，也明确了破产管理人的责任。会计师事务所、注册会计师开展破产业务，具体包括担任管理人、以审计机构开展破产审计参与到破产案件。

（一）会计师事务所、注册会计师担任管理人

1. 担任破产案件管理人及案件负责人

依据《企业破产法》第二十四条，依法设立的会计师事务所可以担任管理人；会计师事务所、破产清算事务所等社会中介机构内的具备相关专业知识并取得执业资格的人员（包括注册会计师）可担任管理人。

依据《最高人民法院关于审理企业破产案件指定管理人的规定》、广东省高级人民法院《关于规范企业破产案件管理人选任与监督工作的若干意见》相关规定，广东省高级人民法院编制社会中介机构管理人名册和个人管理人名册。会计师事务所等社会中介机构均可申请编入管理人名册。名册一般按照报名、专业能力测试、评审、录取的方式进行。

2. 担任个人破产管理人

依据《深圳经济特区个人破产条例》第一百五十七条，注册会计师以及其他具有会计专业资质的个人或者包括会计师事务所在内的相关中介服务机构，经破产事务管理部门认可，可以担任个人破产管理人。会计师事务所等社会中介机构可向深圳市破产管理署申请编入管理人名册。

3. 担任强制清算清算组

根据《最高人民法院关于审理公司强制清算案件工作座谈会议纪要》的规定，人民法院可以指定中介机构管理人名册和个人管理人名册中的中介机构或者个人组成清算组，即会计师事务所、注册会计师可以担任强制清算清算组。

（二）担任破产审计

破产审计是指审计机构依据《企业破产法》的有关规定，运用特定的审计方法，对破产人（债务人）财务收支及资产负债的真实性、合法性、有效性进行审查与评价，并出具专项审计报告，为破产案件审理与管理人工作提供专项服务。如果是律师事务所、清算事务所或个人担任管理人、清算组，管理人可委托会计师事务所进行财产清查并出具审计报告。破产审计费用一般是由管理人与审计机构协商确定。如果是会计师事务所、注册会计师担任管理人、清算组，其管理人职责自然包括破产审计，不得另行委托其他审计机构。

（三）会计师事务所、注册会计师在破产管理服务中的专业角色

1. 对破产企业的审计服务有别于年报审计服务

企业被受理破产后，需要对其资产和债务进行清理，以了解真实的资债情况，为后续的破产清算或重整、和解的清偿率提供支持，因为涉及具体财产的处理、债权债务的清理，故该审计服务有别于正常企业的年报审计。

根据年报审计准则的要求，年报审计主要是针对包括合并及母公司资产负债表、利润表、现金流量表、股东权益变动表以及财务报表附注等方面在所有重大方面是否按照企业会计准则的规定编制，是否公允反映了本年度末的合并及母公司财务状况以及经营成果和现金流量，针对的是对企业纳入审计范围整体核算情况及财务状况的评述，合并财务报表的作用应该偏重于作为投资者、股东及监管部门等进行综合分析的依据。法律上对于公允的定义是指偏差不超过30%，即表明在年报的整体审计中是允许存在合理偏差的，进入破产程序后，最终的清偿率直接涉及投资方、债权人的切身利益，不允许偏差的存在。

另外，进入破产程序的企业，内部管理往往会存在缺陷甚至缺失，从而可能导致财务管理与财务核算出现问题，特别是针对转移财产、虚构债务等恶意破产的情况，往往是通过专项审计发现的。因此，在企业进入破产程序后，需要对企业进行全面的审计，以便核实企业真实的资产和债务，同时也为后续的财产评估作价、进行处置或供重整程序中清偿分析提供依据，否则将可能造成遗漏给债权人带来损失而面临被追责赔偿。因此一般来说，在破产程序中审计应该属于清产核资类的专项审计。

2. 破产审计中实施的审计程序有别于年报审计

如前文所述，一般进入破产程序的企业内部管理往往会存在缺陷甚至缺失，业务相对方不配合等情况，审计中需要考虑常规审计程序的运用与效果。

破产程序是综合程序，涉及综合清理债权债务，即追收对外债权、清理对外债务，同时涉及债务的诉讼时效和自然时效等情况，往往存在有账面权利但难以主张或主张得不到支持等情况，在破产程序中，需要严格按照法律的规定开展工作，如债权审查，若超过诉讼时效则得不到管理人的支持，即使诉讼也难以获得法院认可。对财务记录的应收应付科目下的单位，在常规的审计中通常适用询证的审计程序，在司法实务中，法院关于会计师事务所询证的法律效力判决不一，结合《企业破产法》的规定，将存在减少企业资产、增加债务的可能，同时增加诉讼之累。

3. 审计调整有别于年报审计中的调整

企业破产法明确规定了半年内、一年内企业的具体行为是无效或可撤销的，管理人需要特别进行审查，还有抵销权的行使也有相关规定，该等情况均需要借助审计进行调查核实，以维护债权人、债务人的合法权利。

破产程序中，审计的充分运用将有利于破产工作的开展、提高效率，同时维护债权人和债务人的合法权益。

注册会计师要成为破产管理人需要通过全国注册会计师资格考试并在事务所工作两年以上方可申请执业，同时每年需要对专业知识进行后续教育，以提高专业能力。

（四）破产管理服务对注册会计师的要求

随着经济周期的波动、市场竞争的加剧和全球经济环境的不断变化，破产管理业务将继续保持其重要性，并且面临新的挑战和机遇。破产管理领域将面临更多复杂案件，需要专业的注册会计师提供全面的解决方案。

1. 提升自身专业能力

在专业技能和知识方面，注册会计师需要不断提升自身的会计和财务知识水平，同时还要了解相关法规、法律程序和破产案件的特殊要求。参加相关培训、持续学习新的法规和行业动态，将有助于注册会计师更好地应对不断变化的环境。此外，注册会计师还需要关注信息技术的发展趋势，积极学习并运用新技术提升工作效率和准确性。

2. 拓宽跨界合作与国际业务视野

在跨界合作和国际经验方面，全球化背景下，注册会计师需要具备跨界合作和国际业务经验。与不同背景的专业人士合作，将有助于提升注册会计师在处理跨境破产案件时的水平，积累国际业务经验。

3. 注重风险管理与合法合规

在风险管理和合规性方面，注册会计师要特别注重风险管理和合规性。随着法规的不断变化和加强，合规性的重要性越发凸显。注册会计师需要时刻关注相关法规的更新，确保在破产案件中的所有程序都符合法律的要求以降低法律风险。

4. 履行社会责任和遵守职业道德

社会责任和职业道德也是注册会计师在破产管理业务中需要关注的重要方面。破产管理业务涉及各方利益，包括企业、员工、股东等。注册会计师在承担这一职责时，应当时刻保持专业的道德和职业操守，关注社会责任，努力在破产过程中实现公正、平等和可持续的解决方案，有助于维护注册会计师的专业声誉。

5.拓展非审业务和建立行业声望

拓展非审计业务、持续建立行业声望对破产管理也极为重要。随着破产管理业务的发展，注册会计师应该不断适应新的业务环节，拓展新的合作范围和服务领域，而拓展的业务范围具体包括破产前的企业债务和解、债务重组，以及破产后的企业合并整合、信息系统整合、税务风险防控等领域。这样的拓展有助于提升综合服务能力，为客户提供更全面的解决方案。良好的行业声望有助于更好承接新业务。

（五）总结

综上所述，注册会计师介入破产企业，可以对破产企业进行财产管理、经营管理、债务清理，确保债权人、债务人等各利益相关方的合法利益最大化。为多方利益主体提供关于破产企业融资结构、管理水平、宏观环境等相关因素更加精准的引导，推进破产进程。同时，注册会计师还是司法介入的边界，为公共理性归属性以及私人利益无涉性等问题提供了改善条件，是管理人制度更加专业化、市场化的表现。

伴随着粤港澳大湾区建设的不断深入，现有的《企业破产法》并不适用于区际跨境破产问题，如何解决"一国两制"下内地与香港的跨境破产合作问题十分重要。伴随内地与香港商事主体在破产领域内的法治需求的日益增长，为解决两地企业破产程序长期存在的实际问题，加强对债务人和债权人的利益保障，共同推动两地经济的发展，最高人民法院与香港特别行政区于2021年5月14日签署了《关于内地与香港特别行政区法院相互认可和协助破产程序的会谈纪要》[①]，并就两地跨境破产合作事宜分别发布了指导意见和实用指南，首次为两地相互认可与协助跨境破产程序构建了合作机制，极大地促进了两地经济融合发展，优化了法治化营商环境，这些举措对构建两地跨境破产合作机制有着里程碑式的现实意义，[②]对服务于粤港澳大湾区建设也具有十分重要的现实意义。

---

① 《最高人民法院与香港特别行政区政府关于内地与香港特别行政区法院相互认可和协助破产程序的会谈纪要》第5条。

② 人大教授石静霞：内地与香港跨境破产合作的里程碑［N］.人民法院报，2021-05-15.

第六章

商事调解服务

6

PART SIX

粤港澳大湾区案例

在社会治理中，商事调解发挥着越来越重要的作用。例如，2021 年 6 月，市中院对某投资者诉新纶科技证券虚假陈述责任纠纷案作出示范判决，深圳证券期货业纠纷调解中心接受法院委托，依照示范判决所认定的事实和法律适用标准等进行调解。该案入选了中国证监会发布投资者保护典型案例。再比如，2021 年深圳市中院在办理深圳某明星企业下属的科技股份有限公司破产案过程中，发现该公司所处的新能源产业仍具有市场价值，但由于公司高管对破产程序非常抵触，且不信任管理人，内外矛盾一触即发。在此情况下，深圳市中院引入深圳市蓝海法律查明和商事调解中心进行调解，最终促使债务人与债权人达成和解，债权人会议以 94.4% 的高票通过了《和解协议草案》，化解了4200 余万元债务危机，保护了 30 余家上下游企业，实现了债权人、债务人及关联方的各方共赢。该案是全国首例由人民法院引入专业调解机构促成破产和解的案例，被《人民法院报》专题予以报道。

 # 商事调解的概念

（一）商事调解的概念与特点

商事调解是通过中立第三方帮助商业相关各方当事人解决纠纷的一种方式。在商业纠纷中，第三方中立的调解员通过协助商业当事人就纠纷进行协商和沟通，帮助各方了解对方的利益和关注点，并促进双方就争议的事项进行讨论和妥协，以寻求达成互利的解决方案。

与诉讼相比，商事调解具有高效、低成本、灵活性等特点，可以减少纠纷化解的成本和时间，经过调解达成的协议有助于维持当事人之间的稳定业务关系，减少后续纠纷的发生，保护商业利益。

调解还有一个最重要的特点是自愿性，但在某些国家或法律管辖范围内，法院可能会要求或推荐参与调解。

（二）国际商事调解的概念与特点

国际商事调解是在跨国商业纠纷中应用调解方式解决争议的一种机制。商事调解和国际商事调解之间的区别在于它们的范围和适用对象。在范围上，商事调解是指在国内范围内进行的调解，涉及的商业纠纷主要发生在同一国家或地区。而国际商事调解是指在涉及多国商业纠纷的情况下进行的调解，其中涉及的商业当事人来自不同的国家。在适用对象上，商事调解主要适用于国内商业纠纷，其中的当事人通常是同一国家或地区的个人或企业。而国际商事调解适用于跨国商业纠纷，其中的当事人来自不同的国家，涉及的法律体系、文化背景和语言差异等因素更为复杂。

国际商事调解具有国际化、专业性以及保密性等特点，为跨境商事纠纷提供了一种更加便捷和有效的解决途径。国际商事调解在国际贸易和投资活动中的应用日益普及。

二 国际商事调解发展历程——以新加坡为例

20 世纪 80 年代，新加坡在国际商事调解中心的发展中崭露头角。当时，新加坡政府意识到商事纠纷的频繁发生对国家的商业环境和国际形象产生了负面影响，因此开始着手建立一个有效的纠纷解决机制。新加坡政府将商事调解纳入法律框架，并颁布了一系列法律文件，其中最重要的是《新加坡调解法》（*Singapore Mediation Act*）。该法律明确了商事调解的程序（程序保密性）、权利和义务等，为调解提供了法律基础。新加坡承认在跨境商事中使用调解作为纠纷解决方式的效力，并鼓励当事人在合同中写明调解条款。此外，新加坡还推出了调解奖励计划和调解联邦计划等多项政策措施，以鼓励国际商事调解的发展。

20 世纪 90 年代，商事调解作为一种替代仲裁和诉讼的纠纷解决方式开始受到国际商界的关注。职业化的调解机构开始崛起。为了提供高效、专业和独立的调解服务，新加坡设立了多个商事调解机构，其中最著名的是 2001 年成立的新加坡国际仲裁中心（Singapore International Arbitration Centre，SIAC）和 2014 年成立的新加坡国际商事调解中心（Singapore International Mediation Centre，SIMC）。这些机构通过培训和认证调解员，提供专业的调解服务，并建立了流程规范和标准，确保调解的质量和效果。为了提高调解服务的专业性和国际影响力，新加坡政府通过举办国际会议、研讨会和培训活动等多种方式宣传和推广调解服务，并与其他国家和地区签署了合作协议，与其他国际商事调解中心合作，如伦敦国际仲裁所、香港国际仲裁中心和中国国际经济贸易仲裁委员会等，吸引了来自世界各地的国际专家和调解员。他们的专业知识和文化背景的多样性为解决跨国商事纠纷提供了广泛的视角和经验。为商业当事人提供了更多的选择和支持，越来越多的商业纠纷选择在新加坡进行调解，进一步巩固了新加坡作为国际商事调解中心的地位。

同时，新加坡积极推动并支持国际商事调解发展的立法措施。新加坡签署并执行了许多国际调解公约和协议，包括《新加坡公约》和《新加坡商事调解规则》，这些措施为国际商事调解提供了一个稳定和可预测的法律环境。2020 年 9 月 12 日，《新加坡调解公约》正式生效，标志着国际商事调解制度化发展迈出了实质性的一步，国际商事争议解决真正实现了仲裁、调解与诉讼"三驾马车"的合力驱动。

通过制定相关法律、设立调解机构、引进国际专家、宣传推广和加强调解培训，新加坡成功地将自己打造成为国际商事调解中心之一。这些努力不仅提升了新加坡的国际声誉，也为跨境商事纠纷的解决提供了一个高效和可靠的平台。

 三 粤港澳三地商事调解发展情况

（一）内地商事调解组织设立类型及数量

据调研显示，广东提供商事调解服务的组织主要有三种类型：一是登记为事业单位的商事调解组织，如广东国际调解中心（GICC）。二是登记为民办非企业单位、独立运行的商事调解组织，共 54 家，如广州国际商事调解中心、珠海市商事调解中心、佛山市商事调解中心、东莞市义勇国际商事调解中心等。其中，深圳作为粤港澳大湾区的核心引擎城市，同时又被中央赋予"中国特色社会主义先行示范区综合改革试点",商事活动频繁。为满足"双区"建设商事主体及时友好化解矛盾的需求,深圳在此类商事调解组织方面建设发展不俗,有深圳市福田区河套国际商事调解中心、深圳市民商事调解中心、深圳市蓝海法律查明和商事调解中心、深圳市坪山区商事调解院、深圳市前海国际商事调解中心、深圳市罗湖区联和商事调解中心、深圳市光明区润泽民商事调解中心等8家之多。三是作为行业协会、商会、法院、仲裁机构、律师事务所等的内设机构开展调解服务,如法院的诉调对接中心。此类调解组织众多,数量随着商事调解的发展不断增加。

(二)内地相关法律法规或规范性文件

2019年2月18日,中共中央办公厅和国务院办公厅发布《粤港澳大湾区建设规划纲要》。该纲要为中国政府在粤港澳大湾区建设及商事调解方面的合作与发展指明了方向。

2019年11月,广东省高级人民法院、香港特别行政区高等法院和澳门特别行政区法院共同制定《粤港澳大湾区推动商事司法创新发展工作方案》,推动粤港澳三地商事司法创新发展。

内地的调解主要有诉讼调解、仲裁调解和社会调解三种方式。专业的商事调解一般是指仲裁调解和社会调解(即通过调解机构解决纠纷)。我国暂时没有专门规定商事调解的法律规范。

2020年1月1日,广东省高级人民法院和广东省司法厅联合公布《广东自贸区跨境商事纠纷调解规则》,为推动多元化解涉粤港澳三地跨境商事纠纷提供规范遵循。

2022年3月28日,经深圳市第七届人民代表大会常务委员会第八次会议通过《深圳经济特区矛盾纠纷多元化解条例》,在全国首创设专章对商事调解予以规定,从制度上解决商事调解"建设多头、管理无人"的难题。

2020年12月11日,粤港澳大湾区法律部门第二次联席会议批准设立粤港澳大湾区调解工作委员会,推动《粤港澳大湾区调解平台建设工作方案》落地。推动了大湾区调解规则、调解员操守准则、资历评审及相关标准等制度的建立,保障当事人享受优质、高效、便捷的调解服务。

2021年12月10日,广东省司法厅、香港特区政府律政司及澳门特区政府行政法务司共同商定出台了《粤港澳大湾区调解员资格资历评审标准》及《粤港澳大湾区调解员专业操守最佳准则》。《粤港澳大湾区调解员资格资历评审标准》明确了调解员的资格要求、评审流程以及管理机制。《粤港澳大湾区调解员专业操守最佳准则》则明确了调解员的基本责任和原则，规定了他们的角色定位和能力要求。评审标准及准则的发布有助于提升调解员专业性、保障调解服务的质量和提高调解公信力，有助于建立统一的行业标准和促进跨区域合作。

2022 年 12 月 16 日，粤港澳大湾区法律部门第四次联席会议审议通过《粤港澳大湾区跨境争议调解示范规则》，与 2021 年发布的大湾区调解员"两项标准"构成制度体系，明确了大湾区机构调解和非机构调解两种模式，对跨境争议范畴、调解程序、调解员选定或指定、调解员义务、调解收费、调解期限等进行了规定。

此外，相较于港澳，内地调解服务公益色彩浓厚，商事调解市场化水平较低。2023 年 12 月 5 日，为深化诉源治理和多元化纠纷解决机制改革，优化调解资源配置，激发商事调解市场活力，提振市场主体信心和防范经营风险，建立健全具有深圳特色的商事调解配套制度，深圳市司法局会同有关部门印发《关于规范商事调解收费的实施办法（试行）》的通知。

（三）香港地区商事调解行业发展情况

香港地区大约有 30 家商事调解组织。有专门从事商业争议解决的，如具有国际声誉和权威性的香港国际仲裁中心及香港调解中心。有包括商业调解在内的综合性调解机构，如香港专业调解员协会和香港调解服务联盟。此外，还有一些律师事务所、非营利机构和行业协会也提供商事调解服务。香港作为一个国际商业和金融中心，法律体系和商业环境都非常成熟，吸引了许多跨国公司和国际商业机构在此设立业务。因此，香港商事调解组织在处理国际商业争议方面具有丰富的经验和专业知识，以及广泛的国际网络和合作伙伴关系。香港的商事调解机构遵循国际调解准则，并以其高效、公正和专业的服务而受到尊重，成为投资者和商业界首选的解决商业争议的机构之一。

在立法司法制度方面，由 2009 年 4 月起，香港实施了民事司法制度改革，其目的为促进解决纠纷，也将调解纳入为一个关键的另类解决争议方法。2010年 1 月起生效的《实务指示 31——调解》则建立了一个结构化的框架和清晰的程序，让争议各方可按该指示的指引作出讨论并安排其调解过程。2013 年 1月 1 日生效的调解条例（香港法例第 620 章）为调解的另一个突破性发展。调解条例规定了调解的主要原则和在香港认可和实行的调解模式，同时也为进行调解而提供规管架构。

调解理念宣传推广方面，香港多采用多部门联动方式进行。如在"调解为先"运动的"香港调解周"活动，举办机构涵盖律政司、香港家庭福利会、香港调解学院、香港调解会、香港和解中心、香港医疗调解学会、社区调解服务协会有限公司、知识产权署、香港贸易发展局等。

调解员资质认定方面，香港地区现阶段并没有法定调解员资历审查认可机构。2012 年 8 月，香港大律师公会、律师会、和解中心、香港国际仲裁中心共同成立香港调解资历评审协会有限公司（以下简称调评会），以提升香港调解员资质认证审核公信力。因此目前香港形成了较为统一、覆盖面比较广的调解员准入资格制度（调评会创设的资格认可制度）。在调评会下的调解员资格认可制度中，调解员分为综合调解员、家事调解员两类，并且在资格准入制度中有所区别。除此以外，在一些专业领域中，专门为此领域提供调解服务的机构也有自行设立的调解员资格准入制度，但多建立在上文所述的调评会调解员资格准入制度的基础之上。比如商事调解，虽然程序上与一般综合调解的程序无异，但对调解员的准入资格仍有所不同。

由此可见，香港地区在推动商事调解发展过程中采用的是社会多部门联合统筹、合力推动的模式，并且从社会各个层面通过多途径向民众及企业宣传调解优先的理念。

（四）澳门地区商事调解发展情况

澳门地区的商事调解组织相对较少，分为政府组织和非政府组织两种形式。政府组织即由政府设立和管理的商事调解机构，包括但不限于澳门国际商事调解中心（MCMC），MCMC 提供了广泛的调解服务，包括民事、商业、家庭和劳动等领域，在商事调解领域享有良好的声誉和影响力。非政府组织即由民间组织或其他相关方合作设立的商事调解机构，如澳门调解促进会。在澳门的商事调解领域，政府组织和非政府组织相互合作，较为平衡和共存。政府组织负责监督和规范商事调解的运作，提供相关的法律法规和指导；非政府组织则在商事调解中发挥更为直接地实践和运作的作用。这两类组织齐头并进，推进促进商事调解工作的进行。

在立法层面，澳门目前尚未有专门的调解立法或成体系的规章制度，关于调解的规定散落于各个司法程序和仲裁中心内部规章中。2012 年，澳门调解协会成立并公布章程，接收协会相关事务之调解案件。2017 年，依据第 4/2017 号行政法规，设立医疗争议调解中心，也是一个独立运作的调解中心。

事实上，澳门回归以前，澳门法律界以葡萄牙语为主要工作语言，使绝大多数不懂葡文的澳门居民难以寻求法律救济，故而转向寻求各民间社团调解纠纷。如今，澳门特区的调解可分为司法调解和非司法调解这两种基本形式。

澳门在司法调解方面，根据澳门《劳动诉讼法典》规定，一般劳动争议需要在起诉前尝试调解。实践中，检察院进行试行调解亦颇有成效，据 2017 年澳门检察院驻初级法院办事处统计，该年劳动法庭案件共接收 892 件，其中调解 843 件，最终提诉 44 件。在其他类型民事纠纷中司法实践运用较少。

非司法调解方面主要包括各仲裁机构（澳门消费争议仲裁中心、澳门律师公会自愿仲裁中心、澳门世界贸易中心仲裁中心、保险及私人退休基金争议仲裁中心以及楼宇管理仲裁中心）内进行的调解、夫妻双方向民事登记局申请离婚时进行的试行调解、劳工事务局针对劳动者举报或投诉的劳资纠纷个案进行的调解。

由此可见，相较于香港，澳门在调解制度的推行及实践中范围较窄，且专门提供不同类型纠纷调解的组织较少。

（五）商事调解典型案例

1. 国企股权转让纠纷——协助国企全链条、全流程化解商事纠纷

（1）案情简介。本案申请人 A 公司与被申请人 B 公司均为国企单位，案涉标的额约 6.6 亿元人民币。2021 年，A 公司与 B 公司签署了一份《股权转让协议》。协议签订后，A 公司按照协议配合 B 公司完成对 C 公司以及 C 公司地块的尽职调查，随后 B 公司向 A 公司支付了 2000 万元作为交易定金，但未按约定支付剩余款项。A 公司先后多次通过函件提示 B 公司履行付款义务，然而，B 公司仍未按协议支付款项。

A 公司认为 B 公司构成对协议的根本违约，遂将 B 公司起诉至深圳市中级人民法院，深圳市中级人民法院委托河套国际商事调解中心进行调解。

（2）调解过程。受理案件后，调解员仔细研究案件，审核双方当事人主体资格材料、主要证据、协议的合法性等，对案件有了初步的认识和了解。与 A 公司代理律师进行沟通，更进一步了解了案件的基本情况，征询 A 公司的调解意愿，A 公司代理律师表示愿意调解并提出了 A 公司方面的相关要求。

调解员确定 A 公司的调解意愿后，与 B 公司负责人进行沟通，B 公司负责人简要地向调解员介绍了案件的背景，并表示愿意接受调解中心的调解，希望与 A 公司负责人直接沟通，协商解决。

经过与双方当事人背靠背的接触，结合本案涉及法律关系较为复杂，合同时间周期长，调解员组织双方项目负责人召开线下调解会议进行面对面的调解，引导双方积极沟通合同工作情况。会上，B公司提及未能履约的原因及困难并表示愿意继续履约，希望A公司给予更多宽限时间和耐心。经过几轮沟通，双方基本达成调解共识，B公司表示在会议后一周会给A公司提交一份详细的计划书。

后续，调解员团队跟进会议承诺的履行情况。期间，B公司内部人员变动，B公司集团层面介入。经过长达十数天的联系沟通后，B公司实际上怠于调解，应付了事，双方始终无法达成调解合意。

鉴于以上情况，调解员与双方沟通后决定组织第二次线下调解会议，会上，B公司集团表示，其对该协议内容不知情，不愿继续履行协议。A公司并未给予直接的回应，也未提出新的方案，因案件涉及的事项重大，双方代表均无法给出确切的解决方案。在调解员的沟通下，B公司集团确定在一周内与A公司领导私下沟通。

（3）调解结果。由于本案诉前调解阶段期限已到，A公司基于自身利益考虑，不申请延长调解期限。调解员在征求承办法官及当事人意见后将介入本案后续诉中调解阶段。

本案中，调解中心向双方当事人释明调解员工作量及收费标准后向双方收取诉前调解费用合计2万余元。

（4）案例点评。本案为两家国企之间的股权转让纠纷案件，案件标的额高达约6.6亿元，通过前期调解工作，有助于协助双方理清案件实情，理清争议焦点，并为后续进入诉讼过程调解及法官审判提供更多有效信息。

在调解模式上，创新采用调解组织跟进商事调解纠纷全流程。本案诉前调解结束后，调解中心会继续协助法院审判庭法官跟进诉中调解，从第三方中立的角度，在诉前调解的成果上继续协助双方当事人协商。

此外，调解中心收取双方当事人共2万余元的调解费用，成功在诉前调解阶段实现市场化收费。

2.涉港投资借款纠纷——刷新深圳市商事调解市场化收费金额

2023年8月，福田区某商事调解中心受理一起标的额为8500万元的涉港投资借款纠纷，该案是中心经审核后自主受理的案件。调解员开展了长达半个月的调解工作后，该案最终以5500万元的和解金额达成调解协议。在双方签订调解协议之前，中心调解员奔赴香港、河北等地，实质性调查另一方当事人的履约能力，确保纠纷可以得到实质性化解。

该案在申请司法确认过程中，被深圳市中级人民法院提级管辖，刷新了全市商调组织自主收案司法确认的标的。此外，鉴于本案纠纷处理得当，纠纷得到高效化解，双方当事人自愿向调解组织支付了 15 万元（诉讼费的 32.13%）作为调解费用。

3. 加工合同纠纷案——确认港籍调解员异地调解商事纠纷效力

（1）案情简介。2015 年，A 公司与 B 公司签订钢结构加工合同，约定由 A 公司提供产品和加工服务，B 公司支付加工合同价款。后双方进行结算并签署结算单。双方因加工合同的履行产生纠纷，A 公司向深圳前海合作区人民法院起诉，要求 B 公司支付合同款项及利息。双方当事人均为在香港注册成立的公司，案件审理过程中，双方均表达了希望在香港开展调解工作的意愿。

为此，深圳市前海合作区人民法院通过前海"一带一路"国际商事诉调对接中心，委托前海律师调解组织和香港律师开展调解工作。调解员先后两次组织双方当事人和代理律师在香港律师事务所，适用香港法律进行调解，双方当事人最终达成调解协议。

（2）调解结果。深圳市前海合作区人民法院依法对调解协议的自愿性、合法性以及调解过程的合法性进行审查后，制作民事调解书进行确认。

（3）典型意义。本案作为港籍调解员协助内地法院化解跨境商事纠纷，人民法院经征求诉讼当事人意见，允许当事人借助内地和香港社会力量选择更有利于解决纠纷的方式，平息跨境商事纠纷，充分体现粤港澳大湾区三地商事矛盾纠纷化解机制相互衔接融合。

（四）审计服务与商事调解服务之间的联系

（一）审计服务与商事调解服务的相同点

1. 中立性、独立性

审计服务和商事调解服务都要求服务提供者保持中立和独立的立场。

中立性贯穿于审计过程的始终。首先，审计的中立性要求审计师与被审计实体及其利益相关方保持独立，不能与被审计实体有过多的经济关系，也不能接受与审计有关的禁止性的非审计服务。此外，审计师在承接审计工作之前需要进行冲突识别，以排除潜在的利益冲突。审计师本身需要始终坚持公正、诚实和道德原则，在进行审计时必须保持客观中立，不受任何利益关系的影响，独立思考分析，对被审计实体的财务状况和经营业绩进行客观而全面的评估。其次，审计过程需要受到内外部的监督和审查。内部审计机构或专门的审计委员会可以对审计师的工作进行监督，确保其遵守相关准则和规范。此外，外部审计机构、监管机构以及利益相关方也可以对审计师的工作进行审查，从而促进审计质量和中立性的保障。

同样地，中立性也贯穿商事调解过程始终。它在调解过程的各个阶段都得到了体现。首先，在商事调解的选择阶段，中立性就显得尤为重要。调解员的选拔和任命必须符合中立的原则，他们应该是经过专业培训和认证的独立第三方。调解机构在选择调解员时也要保证其中立性，确保从事商事调解的人员不受偏见或利益冲突的影响。其次，在商事调解的开场阶段，调解员会向双方当事人明确表达自己的中立立场。他们会提醒当事人，自己不会偏袒任何一方，而是以公正和公平的态度来处理争议。在商事调解的进行阶段，调解员会创造一个公正中立的环境，给予当事人平等的机会发表观点和进行陈述，并充分听取双方的意见，以便提供专业中立的建议和指导。他们的目标是协助当事人达成双赢的解决方案，而不是倾向于一方或偏向某种结果。最后，在商事调解的结案阶段，他们会再次确认双方当事人的意愿，并鼓励当事人对达成的协议进行充分的自主决策，以保证中立性的体现。

总而言之，审计过程中的中立性要求审计师和审计工作保持独立、客观和公正，确保审计结果的可靠性和可信度。只有在中立的基础上，审计才能发挥其监督和信任增强的作用，为利益相关方提供有用的信息，维护资本市场的稳定和透明。而商事调解的中立性是确保调解过程和调解结果不偏不倚、公正合理的保证。这也是商事调解能够成为一种受欢迎的争议解决方式的重要原因之一。

2. 保密要求

审计服务和商事调解服务都需要保护客户的保密信息。在审计过程中，审计师需要获取客户的财务报表和其他敏感信息，以进行审计工作。为了确保客户的信息安全，审计师必须遵守严格的保密要求。他们不能将客户的财务信息泄露给未经授权的人，并且需要采取适当的安全措施来防止信息被盗用或遭到未经授权的访问。

类似地，商事调解服务也涉及处理各方的商业秘密和敏感信息。在商事调解过程中，各方往往会分享他们的商业计划、财务数据和商业机密等敏感信息。调解员在这个过程中扮演着一个中立的第三方角色，他们需要严格遵守保密义务，不得将各方的信息透露给他人。他们应该采取适当的措施，保护各方的商业秘密和敏感信息，并确保信息不被滥用或不当使用。

保护客户的保密信息对于审计服务和商事调解服务都至关重要。只有当客户信任其信息得到妥善保护时，他们才能放心地与审计师或调解员合作，分享机密信息，并最终得到满意的服务。同时，保密义务的履行也是这些服务提供者的职业道德和专业规范的一部分，确保他们的行为合乎法律和伦理标准。因此，在审计和商事调解服务中，保护客户的保密信息是一项重要的任务，需要严格遵守和执行。

3. 信息集中的优势

审计服务和商事调解服务的一个重要任务是收集并整理相关信息。审计师在进行审计工作时，需要收集客户的财务数据和相关文件，并对其进行审核和分析。通过对财务报表、账目凭证、会计记录等信息的收集整理，审计师可以评估公司的财务状况、经营绩效和风险管理情况。这些信息的收集和整理有助于审计师对客户的财务问题和披露要求进行全面和准确地评价。

同样，商事调解员在进行调解工作时也需要收集各方的相关信息。调解员通过与各方交流、收集各方的主张和证据，可以更全面地了解争议的事实和情况。他们会收集各方的书面证据、合同文件、账目凭证等，以便对争议问题进行准确的分析和判断。通过收集和整理各方提供的信息，调解员可以更好地理解各方的利益诉求和背后的经济、法律等因素，为争议的解决提供合理和公正的建议或决策。

收集和整理信息是审计服务和商事调解服务的基础工作，它们提供了客观、全面和准确的数据支持，有助于服务提供者做出专业和权威的判断和决策。同时，对于客户来说，提供准确和完整的信息有助于服务提供者更好地理解客户的需求和情况，从而提供更有针对性的服务。因此，信息的收集和整理在审计服务和商事调解服务中具有重要的意义和价值。

4. 目的相同

审计服务和商事调解服务都是为了解决问题和提供建议意见的专业服务。在审计服务中，审计师通过审查和评估客户的财务报表、内部控制程序和业务流程，来确保其准确性和合规性。在这个过程中，审计师会收集并整理相关的财务数据和文件，以深入了解公司的财务状况和业务运营情况。基于这些信息，审计师可以提供客观的建议和意见，帮助客户改善财务管理和业务运营，提高效率和风险管理能力。这些建议和意见可能涉及改进内部控制制度、改进财务报告的准确性和透明度等方面。

　　商事调解服务则是一种帮助各方解决争议的非诉讼方式。调解员在这个过程中会收集各方的主张和证据，以全面了解争议的事实和情况。调解员会通过与各方交流和沟通，促进各方之间的协商和妥协，以达成和解和解决争议。他们会收集、整理和分析各方提供的信息，以便做出权威的决策或提供可行的解决方案。他们的建议和意见可能涉及争议的法律合规性、经济合理性以及各方权益的平衡等方面。通过商事调解服务，各方可以更快解决争议，避免诉讼成本和时间的浪费。

　　综上所述，审计服务和商事调解服务都是专业化的服务，旨在解决问题并提供相应的建议和意见。审计服务主要关注财务管理和业务运营方面，而商事调解服务主要关注争议解决。通过收集、整理和分析相关信息，这些服务提供者可以更好地理解和分析问题，为客户提供有针对性的建议和解决方案。

　　5. 无强制性的建议

　　审计服务和商事调解服务并没有强制实施的权力。审计师在提供审计服务时，确实不能对客户的财务状况和业务运营做出强制性的决策。他们的职责是通过审查和评估财务报表和内部控制程序，以提供客观的建议和意见。审计师可以发现潜在的风险或问题，并就如何解决这些问题提供建议，但最终的决策权还是由客户自行决定。

　　商事调解服务也是如此，调解员并没有权力强迫各方接受某种解决方案。他们的角色是帮助各方进行有效的沟通和协商，促进各方之间的妥协和和解。调解员可以提供专业的建议和中立的意见，但他们不能迫使各方接受某种解决方案。最终，解决方案需要经过各方的同意才能达成。

　　审计服务和商事调解服务的目的是为客户提供专业的建议和意见，协助他们解决问题和达成共识。然而，决策权始终掌握在客户手中，他们可以选择是否采取建议或接受调解方案。

（二）会计师事务所、注册会计师参与商事调解服务的情况

　　1. 注册会计师作为调解员

　　注册会计师具备专业的会计和财务知识，因此他们可以作为商事调解员发挥重要的作用。作为调解员，注册会计师可以运用自己的专业知识和经验，帮助各方识别并理解争议的财务和会计方面的问题。

在商事调解过程中，注册会计师可以帮助各方梳理争议的核心点，并提供专业的意见和建议。他们可以对相关的财务数据进行分析和解释，从而促进各方对争议事项的理解和妥善处理。注册会计师还可以帮助各方评估解决方案的可行性和公平性，确保所达成的协议符合相关的会计准则和法律法规。

另外，注册会计师作为商事调解员还可以助力各方进行谈判和协商。他们可以提供中立的意见和建议，帮助各方找到共同利益，并促进各方之间的合作和妥协。通过注册会计师的参与，商事调解的过程可以更加全面和专业，从而提高解决争议的效率和质量。

总而言之，注册会计师作为商事调解员可以利用自己的专业知识和经验，协助各方解决争议，达成公平的解决方案。他们的参与可以提高商事调解的质量和可行性，同时为各方提供专业的建议和指导。

2. 提供鉴证类服务以及中立评估

会计师事务所作为商事调解过程中的专业鉴证机构，可以提供相关的鉴定和评估服务。通过对与争议相关的财务数据和文件的审核和鉴定，会计师事务所可以提供中立的评估报告，帮助调解员和各方更准确地了解争议的真实情况。这些评估报告是客观的证据，可以为各方提供清晰的数据和分析结果。

会计师事务所的鉴证服务包括对财务报表、会计记录和相关文件的审查与验证。通过这些过程，会计师事务所可以评估企业的财务状况、业绩表现和可行性，并发现任何潜在的错误、问题或违规行为。这些评估结果可以帮助调解员和各方更全面地了解争议的背景和原因。

鉴证服务对商事调解的价值在于提供了中立、专业、客观的意见和报告。这些报告可以在调解过程中作为重要的参考资料，帮助各方理解争议的实质和影响，并为达成公平、合理的解决方案提供重要支持。

总而言之，会计师事务所作为提供鉴证类服务的专业机构，可以为商事调解提供专业的评估和鉴定。通过提供中立的评估报告和客观的数据分析，会计师事务所能够为调解过程提供重要的支持和指导，帮助各方达成公平、合理的解决方案。

3. 商事调解处理会计师事务所与注册会计师执业的民事纠纷

商事调解服务可以处理与会计师事务所和注册会计师执业相关的民事纠纷。例如，当公司与会计师事务所之间产生争议时，可以通过商事调解服务来解决争议，寻求双方都能接受的解决方案。

在商业运营中，公司可能与会计师事务所合作开展审计、报表编制、税务咨询等工作，但在合作过程中可能会发生争议或纠纷。通过商事调解服务，双方可以选择以非诉讼的方式解决争议，通过调解员的协助，寻求一个双方都能接受的解决方案。商事调解服务具有一些优势，比如可以节省时间和成本，避免烦琐的法律程序，更好地保护各方的商业利益。在调解过程中，调解员会帮助双方梳理争议的事实和问题，推动双方进行对话和协商，促成双方达成互利的解决方案。对于与会计师事务所和注册会计师执业相关的民事纠纷，商事调解服务可以提供一种有效的解决途径。双方可以通过商事调解服务解决争议，确保纠纷得到公正、合理地解决，同时也维护了与会计师事务所的良好合作关系。

（五）本章小结与展望

审计服务和商事调解服务在中立性、独立性、保密要求、信息集中的优势、目的提供建议意见以及没有强制性建议等方面存在相似之处。除商事调解服务可以处理与会计师事务所和注册会计师执业相关的民事纠纷外，注册会计师在调解业务拓展方面也有很大的潜力和可能性。

随着商业纠纷和争议的增加，调解成为一种越来越受欢迎的解决争议的方式。会计师事务所和注册会计师可以在商事调解服务中担任调解员的角色，并提供鉴证类服务和中立评估。注册会计师以其专业的会计和财务知识，以及客观中立的立场，可以在争议解决中发挥重要作用。注册会计师可以与各类调解组织建立合作关系，为其提供专业的会计服务，如进行账目核实、财务分析等，以支持调解工作的进行。可以与其他专业人士如律师、仲裁师和税务专家等合作，组建专业调解团队，提供综合性解决方案，满足客户多元化的需求。可以拓展调解服务的范围，不仅限于财务纠纷，还可以参与商业合同、知识产权以及劳动争议等领域的调解，提供全方位的解决方案。

随着全球经济的不断发展和企业竞争的加剧，对财务管理和报告的需求也日益增加，对复合型人才的需求也将继续增加。调解需要注册会计师具备专业的会计知识和技能，同时也需要具备解决争议和冲突的技巧和能力。调解员需要具备良好的沟通和谈判能力，能够促进各方之间的对话和理解，帮助找到合理的解决方案。此外，数字化技术也将在调解业务中发挥越来越重要的作用。

数字化技术可以提供更准确、更高效的数据分析和调解支持，注册会计师需要掌握这些技术工具，以提供更优质的服务。另外，随着国际经济和贸易的日益增长，跨境争议的频率与规模也在增加。这给调解行业带来了新的机遇和挑战。注册会计师需要了解国际财务和税务规定，具备跨文化交流的能力，能够为跨境争议提供专业的调解服务。通过不断学习和提升能力，注册会计师可以扩大其在调解领域的影响力，并为各方创造更大的价值。

第七章

粤港澳会计专业服务协同

PART SEVEN

粤港澳协同的重要意义

从经济联系角度来看，粤港澳三地之间已经形成了紧密的经济联系。这种联系体现在产业结构、市场体系和交通通信等方面，是推动三地协同发展的重要基础①。从产业布局角度来看，粤港澳三地的产业结构各有优势。广东拥有庞大的制造业基础和完善的产业链条，香港则是国际金融、商贸和航运中心，澳门则以旅游博彩业为主导。从资源配置角度来看，广东拥有丰富的土地和劳动力资源，香港和澳门则拥有先进的科技、管理和资本优势。粤港澳大湾区是内地与港澳深度合作的示范区，是更高等级的区域经济一体化，可以通过经济联系和合作机制实现资源共享、优势互补，进而提高整体竞争力②。

近年来，国家出台多个文件推动大湾区建设发展（见表7-1）。《粤港澳大湾区发展规划纲要》（以下简称《大湾区规划纲要》）公布后，"构建粤港澳大湾区法律体系""推动三地法律法规适用规则衔接""加强湾区立法研究"等成为热议话题，其出发点是满足大湾区建设的实际需求，消除不同法律制度和行政体制造成的生产要素跨境流动不畅的制度壁垒，推动"一国两制"优势进一步发挥。

① Eddie C, Hui M, Xun, Li, Tingting Chen, Wei Lang. Deciphering the Spatial Structure of China's Megacity Region: A New Bay Area—The Guangdong–Hong Kong–Macao Greater Bay Area in the Making. Cities, 2020（105）：102–168. ISSN 0264–2751. https://doi.org/10.1016/j.cities.2018.10.011.

② 张紧跟. 论粤港澳大湾区建设中的区域一体化转型［J］.学术研究，2018（7）：58–65+177.

表 7-1　粤港澳大湾区发展重要规划文件

时间	部门	法规、政策、制度	具体内容
2017年7月1日	国家发展改革委与粤港澳三地政府	正式签署《深化粤港澳合作推进大湾区建设框架协议》	国家相继推出多项政策推动大湾区建设，确立各个区内城市的定位及分工，让它们能充分发挥自身核心产业的优势，并积极开拓湾区城市之间的合作机会及订立共同的发展目标，从而能让区内城市产生协同效应
2019年1月7日	广东省人民政府	以1号文印发《关于进一步促进科技创新若干政策措施的通知》	广东省财政厅坚持立足长远，在"平台互通"与"民生共享"方面深化同港澳的会计服务合作交流。具体措施为积极推动会计政策开放，先后实施香港与内地注册会计师考试部分科目互免、取消港澳居民担任内地会计师事务所合伙人持股比例限制、放宽港澳人士担任特殊普通合伙会计师事务所其他合伙人条件
2019年2月18日	中共中央、国务院	印发《粤港澳大湾区发展规划纲要》	香港将强化国际资产管理中心及风险管理中心功能，鼓励粤港澳共建专业服务机构促进包括会计及审计在内的专业服务发展，以及推动内地与港澳人员跨境便利执业。内地、香港及澳门三方将协力扩大专业资格互认范围，拓展"一试三证"（一次考试可获得国家职业资格认证、港澳认证及国际认证）范围
2019年7月	广东省推进粤港澳湾区建设领导小组	《广东省推进粤港澳湾区建设三年行动计划（2018—2020年）》	
2021年3月	国务院	《中华人民共和国国民经济和社会发展第十四个五年规划和2035年远景目标纲要》	重申香港将强化国际资产管理中心及风险管理中心功能外，更提出内地将深化与香港经贸合作关系，以及扩大内地与港澳专业资格互认范围，深入推进重点领域规则衔接和机制对接
2022年	中共中央、国务院	《关于加快建设全国统一大市场的意见》	在维护全国统一大市场的前提下推进区域协作，鼓励粤港澳大湾区等区域优先开展区域市场一体化建设工作
2023年12月25日	国家发展改革委	《粤港澳大湾区国际一流营商环境建设三年行动计划》	《计划》提到，制定出台横琴粤澳深度合作区放宽市场准入特别措施，支持广州南沙开展放宽市场准入试点。要扩宽港澳居民就业创业空间，建立公开招聘信息在港澳地区发布的长效平台，定期发布大湾区急需紧缺人才专业目录

资料来源：由课题组根据政府官网、协会官网等整理所得。

　　制度落差是粤港澳大湾区建设面临的最大挑战之一。一方面，"一个国家、两种制度、三个关税区、三种货币"的制度差异，导致大湾区内生产要素无法高效便捷地跨境流动；另一方面，法律法规、诉讼程序、法治理念、法律文化等方面的差异决定了大湾区法律制度的协调难度。在"一国两制"的框架下，粤港澳三地必须在充分考虑大湾区的特殊性的前提下，以开放的思维促进大湾区法律制度体系的协调，减少甚至消除生产要素跨境流动的制度壁垒，推动大湾区与国际高标准市场规则体系全面对接。在会计和审计领域，粤港澳三地相关部门在会计、审计规则衔接方面出台了一系列的政策措施，极大地推动了粤港澳三地注册会计师行业的协同发展。粤港澳三地会计师行业在协同合作方面的拓展，有利于三地在人才、技术方面各施所长，共同服务于粤港澳大湾区经济的全面发展。本章节将对粤港澳注册会计师行业的协同情况进行全面回顾。

二 粤港澳大湾区审计服务的协同情况

（一）粤港澳审计基础的趋同

粤港澳会计合作在推动区域经济发展中发挥着关键作用。这一跨境交流与合作形式涉及大湾区珠三角九市、香港特区和澳门特区在会计领域的协同发展，旨在消除差异、协调多方利益相关者，进而提升区域经济的整体竞争力。然而，三地的制度差异也体现在会计信息披露的层面，会计制度的差异无疑会增加粤港澳三地经贸合作和投资往来的风险和成本。为减少会计制度差异带来的不利影响，粤港澳三地政府和行业协会不间断地在会计领域进行制度性的沟通合作。

中国内地执行由财政部 2006 年颁布的企业会计准则体系（CAS），CAS 的组成部分包括 1 项基本准则、42 项具体准则和若干应用指南和解释，该准则推动了内地会计实务与国际财务报告准则（IFRS）的趋同[1]。除针对内地制度特点的一些修改（如国有企业豁免关联方披露规定、不可逆转的资产减值）外，内地在一些具有挑战性的会计处理上持比较谨慎的态度，如企业合并、金融工具、保险合同等。但内地会计准则与 IFRS 在概念框架、要素、确认和计量等方面的差异已经大为减少，趋同程度得到了明显提升。从本地会计准则转向国际财务报告准则给内地企业带来了根本性的报告变化[2]。但是，IFRS 的广泛采用及其相关的趋同努力可以提高财务报告的透明度和可比性[3]。

① 刘玉廷 . 中国企业会计准则体系：架构、趋同与等效［J］. 会计研究，2007（3）：2-8.

② Lu Xie，Min Zhang，Shengbao Zhai（2022）. IFRS Convergence and International Trade ：Evidence from China，Accounting and Business Research，52（7）：838–864，DOI ：10.1080/00014788.2021.1938962.

③ International Accounting Standards Board（IASB），2002. International Accounting Standards Committee Foundation，Annual Report 2002，London.

中国香港的会计准则包括财务报告准则（FRS）、会计准则（SSAP）、相关会计实务公告及指南，跟 IFRS 的趋同程度高于内地的会计准则。香港会计师公会还推出了《中小型企业财务报告框架和财务报告准则》（SME-FRF 和 SME-FRS），适用于没有公共责任的但符合资格的香港中小企业和私营实体。两地会计准则的趋同进一步降低了编制财务报告的成本。

中国澳门的会计准则由澳门核数师暨会计师注册委员会制定，该委员会在制定会计准则时参照了 IFRS。2020 年，澳门会计准则更新取得了突破性的进展。核准的《财务报告准则》自 2020 年 3 月 28 日起生效，取代原《财务报告准则》。新《财务报告准则》全面采纳 2015 年版《国际财务报告准则（IFRS）》，相较原《财务报告准则》部分采纳 2004 年版的 IFRS，是一个质的转变[①]。

虽然粤港澳三地在会计准则方面已经总体上实现趋同，但是三地在报表披露时间跨度、披露项目、披露结构及会计行业监管模式等方面存在一些差异。首先，根据要求，内地上市公司应以自然年度为报表年度，上一年年度报告以及本年度第一季度报表需在每年 4 月 30 日前披露，中期报告则要在 8 月 30 日前公布。相比之下，香港企业要在财政期间结束后 3 个月内披露中期报告，财政期间结束后 4 个月内披露年度报告，而对季度报表的披露没有硬性规定。其次，内地一般采用账户式的报表结构，资产列在左方，负债和股东权益列在右方，报表项目的排列顺序是按流动性递减的。而香港和澳门则采用报告式结构，上方列示资产，下方列示负债和股东权益。报表项目的排列顺序也是与内地相反的，按流动性递增排列，先列示长期性资产再列示流动性资产。再次，财务报表的披露项目和科目名称也存在差异。内地财务报表通常披露如"固定资产""长期股权投资"这些一级科目，香港财务报表则列示"物业、厂房、设备""投资子公司""投资合营公司"和"投资联营公司"这些明细科目。最后，香港与内地在利润分配和报表披露要求上存在差异。香港对利润如何分配以及分配顺序没有原则性规定，因此财务报表中无须披露相关项目[②]。内地会计准则规定企业应当按照规定的顺序进行利润分配，先弥补以前年度的亏损，再提取法定盈余公积和法定公益金，最后向股东分配利润。企业应当在财务报表附注中披露与利润分配相关的信息，如利润分配方案、分配时间、分配方式

---

① 中国财政杂志社 . 中国会计年鉴 2021 年 . [EB/OL]. 2022–11–29. https://www.zgcznet.com/yhfw/gkcx/gkcxzgkjnj/zgkjnj2021nj/zgkjnj2021njwz/202211/20221129/j_20221129193220000166972167337184466.html.

② 郭敏华 . 基于粤港澳大湾区背景下的会计衔接与合作探讨 [J]. 财会学习，2021（24）：90-92.

等。同时，还应当披露与股东权益相关的信息，如股本结构、股东权益变动情况等。

（二）粤港澳审计制度的协同情况

1. 审计准则的等效情况

目前，香港地区和中国内地的会计与审计准则实现了等效。2007年，中国审计准则委员会与香港会计师公会对内地审计准则与香港审计准则进行了逐项比较，并一致同意发表联合声明：① 2007年12月6日有效的内地审计准则与同日有效的香港审计准则已经实现等效。同一个注册会计师根据2007年12月6日有效的内地审计准则或同日有效的香港审计准则执行同一项鉴证业务（包括财务报表审计）或其他相关服务业务，应当符合相同要求，得出的结论具有同等效果。②双方承诺未来继续保持两地准则的等效，并为此制定了列于本声明附件二的持续等效机制。③双方已与有关方面协商并达成共识，自本声明签署后，立即开展工作，落实两地注册会计师专业资格考试会计科目的相互豁免，尽快研究扩大符合两地考试科目互免条件的中国注册会计师协会会员和香港会计师公会会员的范围。④在两地准则等效技术磋商过程中，双方已与两地监管机构协商并达成共识，在两地准则等效声明签署后，立即开展工作，尽快研究解决两地在对方上市的企业，以其当地的会计准则编制并由当地具备资格的会计师事务所按照当地审计准则审计的财务报表，可获对方上市地监管机构接纳。

另外，虽然近年来澳门对标国际标准制定并颁布《会计师专业及执业资格制度》《会计准则》《审计准则》，但是澳门与内地并没有正式落实审计准则的等效，内地与澳门仍未启动注册会计师专业资格考试科目互相豁免的相关工作。

2. 执业制度的协同情况

自2003年CEPA磋商启动以来，内地与香港、澳门达成多个CEPA协议（含服务贸易协议），财政部在会计服务领域给予港澳大量优惠政策（见表7-2），受到港澳特区政府、港澳会计界的欢迎和好评。2015年11月，内地分别与香港、澳门特别行政区签署了《内地与香港〈关于建立更紧密经贸关系的安排〉服务贸易协议》和《内地与澳门〈关于建立更紧密经贸关系的安排〉服务贸易协议》（以下简称《服务贸易协议》）（自2016年6月1日起实施），标志着内地与港澳基本实现服务贸易自由化。《服务贸易协议》以"负面清单＋准入前国民待遇"的管理模式制定，会计服务内容体现为会计负面清单和会计正面清单。其中正面清单主要是以往十多年来 CEPA 下会计服务开放条款的累加重述，包括认可港澳审计工作经验、延长港澳会计师事务所来内地临时执业许可期限及便利申请、工作时间要求方面给予港澳会计专业人士国民待遇、开放会计专业技术资格考试、开放代理记账业务、便利港澳会计专业人士参加会计从业资格考试等。负面清单主要规定了取得中国注册会计师资格的港澳会计专业人士担任内地合伙制会计师事务所合伙人的条件和要求。

表 7-2　粤港澳大湾区会计、审计执业相关政策列表

时间	部门	法规、政策、制度	具体内容
2017 年	商务部、港澳财政司	签订了《CEPA 经济技术合作协议》	（1）要深化内地与香港审计监管等效，进一步完善相互依赖的监管合作机制； （2）内地与澳门要研究建立相互依赖的监管合作机制，推动实现审计监管等效
2019 年 2 月 18 日	中共中央、国务院	《粤港澳大湾区发展规划纲要》	完善国际化人才培养模式，加强人才国际交流合作，推进职业资格国际互认。完善人才激励机制，健全人才双向流动机制，为人才跨地区、跨行业、跨体制流动提供便利条件，充分激发人才活力
2019 年 5 月 22 日	财政部监督评价局、香港特区财务汇报局	内地与香港签署备忘录	双方将按照相互依赖的原则，加强审计监管合作，就审计监管职责包括查察、调查和纪律处分等方面提供全面协助，以期实现双方监管效率的提升。财务汇报局可依据备忘录向监督评价局提出协助请求，以获取香港会计师事务所存放于内地的审计工作底稿
2019 年 12 月 3 日	深圳市前海管理局	《关于以全要素人才服务加快前海人才集聚发展的若干措施》	将前海作为港澳与内地执业资格制度衔接的试点基地，按照"重点突破、分步推进"原则，率先建立港澳专业人士执业"深港通"机制，允许港澳专业人士经备案后在前海直接提供服务
2021 年 1 月 13 日	国家税务总局深圳市税务局、深圳市人力资源和社会保障局、前海管理局	以 1 号文印发《港澳涉税专业人士在中国（广东）自由贸易试验区深圳前海蛇口片区执业管理暂行办法》	放宽了多项执业限制，鼓励港澳注册税务师到前海执业，利用自身经验和对国际税收的认识，配合国家发展战略，为大湾区营造市场化、法治化、国际化的营商环境，发挥"一国两制"优势
2021 年 9 月 8 日	广东省注册会计师协会、香港上市公司审核师协会、澳门会计专业联会	共同签署粤港澳会计师行业发展战略协议	为了全面加强在信息共享、合作便利、人员交流、业务拓展和技术协作五个方面的合作，粤港澳行业组织将为战略协议成员提供合作平台、定期组织交流活动，并建立有效的沟通联络和评估回馈机制

续表

时间	部门	法规、政策、制度	具体内容
2021 年 9 月 23 日	人力资源和社会保障部、财政部、税务总局、港澳办	《关于支持港澳青年在粤港澳大湾区就业创业的实施意见》	从港澳青年宜业发展和粤港澳大湾区产业发展需求出发，拓宽粤港澳就业渠道，为港澳青年在湾区就业和创业提供更多体系支持和便利措施
2021 年 12 月	广东省财政厅	广东省会计改革与发展"十四五"规划	（1）打造大湾区人才新高地。培养服务粤港澳大湾区建设的复合型会计人才； （2）发挥大湾区科技优势。增进大湾区内会计资源信息共享，提升沟通协调效率和信息质量，让跨境投资环境、资本市场融通、经济贸易交流等方面都能实现准则等效互认。探索建立面向大湾区事务所的咨询服务平台，主要功能包括大湾区执业政策查询、行业信息咨询等； （3）培育大湾区服务新动能。支持、鼓励内地和港澳会计师事务所在横琴粤澳和前海深港两个合作区开展深度合作，融合优势资源，服务大湾区客户
2023 年 3 月 31 日	国家税务总局广东省税务局	澳门涉税专业人士《在中国（广东）自由贸易试验区广州南沙片区、南沙新区执业管理办法》	贯彻落实《粤港澳大湾区发展规划纲要》工作要求，促进广东省与香港特别行政区、澳门特别行政区建立更紧密的涉税专业服务贸易关系
2023 年 9 月	财政部	《关于支持会计师事务所在中国（广东）自由贸易试验区设立分所并开展试点工作的通知》	鼓励会计师事务所在广东自贸试验区设立分所，借此机会加强内部治理和质量控制，同时积极储备人才和开拓业务。应重点开展高端型、综合型、外向型和国际化的业务，让会计师事务所业务和人才实现"走出去"的目标

资料来源：由课题组根据政府官网、协会官网等整理所得。

　　近年来，粤港澳三地在注册会计师执业资格制度衔接方面取得了一系列的成果，深圳前海、广州南沙和珠海横琴率先开展协作，作为港澳与内地执业资格制度衔接的试点基地，鼓励港澳专业人士到内地执业，服务湾区客户。这些政策办法为港澳涉税专业人士、港澳会计师在内地执业提供了具体的指导和规范，有利于吸引更多专业人才到内地开展业务，同时也有助于促进内地与港澳在会计、审计领域的交流与合作，提升整个湾区的会计、审计服务质量和竞争力。2023 年 10 月，财政部出台了《关于支持会计师事务所在中国（广东）自由贸易试验区设立分所并开展试点工作的通知》，鼓励会计师事务所抓住在广东自贸试验区设立分所的机遇，积极开展高端型、综合型、外向型、国际化业务，促进会计师事务所业务和人才"走出去"，这对内地会计师事务所在人才、服务及管理上提出了更高要求。

（三）粤港澳注册会计师行业协同情况

为发挥粤港澳地理、文化、语言相近相通的优势，搭建交流合作平台，广东省注册会计师协会（含各市注册会计师协会）、香港会计师公会、澳门会计专业联会决定共同建立粤港澳会计师事务所合作联盟，引导三地会计师事务所在人才、资源、技术、业务等方面建立合作关系，拓展合作内容，提升合作的广度和深度，对接"一带一路"倡议以及国家供给侧结构性改革、粤港澳大湾区建设、广东自贸试验区等战略，为三地客户提供全面、优质的专业服务，实现互利共赢的目标。近年来，粤港澳会计师事务所联盟不断发展壮大，从2017年的50余家发展到2021年的150余家（见图7-1），事务所联盟在不断地推动三地行业规则对接、持续降低行业准入门槛、扩大专业技术资格互认范围，为粤港澳大湾区经济发展提供更高质量的专业服务。

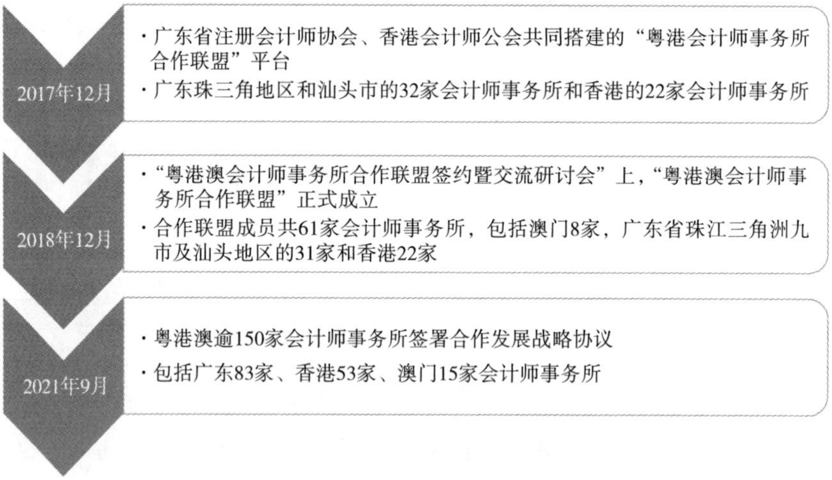

2017年12月	·广东省注册会计师协会、香港会计师公会共同搭建的"粤港会计师事务所合作联盟"平台 ·广东珠三角地区和汕头市的32家会计师事务所和香港的22家会计师事务所
2018年12月	·"粤港澳会计师事务所合作联盟签约暨交流研讨会"上，"粤港澳会计师事务所合作联盟"正式成立 ·合作联盟成员共61家会计师事务所，包括澳门8家，广东省珠江三角洲九市及汕头地区的31家和香港22家
2021年9月	·粤港澳逾150家会计师事务所签署合作发展战略协议 ·包括广东83家、香港53家、澳门15家会计师事务所

图7-1　粤港澳大湾区事务所联盟的发展历程

2023年9月8日，《粤港澳会计师行业发展战略协议》签约仪式在广州、香港、澳门三地以视频连线方式顺利举行，151家会计师事务所（广东83家、香港53家、澳门15家）及广东省注册会计师协会、香港上市公司审核师协会、澳门会计专业联会签署协议。本次战略协议以自愿参与、互补共赢、依法依规为原则，合作期限三年。三地战略协议签约成员将着重围绕加强信息共享、推进合作便利、组织人员交流、聚焦业务拓展、深化技术协作五个方面全面加强合作，共同服务粤港澳大湾区发展[①]。

课题组通过问卷调查的方式调查了大湾区珠三角九市和港澳会计师事务所开展合作的情况。课题组于2023年9~10月面向粤港澳地区注册会计师行业从业人员开展问卷调查，最终回收有效问卷380份，覆盖深圳、广州、珠海、中山等多地大、中、小各类事务所，受访者中既有事务所合伙人、项目经理，也有审计员、审计助理等一线审计人员。

有66.84%的受访人员表示，其所在的事务所并未与港澳地区的事务所开展合作交流，大部分的合作交流仅围绕组织人员交流开展，如组织人员培训、共同参加论坛或交流会等形式，诸如联合审计客户公司、共同合作职业检查的深入合作交流占比仅为6.05%（见图7-2）。

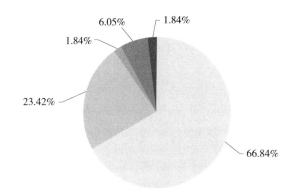

图 7-2 会计师事务所与港澳地区事务所合作情况

此外，由表7-3可知，有49.47%的受访人员表示他们与港澳地区事务所加入了共同的会计联盟、会计网络或者其他组织。图7-3显示，境内外会计/审计准则不同、熟悉境外法律规定与业务人才的短缺，可能是导致境内外难以开展联合审计等深入合作，以及境内会计师事务所拓展海外业务困难的主要原因。

---

① 南方日报网络版.粤港澳会计师行业签署发展战略协议 为大湾区提供高质量会计专业服务[EB/OL].广东省人民政府，（2021-09-09）[2024-01-27]. https://www.gd.gov.cn/gdywdt/bmdt/content/post_3514009.html.

表 7-3 与港澳地区事务所的合作交流情况

合作交流形式	人数	比例（%）
加入共同的会计联盟	61	16.05
加入共同的会计网络	42	11.05
两者皆有	31	8.16
两者皆无	192	50.53
加入其他组织	54	14.21
总计	380	100

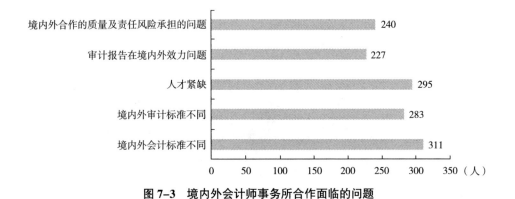

图 7-3 境内外会计师事务所合作面临的问题

综上所述，粤港澳会计师事务所在交流与合作方面仍然受到一些具体因素的制约。具体而言，粤港澳三地在监管制度、会计和审计标准、责任归属方面都存在一些需要协调的问题，有必要进一步完善跨境监管信息共享及沟通协调机制。值得关注的是，虽然内地与香港在审计准则方面已经实现等效，但是具体的审计对象仍然存在很大的差异，即反映被审计单位业务收支及其有关经济活动情况的会计资料及有关资料（如发票、合同、会计账簿的样式）以及审计底稿的编制要求。

（四）粤港澳审计协同实践案例

粤港澳三地会计师行业在广东参与"一带一路"建设、推动粤港澳经济融合发展中扮演了重要的桥梁纽带角色，特别是在"引进来""走出去"和资本市场发展方面，发挥了关键的中介人作用。在这一进程中，粤港澳三地会计师事务所随着客户的跨境经营活动开展了一系列的协同实践。

一方面，为促进事务所跨境执行审计业务，内地早期出台的相关政策有《境外会计师事务所在中国内地临时执行审计业务暂行规定》（财会〔2011〕4号）、

《关于下放境外会计师事务所在中国内地临时执行审计业务审批项目有关政策衔接问题的通知》（财会〔2013〕25号）等。财政部近日发布《关于支持会计师事务所在中国（广东）自由贸易试验区设立分所并开展试点工作的通知》（财会〔2023〕16号），该文件明确支持采用普通合伙或者特殊普通合伙形式的会计师事务所先行试点，在广东自贸试验区设立分所。其中，拟在珠海横琴、广州南沙片区设立分所的会计师事务所，应当向广东省财政厅提出申请，并由其依法审批（备案）。拟在深圳前海片区设立分所的会计师事务所，应当向深圳市财政局提出申请，并由其依法审批（备案）。

另一方面，境内会计师事务所也积极探索拓展跨境业务的方式。2024年1月9日，久安会计师事务所吸收合并华融（香港）会计师事务所暨"久安香港分所"设立会议在久安所深圳总部办公室举行。久安所本次吸收合并华融（香港）会计师事务所，设立香港分所，是贯彻落实深圳市财政局对会计师事务所高质量发展的要求，发挥深圳会计师事务所毗邻香港的优势，与香港高水平成熟会计师事务所执业团队深度融合，努力提高久安事务所对会计审计现代服务业的高水平认知、开拓国际化视野和增强国际业务执业能力的一次规范、务实、有力的工作举措，本次吸收合并工作及久安香港分所的后续管理运营，均严格按照财政部《会计师事务所一体化管理办法》执行[①]。除了上述吸收合并案例以外，依据中国内地与香港地区的相互认可协议，获确认为符合条件的中国内地成立并在香港上市的法团的中国内地会计师，可自动获得会计及财务汇报局认可为公众利益实体核数师。当前，共有34家会计师事务所具备承担公众利益实体项目的资格，自2010年12月9日起生效的互认协议中，共有11家内地事务所为《会财局条例》下的获认可公众利益实体核数师，并有资格担任在香港上市的内地注册公司的核数师（见表7-4）。

表7-4 中国内地会计师事务所在香港的分所

序号	会计师事务所名称	办事处地址
1	大信会计师事务所（特殊普通合伙）	中国北京市海淀区
2	大华会计师事务所（特殊普通合伙）	中国北京市海淀区
3	天健会计师事务所（特殊普通合伙）	中国浙江省杭州市
4	立信会计师事务所（特殊普通合伙）	中国上海市
5	安永华明会计师事务所（特殊普通合伙）	中国北京市东城区

---

① 深圳久安会计师事务所.久安动态：久安设立"香港分所"［EB/OL］.（2024-01-10）［2024-01-27］.
https：//www.jiuancpa.com/66.html.

序号	会计师事务所名称	办事处地址
6	信永中和会计师事务所（特殊普通合伙）	中国北京市东城区
7	致同会计师事务所（特殊普通合伙）	中国北京市朝阳区
8	普华永道中天会计师事务所（特殊普通合伙）	中国上海自由贸易试验区
9	瑞华会计师事务所（特殊普通合伙）	中国北京市海淀区
10	德勤华永会计师事务所（特殊普通合伙）	中国上海市黄浦区
11	毕马威华振会计师事务所（特殊普通合伙）	中国北京市东城区

资料来源：香港会计及财务汇报局。

在合作联营方面，2024年6月12日，广东中职信会计师事务所（特殊普通合伙）与澳门崔世昌会计师事务所在珠海横琴举办《交流合作协议》签约仪式，双方将在广州南沙或珠海横琴共同协作设立粤澳会计合作联营服务机构。

 （三） 粤港澳大湾区涉税服务协同

（一）粤港澳大湾区税收制度的协同

随着全球化进程的推进，世界各地区之间的经济联系更加紧密，政治生态环境也随之不断变化。作为与世界沟通的窗口之一，粤港澳大湾区新经济、新业态、新模式持续涌现。粤港澳大湾区处于"一个国家、两种制度、三个关税区"的特殊制度下，由于粤港澳三地的征税范围、征管方式和申报流程等都存在较大差异（见表7-5），容易存在税率不协调、税收利益分配不均等问题，从而限制人才、资金、技术等生产要素流入，不利于区域经济一体化的推进。

表7-5 粤港澳三地税收制度一览表

	内地	香港	澳门
税收管辖权	居民管辖权和来源地管辖权	单一来源地税收管辖权	以来源地税收管辖权为主
税收结构	内地的税种较多，包含直接税和间接税，企业所得税、个人所得税属于直接税，而增值税和消费税则属于间接税	香港以直接税为主，包含利得税、薪俸税等，但也有印花税等间接税种	澳门虽然开征了诸多税种，但直接税如职业税、房屋税等在税收收入中的比例较大

续表

	内地	香港	澳门
企业所得税	一般居民企业实行 25% 的基本税率,小微企业减按 20% 征税,高新技术企业减按 15% 征税	不超过 200 万港币的分别按照 8.25% 和 7.5% 征收,对超过部分分别按 16.5% 和 15% 征收	澳门所得补充税中的企业部分(又称纯利税),对在澳门获得的工商经营活动收益征收,采取 3%~12% 的五级超额累进税率
个人所得税	内地对个人所得税综合所得采用 3%~45% 的七级超额累进税率,经营所得采用 5%~35% 的五级超额累计税率,其他所得统一采用 20% 的比例税率	薪俸税、利得税中的个人部分和物业税与内地的个人所得税类似,其中薪俸税与内地基于工资薪金征收的个人所得税对应,采用 2%~17% 的超额累进税率和 15% 的标准税率两种计算方法	职业税、所得补充税和房屋税可以视为个人所得税,其中职业税采用 7%~12% 的六级超额累进税率;所得补充税作为对职业税的补充,最高税率为 12%
进出口税收	对进口商品征收关税、增值税和消费税	主要针对少数进口商品类别征税	主要针对少数商品类别征税

资料来源:财政部。

在着力服务新阶段粤港澳大湾区税收协同建设方面,需要充分发挥区域性税收优惠政策激励作用。粤港澳大湾区的广东自由贸易试验区(以下简称"自贸区",涵盖深圳前海片区、珠海横琴片区及广州南沙片区)近年在财税优惠政策方面陆续推出了利好措施。

在企业所得税方面,前海、横琴和南沙等自贸区均对符合产业条件的企业减按 15% 的税率征收企业所得税。值得注意的是,上述三个自贸区对于企业所得税享受减按 15% 税率优惠政策的纳税人都有"实质性运营"的要求,企业在享受政策优惠时需要注意各地对于"实质性经营"的要求(见表 7-6)。

表 7-6 粤港澳合作区企业所得税优惠一览表

合作区	适用范围	具体规定	生效日期
横琴	高新技术产业、科教研发产业、现代服务业、现代金融业等 9 大类行业 150 项	(1)鼓励产业的企业享受 15% 的企业所得税优惠税率; (2)特色鼓励产业企业新增境外投资所得免税(旅游业、现代服务业、高新技术产业); (3)对资本性支出实行一次性或加速税前扣除。新购置(含自建、自行开发)固定资产或无形资产,单位价值不超过 500 万元(含)的,允许一次性计入当期成本费用在计算应纳税所得额时扣除,不再分年度计算折旧和摊销;新购置(含自建、自行开发)固定资产或无形资产,单位价值超过 500 万元的,可以缩短折旧、摊销年限或采取加速折旧、摊销的方法	从 2021 年 1 月 1 日起执行,暂未设截止日期

续表

合作区	适用范围	具体规定	生效日期
南沙	主要包括高新技术、航运及金融服务等产业	（1）先行区（包括南沙湾、庆盛枢纽、南沙枢纽3个区块）符合鼓励产业范围的企业享受15%的企业所得税优惠税率； （2）进一步延长亏损弥补期限。自2022年1月1日起，其具备资格年度之前8个年度发生的尚未弥补完的亏损，准予结转以后年度弥补，最长结转年限延长至13年	2022年1月1日至2026年12月31日
前海	现代物流业、信息服务业科技服务业、文化创意业商务服务业5大产业30项	属于现代服务业优惠目录产业的企业享受15%的企业所得税优惠税率	2021年1月1日至2025年12月31日

资料来源：根据现行政策整理。

在个人所得税政策方面，除了赋予大湾区各项有利条件以外，对于个人所得税的跨境问题也进行了规范。自贸区通过制定税收优惠政策、给予财政补贴，帮助人才、资金等要素在湾区内流动更加通畅（见表7-7）。

表7-7　粤港澳合作区个人所得税优惠一览表

地区	适用范围	具体规定	生效时间
湾区九市	在大湾区工作的境外（含港澳台）高端人才和紧缺人才	在大湾区珠三角九市（广州、深圳、珠海、佛山、惠州、东莞、中山、江门和肇庆）缴纳的个人所得税已缴税额超过其按应纳税所得额的15%计算的税额部分，由珠三角九市人民政府给予财政补贴，该补贴免征个人所得税	2019年1月1日至2023年12月31日
南沙	在南沙工作的港澳居民	对在广州南沙工作的香港居民，其个人所得税税负超过香港税负的部分予以免征；对在广州南沙工作的澳门居民，其个人所得税税负超过澳门税负的部分予以免征	2022年1月1日至2026年12月31日
横琴	在横琴粤澳深度合作区工作的境内外高端人才和紧缺人才及澳门居民	（1）境内外高端或紧缺人才：税负超过15%的部分予以免征； （2）澳门居民：税负超过澳门税负的部分予以免征	2021年1月1日至2025年12月31日

在增值税政策方面，自2020年10月1日起，对以珠三角九市37个港口为启运港、以南沙保税港区和前海保税港区为离境港的集装箱货物实行启运港退税政策，大大减少了企业资金占压成本。

一系列优惠政策的实施对于大湾区内企业资金的注入、健康流动起到了关键性的激励作用，资金压力的减少有效激发了企业的发展活力，同时一定程度上对于跨域税收差异问题也起到了协调作用。但在调研访谈中发现，粤港澳三地之间在税制及办税流程上仍然差异较大，税收管理及服务模式也截然不同。例如，课题组在横琴粤澳深度合作区的调研中发现：粤澳两地税制及办税流程上存在较大差异。澳门税制虽然设置了 8 个主要税种，但纳税人习惯了"被动式"的报税流程，只需在具体的时间节点按税务部门的提示申报并缴纳各种税项即可；而内地的税制比较复杂，除设立了 18 个税种以外还有社会保险费及大量非税收入种类，但几乎所有的税费办理流程都需要纳税人主动配合完成。澳门企业和个人往往因为初到内地"水土不服"，可能对内地税制、办税流程缺乏必要了解导致出现"非主观故意"造成的税收遵从问题。此外，粤澳两地税收管理及服务模式也迥然不同。澳门目前的税收管理模式以承诺和信用为主，且澳门纳税人对于电子政务和电子支付的应用程度不高，更依赖于纸质资料和手工签名，习惯于通过现场渠道咨询及办理；而内地信用社会建设仍在持续推进中，且目前税务部门正在全力推进"非接触式"办税，尽可能实现所有业务"指尖"办理，双方在管理及服务模式上的差异容易使澳门纳税人在现场办理业务时产生内地税务部门要求过多、信用通行受阻等误解。

显然，当前粤港澳大湾区税制方面存在的差异为会计师事务所、税务师事务所等中介机构带来了跨境涉税服务的需求。大力支持涉税中介服务发展有利于降低粤港澳企业开展跨境经营活动的税收遵从成本，助力构建和谐税收征管生态，提高粤港澳大湾区税收营商环境质量。

（二）粤港澳大湾区涉税服务的协同

随着跨境执业政策逐步落地，越来越多港澳涉税专业人士开始关注并投身到深圳涉税专业服务行业中来。为了让港澳税务师便捷拓展大湾区业务，2021年 8 月 12 日，深圳市税务局与前海管理局、香港税务学会、澳门税务学会共同签订《共同推进港澳涉税专业机构及人士在前海合作区发展的合作框架协议》。2021 年 11 月，华盟灵均刘郭联营税务师事务所（深圳）有限公司完成登记手续，标志着全国首家深港澳联营税务师事务所正式落户前海[①]。

为贯彻落实《粤港澳大湾区发展规划纲要》工作要求，促进广东省与香港特别行政区、澳门特别行政区建立更紧密的涉税专业服务贸易关系，国家税务

---

① 前海深港现代合作服务区，深圳前海蛇口自贸片区.全国首家深港澳联营税务师事务所落户前海［EB/OL］.深圳商报.（2021–11–10）［2024–01–27］.http：//qh.sz.gov.cn/sygnan/qhzx/dtzx/content/post_9356532. html.

总局广东省税务局制定了《港澳涉税专业人士在中国（广东）自由贸易试验区广州南沙片区、南沙新区执业管理办法》（以下简称《管理办法》）。自 2023 年 5 月 1 日起，具备相关资格的港澳涉税专业人士在完成执业登记后，能够在广州南沙提供涉税专业服务。《管理办法》旨在消除人才流动障碍，并借此吸引香港和澳门的涉税专业人才到南沙执业，进而促进当地涉税专业服务行业的成长和强化。《管理办法》所规定的资格认证以及执业条件，旨在吸纳更多港澳涉税专业人士参与，创造新机遇并为内地涉税专业服务领域注入新动能。它也意味着这些专业人士将能为本地企业提供更加专业化且符合国际规则的服务，与此同时，有助于塑造一个市场化、法治化和国际化的优质营商环境。

根据《管理办法》，在广州南沙执业的香港和澳门税务专业人士可以通过多种途径进行执业，如设立税务师事务所，或者作为股东或合伙人加入当地的税务师事务所，或加入当地的涉税专业服务机构。此外，税务部门还承诺将为这些人士提供高质量的服务以保障执业过程的便利和高效 [1]。

为了推动粤港澳大湾区涉税专业服务在南沙的集中发展，并助力创建公平竞争和诚信经营的行业发展环境，广东省税务部门正积极执行国家税务总局相关的监督管理制度，旨在对在南沙执业的港澳涉税专业人士和税务师事务所做出统一的监管。此外，还将建立港澳涉税专业人士诉求和意见的快速响应机制以提供专项服务。

在深化区域合作的背景下，内地税务部门将与港澳相关机构建立信息共享机制，以支持跨境执业政策的顺畅实施。《管理办法》的明确规定和指导原则旨在统一执业条件、规范行业秩序，并确保相关人士能够遵守严格的职业操守及法规要求。

（四）粤港澳大湾区其他服务协同

（一）破产管理服务协同

2023 年 3 月 1 日，广东省高级人民法院印发《关于充分发挥破产审判职

---

[1] 国家税务总局广州市南沙区税务局．中国税网：走！到广州南沙拓展跨境业务［EB/OL］．（2023-05-06）［2024-01-20］．https://guangdong.chinatax.gov.cn/gdsw/gznssw_swxw/2023-05/06/content_bcc8c69de83d4f1486a4d3267f96f7de.shtml.

能服务高质量发展的意见》（以下简称《意见》），进一步发挥破产"拯救危困企业"和"淘汰落后产能"的制度优势，优化营商环境，服务广东经济社会高质量发展。《意见》共 19 条，包括服务高标准市场体系建设、提供精准高效的司法服务、深化破产改革等内容。《意见》提出，继续支持深圳个人破产试点。完善建立个人破产制度司法实施协调保障机制，为全国性个人破产制度设计提供实证，推动落实个人破产案件裁判在大湾区内地法院的法律效力。《意见》要求，要推动建立破产财产处置联动机制，优化升级府院联动机制；要严格落实债权人会议制度，保障债权人依法参与破产程序和行使实体权利。《意见》还明确提出深化跨境破产协作机制。推动粤港澳三地破产司法规则衔接、机制对接，进一步健全完善司法协助机制，充分发挥法治在粤港澳大湾区建设中的保障作用。探索建立常态化专业研讨机制，深化粤港澳大湾区内跨境破产交流合作。

（二）商事调解服务的协同

《粤港澳大湾区发展规划纲要》明确提出，完善国际商事纠纷解决机制，建设国际仲裁中心，支持粤港澳仲裁及调解机构交流合作，为粤港澳经济贸易提供仲裁及调解服务。调解、仲裁、诉讼作为解决纠纷的三大途径，既相互联系又相对独立，共同形成了多元化纠纷解决机制。大湾区内的跨境商事纠纷往往涉及不同的司法管辖区，若以诉讼解决这些跨境纠纷，不同司法管辖区的当事方需要耗时确立合适的诉讼地点及适用法律，而且还需经历冗长的法律程序。与诉讼、仲裁相比，调解的灵活性非常高，当事人选择调解去处理涉及不同司法管辖区的跨境纠纷具有成本最低、效率最高、影响最小等不可替代的独特优势。

为推进粤港澳三地商事调解规则衔接、机制对接，为境内外商事纠纷主体提供多元、高效、便捷、国际的法律服务，促进跨境商事争议有效化解，助力深圳营造稳定公平透明、可预期的国际一流法治化营商环境。2022 年 3 月，深圳市出台《深圳经济特区矛盾纠纷多元化解条例》，提出"健全完善矛盾纠纷多元化解平台建设机制，探索建立'一站式'纠纷解决平台"。福田区联合市中级人民法院、市司法局、深圳国际仲裁院在河套打造"深圳市涉外涉港澳商事一站式多元解纷中心"。该中心依托"深圳市涉外律师人才实训基地""湘潭大学法学教育实践基地"，整合学术团体、行业协会、高等院校国际商事调解组织资源，建设线上调解信息化课程学习平台，为调解员及各界人士了解多元解纷手段、学习调解技巧、参与调解实践提供更广阔的平台和发展空间，努力打造一批专门型、复合型、应用型高层次多元解纷人才，为探索推进深港规则机制"软联通"、提供跨境矛盾纠纷化解服务、完善园区科创配套服务等方面工作提供更强法智支持。

（五）总结与展望

现阶段，粤港澳大湾区从监管部门到行业协会组织围绕会计师行业发展开展了一系列的工作部署（见表7-8），在促进三地行业发展方面已经取得了一系列的成果。但是，粤港澳三地会计师行业协同发展仍然存在一些显著的问题，例如在开展跨境业务方面三地事务所仍然要克服会计与审计标准差异带来的挑战。此外，粤港澳三地注册会计师在跨境服务方面仍然存在很多业务发展的空间有待探索，包括但不限于跨境涉税服务、跨境破产管理服务和商事调解服务。

表7-8　粤港澳大湾区会计师行业协同发展一览表

时间	具体活动
2012 年 11 月	粤港澳会计师论坛在澳门成功举办
2014 年 10 月	"2014 年海峡两岸及港澳地区会计师行业交流研讨会"在澳门召开
2015 年 11 月	北京注册会计师协会和香港会计师公会共同牵头组建的京港两地中小会计师事务所联盟在香港会计师公会签署合作协议
2017 年 2 月	广东省粤港澳合作促进会会计专委会举行第一次主任会议
2017 年 12 月	广东省人民政府、香港特别行政区政府、澳门特别行政区政府深化粤港澳合作推进湾区建设框架协议
2017 年 12 月	对接粤港澳湾区建设服务国家战略——"粤港会计师事务所合作联盟"协议签署
2018 年 12 月	粤港澳会计师事务所合作联盟正式成立
2021 年 9 月	粤港澳签署会计师行业发展战略协议
2021 年 12 月	为进一步提升两地执法协作水平、深化执法经验交流，中国证监会和香港证监会以视频会议形式召开第十二次两地执法合作工作会议，并举办 2021 年稽查执法专题培训班
2022 年 1 月	香港会计师公会代表与广东省注册会计师协会举行网上会议，讨论关于支持两地会计业进一步融合及跨境合作发展的问题

续表

时间	具体活动
2022 年 2 月	香港会计师公会与中国注册会计师协会（中注协）共同建立定期沟通机制，其中包括每季度分享活动报告或举行网上会议，就业界最新的行业议题交换意见，并分享彼此主要活动的最新信息
2022 年 4 月	香港会计师公会联同中注协举办网上研讨会，讨论新专业资格课程（QP）架构下现有的相互考卷豁免安排（MEPE）
2022 年 6 月	香港会计师公会与中注协举行网上会议，讨论两地市场的专业责任保险的现状及实务
2022 年 7 月	香港会计师公会代表与广东省注册会计师协会共同推出"粤港澳湾区注册会计师青年高端人才培养计划"，目的为培育一批扎根粤港澳三地的综合会计人才
2023 年 4 月	国内首个财税专业服务集聚区——粤港澳大湾区（南沙）财税专业服务集聚区揭牌成立，广东省注册会计师协会与南沙开发区管委会签订框架合作协议，将为南沙集聚财税专业高端人才、优质机构以及财税服务创新要素提供助力
2023 年 4 月	"会计现代服务与湾区高质量发展论坛"在广州南沙举办
2023 年 12 月	广州市税务局、广州市外事办、南沙区政府联合举办"落实《南沙方案》增进穗港澳合作 共建财税新生态"活动

资料来源：由课题组根据政府官网、协会官网等整理所得。

针对粤港澳大湾区的特殊环境和战略定位，以下是促进粤港澳三地注册会计师服务协同的建议：

（一）构建粤港澳大湾区会计与审计标准一体化与监管协同

为了推进粤港澳大湾区内会计与审计工作的协调一致发展，建议创建大湾区会计与审计准则协调机构。该机构的设立将基于大湾区珠三角九市与港澳经济发展的同步性和文化共融，旨在制定一个既适应区域经济要求又与国际标准对接的会计和审计规则体系。通过深入分析三地之间的规则差异，实施模拟测试，该机构将促进一个规范统一的会计与审计标准体系建设，目的是降低湾区内会计审计信息处理的成本。与此同时，建议成立一个由粤港澳三地会计监管机构共同参与的专项工作小组，专注于跨境会计监管的衔接与互通。该小组将在会计争议事项中担任沟通协调和决策的角色，利用信息化和数字化技术共享跨境监管信息，包括审计工作底稿和报告的互访。通过推动建立三地监管互认机制及机构之间的交流任职，旨在减少重复监管，从而提升整个大湾区会计监管的整体效率与协同性。

（二）激励专业服务机构业务创新和数字化转型

粤港澳大湾区在数字基础设施、数字产业链条、数字要素市场、数字创新生态系统等领域在全国具有领先优势，并拥有全国领先的互联网与科技企业，为注册会计师行业的智能升级和数字化转型提供了一流的技术和产业环境，大湾区注册会计师将有机会成为世界范围内行业数字化探索的先行者。建议由行业协会组织专业服务机构与本地重点高校搭建产学研协同平台，充分利用大湾区高校人才和学科优势，推进审计、税务大模型方面的研究和实践合作，降低行业对前沿技术的开发与应用门槛，助力大湾区会计等专业服务行业数字化升级转型。

（三）打造示范基地，推动粤港澳会计师事务所集聚发展

粤港澳三地须把握合作区建设的契机，积极推动建立"粤港澳会计师服务合作创新示范基地"，探索推出内地与港澳会计服务行业发展合作的制度安排和政策，不断扩大示范基地在粤港澳大湾区和自贸区的覆盖面。除此之外，示范基地应更加关注粤港澳服务贸易自由化以及新兴产业的发展需求，积极为企业对接符合产业实际需求的会计师事务所以及相关专业服务机构，结合"楼宇经济"等策略促进大湾区会计师事务所与其他专业服务机构的协同集聚。

（四）鼓励粤港澳大湾区事务所开拓新服务领域

以产业需求为导向，以项目为牵引，鼓励会计师事务所等专业服务机构在做好审计、税务等传统业务的基础上，努力开拓粤港澳大湾区的管理咨询、内控咨询、并购重组咨询等具有高技术含量、高附加值的高端业务，以及积极参与粤港澳大湾区内的破产管理、商事调解等业务，对专业服务机构新开拓的业务项目按照一定的收入比例给予财政补助，并对先进案例进行宣传。

（五）构建部门协同机制，推动优化大湾区营商环境

为持续促进粤港澳大湾区营商环境优化，建议构建由三地监管部门以及行业协会组成的立体协同工作机制，由三地行业协会组织定期对专业服务机构开展系统调研并建立联合数据库，通过深度挖掘和综合分析，为持续优化粤港澳大湾区营商环境提供依据并提出具体的政策建议，为打造更具吸引力与竞争力的营商环境提供有力支撑。

第八章

结论与建议

8

PART EIGHT

粤港澳大湾区注册会计师行业的基本情况

（一）粤港澳大湾区注册会计师行业总结

1. 大湾区珠三角九市

中国内地的注册会计师行业目前处在迅速发展和转型的关键时期，尤其在粤港澳大湾区发展战略背景下，这一行业面临着机遇和挑战并存的新局面。

目前，大湾区珠三角九市会计师事务所的分布与大湾区九市的 GDP 总量基本上成正比，其中有证券业务资质的事务所基本集中在深圳，上述现象反映了资本市场（如证券交易所）的发展催生出会计专业服务需求，而业务需求的聚集促进了服务供给聚集，这是粤港澳大湾区珠三角九市注册会计师行业发展的基本逻辑。总体上来说，大湾区珠三角九市已经初步形成了行业聚集效应，特别是深圳在事务所数量和执业会员人数方面都达到了一定的体量，为承载大湾区业务发展打下坚实的基础。但是，大湾区珠三角九市的事务所业务还是以传统鉴证类业务为主，在其他业务领域仍然有待进一步探索发展。此外，行业普遍反映人才流失问题严重，最近一年执业人数增加仅占全行业人数增加比例的 2% 左右，从侧面反映出行业对人才的吸引力不足，课题组认为这与行业的整体效益欠佳以及行业发展前景不明朗有一定的关联。除了以上问题，大湾区珠三角九市会计师事务所在品牌方面的建设并没有明显的优势，在信息技术方面的开发和运用也只是处于初级阶段。

在发展机遇方面，粤港澳大湾区在高科技、金融等领域的快速发展催生了对高质量会计专业服务的大量需求。同时，随着地区一体化进程的不断推进，大湾区珠三角九市注册会计师的服务市场也在持续扩大，优质的内地会计师事务所正在积极探索开拓境外市场，以鹏盛为代表的本土事务所也成功打开了业务发展的增量空间。与此同时，行业也面临着较为严峻的挑战，特别是近年来内地在监管方面的要求趋严，注册会计师业务的发展门槛也在不断提高，而市场广泛存在的低价竞争博弈则进一步增加了行业发展的难度。

综上分析可以看出，内地注册会计师行业发展呈现出复杂且充满变化的局面。监管部门和行业协会需要提供更有力的支持，比如推动全体系的人才培养，进一步矫治行业的不正当竞争行为，提供行业发展的激励政策与合作平台等，以促进这一行业的高质量发展，同时也要引导会计师事务所紧跟科技发展趋势，提升服务质量，实现专业性与科技应用的融合发展。

2. 香港地区

对于港澳地区的注册会计师行业来讲，目前也处于机遇与挑战并存的发展阶段。香港注册会计师行业在服务跨国公司、内地上市公司等方面积累了丰富的经验，近年来注册会计师事务所数量和注册会计师人数的规模相对稳定，香港作为国际金融中心，其资本市场与会计、审计服务紧密关联，而且行业在业务多元化发展方面也进行积极的布局，如 ESG 业务。虽然香港可以从事上市公司审计的会计师事务所具有相当可观的数量（接近 2000 家），但按照市值统计超过 90% 的上市公司业务集中在 6 家 A 类事务所。此外，香港注册会计师行业也呈现出较为明显的老龄化趋势，年龄大于 55 岁的会员人数超过 1/5，年轻的学员人数近年来却呈现出下降的趋势。

在发展机遇方面，香港作为国际融资中心之一，提供了与资本市场相连的强大金融生态，为会计服务行业发展提供了广阔的市场空间，特别是近年来内地企业前往香港上市或通过香港实现"走出去"目标，在审计、咨询、税务方面都带来了丰富的业务需求。但当前全球经济增长前景仍不明朗，特别是受到美联储多次加息的影响，2023 年香港股市表现较为疲软，无论是新股数量还是融资金额较往年而言双双大幅度下滑，这一趋势如果延续将会压缩香港事务所的发展空间。

3. 澳门地区

澳门注册会计师的行业规模相对较小，会计师事务所数量只有 17 家，执业会计师人数不到 150 人，以澳门本地企业为主要服务对象。受限于行业规模和业务结构，澳门注册会计师业务拓展速度相对缓慢。近年来，澳门一直推行经济适度多元的发展战略，横琴粤澳深度合作区的发展规划更是为澳门经济发展注入新动能，这为澳门会计专业服务发展带来了新的机遇，服务粤澳两地的跨境企业成为当前澳门注册会计师行业发展的主攻方向之一。

然而，澳门的会计师事务所在发展内地业务方面也面临诸多挑战。首先，澳门注册会计师在内地开展鉴证业务的门槛较高，如澳门注册会计师参加内地注册会计师考试没有科目豁免。其次，澳门会计师事务所的规模和人力资源难以支持其在内地大规模拓展业务。

（二）粤港澳大湾区注册会计师行业展望

综上分析，粤港澳大湾区注册会计师行业发展趋势总体向好，粤港澳三地在行业监管、管理方面都各有特点。例如，广东省注册会计师协会以自愿参与评比定期公布排名的方式引导会计师事务所持续开展质量建设，香港财务汇报局通过周期性的督查计划加强对行业的监督管理并定期公布督查结果，这些富有特色的制度和做法都极大地提高了粤港澳大湾区注册会计师行业的发展质量，同时也为粤港澳三地行业发展提供了宝贵的经验借鉴。

值得关注的是，香港和澳门明确规定公司每年在申报所得税时需要提交经审计的财务报表，因此，港澳地区的公司审计要求与税务合规密切相关，对于实行"简单税制"的港澳地区而言，由会计师事务所提供的审计服务无疑构筑了保障地区财政收入的防线。而内地《公司法》第二百零八条虽然有明确规定"公司应当在每一会计年度终了时编制财务会计报告，并依法经会计师事务所审计"，但在工商年检和税收管理等环节没有要求企业必须提交审计报告，以至于内地大部分企业没有委托审计的意识。因此，内地会计师事务所在助力粤港澳大湾区市场经济高质量发展以及优化税收营商环境方面仍然可以发挥更大的作用。

为支持打造粤港澳大湾区优质服务品牌，广东省可以在会计师事务所综合评比中更多地融入品牌元素，将综合评价排名打造为会计师事务所品牌建设的助推器。此外，粤港澳三地行业协会也可以加强合作，联合开展执业质量评比和开展行业宣传活动，持续提升行业的社会声望。

为了促进区域内的会计师事务所发展，建设粤港澳大湾区注册会计师行业人才库是必不可少的。对此，粤港澳三地协同建立人才交流平台，除了现有的注册会计师资质互认制度以外，还要打通人才流动的通道，比如允许港澳会计专业人士成为从事特定业务或执行特定管理职能的合伙人，在大湾区珠三角九市直接执业。

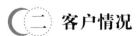 **客户情况**

大湾区珠三角九市事务所的上市公司客户较少，且绝大部分由大中型会计

师事务所审计。由于对大湾区珠三角九市上市公司年报进行审计的会计师事务所总部大部分在北京和上海，因此未来湾区总部在内地九市的会计师事务所要多关注湾区内上市公司，"近水楼台先得月"，促进业务增长。

大湾区港澳客户集中度高，"本地"客户多。香港"四大"事务所"港股上市公司的客户数量"约占港股上市公司总量的51%。未来应紧密结合《横琴粤澳深度合作区总体发展规划》等湾区新政，拓展客户来源，促进服务多元化。

大湾区珠三角九市上市公司集中度高，城市分布不均；港澳"本地"上市公司占一半，注册地为"避税天堂"的公司占比较高。根据《粤港澳大湾区发展规划纲要》的要求，发挥香港、澳门、广州、深圳创新研发能力强、运营总部密集，以及珠海、佛山、惠州、东莞、中山、江门、肇庆等地产业链齐全的优势，优化制造业布局。

相较于应计盈余管理，客户的真实盈余管理程度指标值更高。大湾区珠三角九市及港澳上市公司真实盈余管理指标绝对值的平均值高于应计盈余管理指标绝对值的平均值，一定程度上表明相较于应计盈余管理，客户更喜欢真实盈余管理。未来监管方面应拓宽监管时间跨度，注意真实盈余管理的隐蔽性。粤港澳大湾区城市应加强诚信营商环境构建，结合法规及准则修订与协同完善法制。对于会计师事务所及注册会计师除了要加强审计质量控制、提升审计专业知识技能等外，风险分担亦为可考虑的一种策略，因此可考虑采用增加审计师签字人数，一定程度上有助于提升审计质量，降低审计风险。利用估值专家工作有助于抑制应计盈余管理，而利用信息技术专家工作有助于抑制真实盈余管理，因此可在审计师利用专家工作选择方面适度侧重。对于投资者而言，可通过公司年报 MD&A 中的管理层用词对企业真实业绩情况有一定初步了解，从而能够对投资者的投资决策发挥一定辅助作用。

从信息披露来看，总的来说，大湾区珠三角九市上市公司会计信息披露质量整体表现良好。大多数企业采纳更为详尽和标准化的财务报告格式，这不仅增强了信息的易读性，还提高了信息的可对比性。然而，在 ESG 披露方面，大湾区珠三角九市以及香港的上市公司都存在数据缺失的情况。相比较而言，香港 ESG 信息披露显得更为完整。从 ESG 综合分数的分布范围和平均值来看，香港的最高分达到了 9.68 分。尽管香港的平均 ESG 分数与广州、深圳相差不远，但它仍然高于大湾区内地的其他七个城市。大湾区珠三角九市整体评级相对较低。鉴于当前许多上市公司的 ESG 报告并未经过第三方审计，这可能引发信息的可靠性和透明度问题，监管机构应特别关注并应对这一挑战。监管机构可以考虑制定更明确的审计要求和标准，鼓励或要求上市公司对其 ESG 报告进行第三方审计。监管机构还可以通过提供指导、培训和支持，帮助上市公司提升 ESG 管理和报告能力。通过加强监管与引导相结合，监管机构可以更有效地推动上市公司在 ESG 方面取得实质性进展，为构建更加绿色、包容和可持续的湾区经济作出积极贡献。

（三）智能审计

"四大"事务所在智能审计实践中均有可圈可点的优势和特色。德勤（Deloitte）已开发出若干智能机器人，专注于自动化复杂的会计及财务流程。普华永道（PwC）的智能审计机器人重点用于自动化审计和税务服务，应用高级数据分析技术，以识别财务风险和潜在异常；安永（EY）推出多个智能机器人，旨在优化财务报告和合规流程，通过自动化日常任务，有助于降低人工错误率并提升工作效率；毕马威（KPMG）的智能审计机器人致力于提升审计的质量和效率，通过分析大规模数据集来揭示财务报告中的关键问题。

大湾区珠三角九市的会计师事务所中，也不乏智能审计应用的积极实践者。信永中和通过使用智能审计机器人来优化传统的审计和财务报告流程。这些机器人利用先进的数据分析技术，能够自动处理大量的财务数据，减少了手动操作的错误和时间消耗。中职信在智能机器人方面的应用主要集中在税务规划和咨询服务上。通过集成最新的税法变化和规定，这些机器人能够为客户提供量身定制的税务建议。立信的智能审计机器人专注于自动化日常会计工作和财务报告。立信的机器人通过使用高级算法自动整理和分类账目，生成精确的财务报表。正先事务所使用的智能机器人则是专注于审计自动化和风险评估。这些机器人通过分析历史数据和当前交易，能够识别异常模式，及时预警潜在的财务风险，不仅能提高审计的效率，而且可以提升审计质量。各事务所表现出了技术一致规律，包括技术投资与整合、人才培训与团队构建、服务模式创新、市场定位和品牌建设、遵循法规和伦理标准等。总之，无论是国际四大会计师事务所还是大湾区本土的中小型会计师事务所，智能审计机器人的应用都为其提高了工作效率、减少了错误和风险、提高了服务质量和增加了创新能力。大湾区会计师事务所应该发挥地域优势，借鉴国际四大会计师事务所技术创新的成功经验，寻找一条适合自身条件和发挥服务行业优势的发展路径。

（四）涉税服务

涉税专业服务机构信用等级（TSC）按照从高到低顺序分为五级，分别是TSC5 级、TSC4 级、TSC3 级、TSC2 级和 TSC1 级。涉税专业服务机构信用积分满分为 500 分。TSC 等级越高、信用积分分值越大则代表税务业务评价越高。

2022 年广东省会计师事务所综合评价前 150 名的会计师事务所税务业务中，具有 TSC 等级及信用积分的有 106 家，其中 TSC5 级 20 家、TSC4 级 71家、TSC3 级 15 家、无 TSC 等级但有信用积分的有 8 家。

广东省共有 TSC5 级会计师事务所 20 家，均位于大湾区珠三角九市，其中广州市 9 家，深圳市 5 家，江门市、中山市各 2 家，佛山市、珠海市各 1 家，说明其在税务业务管理、专业知识和服务质量等方面表现出色，具有极高的综合实力和竞争力。TSC5 级不存在位于非湾区珠三角九市的情况，大湾区内外差距显而易见。大湾区会计师事务所税务业务水准在全国领先，专业性强、服务质量高，能够为客户提供具有价值的税务服务，同时也能得到主管税务机关的认可评价。

广东省共有 TSC4 级会计师事务所 71 家，位于大湾区珠三角九市的有 69家，占比达到 97.18%；其中广州市 32 家，深圳市 18 家，广州、深圳占比达到 70%，反映出广州、深圳地区事务所税务信用评价质量较高，TSC4 级事务所位于非湾区珠三角九市地区的只有 2 家，大湾区内外差距再次凸显。

广东省以及大湾区的经济社会发展为会计师事务所和税务业务的发展提供了机遇和广阔的市场。这种优势体现在两方面：一是广东省和大湾区蓬勃的经济和社会发展为会计师事务所和税务业务提供了广阔的市场和良好的业务环境；二是广州市和深圳市作为大湾区的核心城市和重要经济中心，拥有发达的资本市场和总部经济。这为税务业务的开展提供了广阔的空间和行业机遇。面临的困境有：一是广东省大湾区珠三角九市与省内其他城市之间会计师事务所税务业务发展不平衡，大湾区珠三角九市明显领先于其他城市；二是大湾区珠三角九市之间会计师事务所税务业务发展不平衡，广州市和深圳市明显领先于大湾区其他内地城市；三是港澳和大湾区珠三角九市之间税务业务的内部协同程度有待加强。

粤港澳大湾区内新经济、新业态、新模式持续涌现并不断交织，复杂经济事项和税收事项频繁发生，但粤港澳三地在办事办税制度流程、习惯、评价体系上存在较大差异，如何增强和提升协同共治框架下各主体的参与意识和融入程度，建立健全互联互通机制，是促进大湾区会计师行业协同共进、税务业务融合联动的重要抓手。会计师事务所税务业务方面，可以把内地与港澳之间相互借鉴推行对方领先经验作为协同互促的开端。

在税务业务评价方面，内地现行的《涉税专业服务信用评价管理办法（试行）》等政策从 2018 年实施至今已有较为丰富的经验和成果可供港澳借鉴。在规范财务会计报告依法审计方面，港澳目前实行企业所得税类申报表必须经审计或连同审计报告一并提交的政策。其中，香港税务局通常于每年四月的第一个工作日寄发利得税报税表，供企业将上一课税年度结束的会计年度报表的相关信息填报于报税表内，企业（小型公司除外）提交报税表时须连同经审计的财务报表提交香港税务局。澳门《所得补充税章程》规定纳税人应具备完善的会计账册，并有在财政局注册的会计师或者核数师核对账册及签署有关申报文件。我国《公司法》第二百零八条也规定"公司应当在每一会计年度终了时编制财务会计报告，并依法经会计师事务所审计"。但在实际执行中缺少实现路径和监管部门，内地可参考港澳做法把纳税申报或商事办理作为监管的卡点。这样能够切实落实《公司法》的相关要求，有利于规范公司财务报告，提升会计核算质量和内部管理水平，也能为会计师事务所的发展开拓市场空间，在制度层面与港澳实现协同对接。

（五）破产管理服务

截至 2023 年 11 月，大湾区九市均已成立破产管理人协会，其主管单位均为市级中级人民法院，广东省破产管理人协会主管单位为广东省高级人民法院。

深圳中院在 1993 年 12 月 1 日设立了全国法院第一个破产审判庭，在全国最早开始破产案件集中管辖、专业审理的实践探索。2018 年 12 月，深圳法院率先提出创新设立独立运作的破产法庭，为营造市场化、法治化、国际化一流营商环境，助力粤港澳大湾区建设提供强有力的司法服务和保障。深圳破产法庭于 2019 年 1 月 14 日正式揭牌，成为全国第一家破产专门审判机构，以专业化审判服务保障高质量发展。深圳破产法庭管辖范围包括：一是深圳市辖区内地（市）级以上（含本级）工商行政管理机关核准登记公司（企业）的强制清算和破产案件；二是前述强制清算和破产案件的衍生诉讼案件；三是跨境破产案件；四是其他依法应当由其审理的案件。

2021 年 3 月 1 日，我国首部个人破产法规《个破条例》开始施行。同日，全国首家个人破产事务管理机构——深圳市破产事务管理署挂牌成立，标志着深圳在破产领域率先探索实施案件审判权与事务管理权相分离机制，构建起"法院审判、机构管理、管理人执行、公众监督"四位一体的现代破产办理体系，对于促进深圳个人破产案件审理提质增效具有非常重要的积极意义。2021 年 7 月，国家发展改革委发布《关于推广借鉴深圳经济特区创新举措和经验做法的通知》，深圳五大方面 47 条创新举措和经验做法被推广。在促进诚信市场主体"经济再生"方面，提出"设立独立运作的破产事务管理署"。

深圳市破产管理人协会（以下简称"深管协"）成立于 2020 年 8 月 3 日。为推进破产综合改革，推动破产办理提质增效，深管协建立了网拍、管理人账户管理、审计评估机构选聘集约化工作机制。深管协组织制定签署《深圳破产案件财产网络拍卖公约》，自 2021 年 1 月 1 日起施行；组织制定签署《深圳破产管理人银行账户管理公约》，自 2021 年 1 月 1 日起施行；组织制定签署《破产案件管理人委托审计和评估工作规范制度管理公约》，自 2021 年 6 月 22 日起施行。

为敦促会员提高办案效率，2022 年 9 月 6 日发布《深圳市破产管理人协会案件办结数量公示办法（试行）》，在全国属首创。2022 年 12 月 27 日发布实施《深圳破产管理人行业发展公约》，公约作为深管协今后一段时间的工作纲领，对行业发展责任单位、机构团体建设、自律管理制度、履职能力提升、权益保障等方面作出了具体的部署和规划。这也是全国第一个破产管理人行业发展公约，在国内破产管理人行业中起到良好的引领示范作用。2023 年 4 月 1 日起施行《深圳市破产管理人协会管理人公开办案工作规程（试行）》，该规程的施行在促进债权人深度参与破产案件与督促管理人依法履职等方面具有重大意义，在全国属首创。2023 年 7 月 27 日通过《深圳市破产管理人协会庭外重组、和解法律服务操作流程（试行）》。深管协于 2023 年 5 月开发建设"深圳市破产管理人协会破产保护综合服务平台"（以下简称"深破通平台"）。深破通平台以市场化为导向，着力打造了庭外重组咨询服务、府院联动一键办理服务、破产投融资支持服务、跨境破产协作服务、破产财产处置服务、权利申报和债权人会议服务、管理人内部协作七个模块，以推动市场化重整，服务经济高质量发展。

最高人民法院与香港特别行政区于 2021 年 5 月 14 日签署了《关于内地与香港特别行政区法院相互认可和协助破产程序的会谈纪要》，并就两地跨境破产合作事宜分别发布了指导意见和实用指南，首次为两地相互认可与协助跨境破产程序构建合作机制，极大地促进了两地经济融合发展，优化了法治化营商环境，这些举措对构建两地跨境破产合作机制有着里程碑式的现实意义，对服务于粤港澳大湾区建设也具有十分重要的现实意义。

注册会计师在破产管理服务中的作用：会计师事务所、注册会计师担任管理人；担任个人破产管理人；担任强制清算清算组；担任破产审计。

会计师事务所、注册会计师在破产管理服务中的专业角色：对破产企业的审计服务有别于年报审计服务；破产审计中实施的审计程序有别于年报审计；审计调整有别于年报审计中的调整；破产管理服务对注册会计师的要求包括提升自身专业能力、拓宽跨界合作与国际业务视野、注重风险管理与合法合规、履行社会责任和遵守职业道德、拓展非审业务和建立行业声望。

综上所述，注册会计师介入破产企业，可以对破产企业进行财产管理、经营管理、债务清理，确保债权人的利益最大化，还可为有关利益方提供破产企业融资结构、管理水平、宏观环境等指导，推进破产进程。

（六）商事调解服务

广东提供商事调解服务的组织主要有三种类型：一是登记为事业单位的商事调解组织，如广东国际调解中心（GICC）、龙华区调解院。二是登记为民办非企业单位、独立运行的商事调解组织，共 54 家，如广州国际商事调解中心、珠海市商事调解中心、佛山市商事调解中心等。深圳作为粤港澳大湾区的核心引擎城市，同时又被中央赋予"中国特色社会主义先行示范区综合改革试点"，商事活动频繁，在深圳发起设立并在有关司法行政机关登记备案的商事调解组织有深圳市福田区河套国际商事调解中心、深圳市民商事调解中心、深圳市蓝海法律查明和商事调解中心、深圳市坪山区商事调解院、深圳市罗湖区联和商事调解中心等。三是部分商事调解机构作为行业协会、商会、法院、仲裁机构、律师事务所等的内设机构开展调解服务，如法院的诉调对接中心。此类调解组织众多，数量随着商事调解的发展不断增加。

香港大约有 30 家商事调解组织。有专门从事商业争议解决的，如具有国际声誉和权威性的香港国际仲裁中心及香港调解中心。有包括商业调解在内的综合性调解机构，如香港专业调解员协会和香港调解服务联盟。此外，还有一些律师事务所、非营利机构和行业协会也提供商事调解服务。澳门的商事调解组织相对较少，分为政府组织和非政府组织两种形式。政府组织即由政府设立和管理的商事调解机构，包括但不限于澳门国际商事调解中心（MCMC），MCMC 提供了广泛的调解服务，包括民事、商业、家庭和劳动等领域，在商事调解领域享有良好的声誉和影响力。非政府组织即由民间组织或其他相关方合作设立的商事调解机构，如澳门调解促进会。在澳门的商事调解领域，政府组织和非政府组织相互合作，较为平衡和共存。政府组织负责监督和规范商事调解的运作，提供相关的政策法规和指导；非政府组织则在商事调解中发挥更为直接的实践和运作的作用。这两类组织齐头并进，共同推动促进商事调解工作的进行。

在粤港澳三地商事调解规则衔接、机制对接方面，广东省司法厅联合港澳组建粤港澳大湾区调解工作委员会，发布《粤港澳大湾区跨境争议调解示范规则》《粤港澳大湾区调解员资格资历评审标准》《粤港澳大湾区调解员专业操守最佳准则》并会同广东省高级人民法院出台《广东自贸区跨境商事纠纷调解规则》。

深圳市人大出台《深圳经济特区矛盾纠纷多元化解条例》，在全国首创设专章对商事调解予以规定，从制度上解决商事调解"建设多头、管理无人"的难题。深圳市中级人民法院与福田区人民政府牵头设立"深圳市涉外涉港澳商事一站式多元解纷中心"，深圳市司法局、深圳国际仲裁院参与建设，联合港澳力量共同搭建以商事争议化解为核心的"一站式"国际商事法律服务平台。现解纷中心平台已入驻 5 家商事调解组织，其中深圳市福田区河套国际商事调解中心国际及港澳调解员占比超 40%，充分集聚熟识粤港澳三地跨境规则的法律实务人士、高校学者、行业专家等跨境商事解纷人才。会计行业作为粤港澳三地高端服务建设的重要板块，在跨境商事纠纷化解过程中会计人才，特别是跨境会计人才也将在提供中立专家建议等方面提供有力专业支持。

审计服务和商事调解服务在中立性、独立性、保密要求、信息集中优势、提供建议意见的目的以及没有强制性建议等特点上存在相似之处。除商事调解服务可以处理与会计师事务所和注册会计师执业相关的民事纠纷外，注册会计师在调解业务拓展方面也有很大的潜力和可能性。

会计师事务所和注册会计师可以在商事调解服务中担任调解员的角色，并提供鉴证类服务和中立评估。注册会计师可以与各类调解组织建立合作关系，为其提供专业的会计服务，如进行账目核实、财务分析等，以支持调解工作的进行，还可以与其他专业人士如律师、仲裁师和税务专家等合作，组建专业调解团队，提供综合性解决方案，满足客户多元化的需求。此外，也可以拓展调解服务的范围，不仅限于财务纠纷，还可以参与商业合同、知识产权以及劳动争议等领域的调解，提供全方位的解决方案。

七 粤港澳会计专业服务协同

粤港澳大湾区从监管部门到行业协会组织围绕会计师行业发展开展了一系列工作部署，取得了一系列的成果。但同时仍存在一些问题，如三地事务所在开展跨境业务方面仍然要克服会计与审计标准差异带来的挑战。此外，粤港澳三地注册会计师在跨境服务方面仍然有很大业务发展的空间有待探索，包括但不限于跨境涉税服务、跨境破产管理服务和商事调解服务。

针对上述问题，本书提出以下几点建议：一是构建粤港澳大湾区会计与审计标准一体化与监管协同。建议创建大湾区会计与审计准则协调机构。该机构将基于内地九市与港澳经济发展的同步性和文化共融，旨在制定一个既适应区域经济要求又与国际标准对接的会计和审计规则体系。二是建议成立一个由粤港澳三地会计监管机构共同参与的专项工作小组，专注于跨境会计监管的衔接与互通。三是激励专业服务机构业务创新和数字化转型，建议由行业协会组织专业服务机构与本地重点高校搭建产学研协同平台，充分利用大湾区高校人才和学科优势，推进审计、税务大模型方面的研究和实践合作，降低行业对前沿技术的开发与应用门槛，助力大湾区会计等专业服务行业数字化升级转型。四是打造示范基地推动粤港澳会计师事务所集聚发展，积极推动建立"粤港澳会计师服务合作创新示范基地"，探索加强内地与港澳会计服务行业发展合作的制度安排和政策，不断扩大示范基地在粤港澳大湾区和自贸区的覆盖面。五是鼓励粤港澳大湾区事务所开拓新服务领域，以产业需求为导向以项目为牵引，鼓励会计师事务所等专业服务机构在做好审计、税务等传统业务的基础上，努力开拓粤港澳大湾区的管理咨询、内控咨询、并购重组咨询等具有高技术含量、高附加值的高端业务，以及积极参与粤港澳大湾区内的破产管理、商事调解等业务，对专业服务机构新开拓的业务项目按照一定的收入比例给予财政补助，并对先进案例进行宣传。六是构建部门协同机制推动优化大湾区营商环境，构建由三地监管部门以及行业协会组成的立体协同工作机制，定期对专业服务机构开展系统调研并建立联合数据库，为持续优化粤港澳大湾区营商环境提供依据并提出具体的政策建议，为打造更具吸引力与竞争力的营商环境提供有力支撑。

参考文献及
参考资料

参考文献

［1］Cohen D A，Zarowin P. Accrual-based and real earnings management activities around seasoned equity offerings［J］. Journal of Accounting and Economics，2010，50（1）：1-19.

［2］Dechow P M，Kothari S P，Watts R L. The relation between earnings and cash flows［J］. Journal of Accounting and Economics，1998，25（2）：131-168.

［3］Dechow P M，Sloan R G，Sweeney A P. Detecting earnings management［J］. Accounting Review，1995：19225.

［4］Eddie C，Hui M，Xun Li，Tingting Chen，Wei Lang. Deciphering the spatial structure of China's megacity region：A new bay area—The Guangdong-Hong Kong-Macao Greater Bay Area in the making. Cities，2020（105）：102-168. ISSN 0264-2751.

［5］Griffin P A. Got information? Investor response to form 10-K and form 10-Q EDGAR filings［J］. Review of Accounting Studies，2003，8（4）：433-460.

［6］Graham J R，Harvey C R，Rajgopal S. The economic implications of corporate financial reporting［J］. Journal of Accounting and Economics，2005，40（1-3）：73.

［7］Gillan S L，Koch A，Starks L T. Firms and social responsibility：A review of ESG and CSR research in corporate finance［J］. Journal of Corporate Finance，2021（66）.

［8］Jensen M，Meckling W. Theory of the firm：Managerial behavior agency costs and ownership structure［J］. Journal of Financial Economics，1976（3）：305-360.

［9］Lu Xie，Min Zhang，Shengbao Zhai. IFRS convergence and international trade：Evidence from China［EB/OL］. Accounting and Business Research，2022，52（7）：838-864.

［10］Power M.The audit society：Rituals of verification［M］. Oxford：Oxford University Press，1999.

［11］Roychowdhury S. Earnings management through real activities manipulation［J］. Journal of Accounting and Economics，2006，42（3）：335-370.

［12］Shen H，Lin H，Han W，et al. ESG in China：A review of practice and research, and future research avenues[J]. China Journal of Accounting Research, 2023.

[13] Serafeim G, Yoon A. Stock price reactions to ESG news: The role of ESG ratings and disagreement[J]. Review of Accounting Studies, 2023 (28): 1500-1530.

[14] Vinh Q, T Dang, Fung Kwan, Agnes I, F Lam.Guangdong-Hong Kong-Macao Greater Bay Area(GBA): Economic progress, diversification, and convergence [J/OL]. Journal of the Asia Pacific Economy.

[15] Zang A Y. Evidence on the trade-off between real activities manipulation and accrual-based earnings management[J]. The Accounting Review, 2012, 87 (2): 675-703.

[16] 陈晓芳, 蒋武, 夏文蕾等. 会计研究核心热点主题评述及贡献分析: 1980-2019[J]. 会计研究, 2021 (4): 10-22.

[17] 程丽华. 大力提升审计质量服务经济社会发展[J]. 会计研究, 2019 (9): 3-6.

[18] 代彬, 彭程, 刘星. 高管控制权、审计监督与激进避税行为[J]. 经济管理, 2016, 38 (3): 67-79.

[19] 方红星, 金玉娜. 高质量内部控制能抑制盈余管理吗?——基于自愿性内部控制鉴证报告的经验研究[J]. 会计研究, 2011 (8): 560+96.

[20] 冯淑萍. 不忘初心 砥砺奋进, 推动会计更好服务经济社会发展大局 [J]. 会计研究, 2019 (2): 3-5.

[21] 广东省审计学会课题组, 刘柱棠, 宗宇星等. 粤港澳大湾区大数据审计队伍建设研究[J]. 审计研究, 2021 (2): 17-24.

[22] 郭敏华. 基于粤港澳大湾区背景下的会计衔接与合作探讨[J]. 财会学习, 2021 (24): 90-92.

[23] 古朴, 翟士运. 监管不确定性与企业盈余质量——基于证监会换届的准自然实验[J]. 管理世界, 2020, 36 (12): 186-202.

[24] 贺勇, 尹思. 注册会计师参与数字平台企业算法审计的思考[J/OL]. 中国注册会计师, 2023 (9): 78-82.

[25] 胡国金. 论传统审计与现代企业审计的变化[J]. 企业经济, 2001 (8): 24-25.

[26] 胡晓丽. 大数据环境下企业连续审计系统应用研究[J]. 会计之友, 2022 (13): 141-147.

［27］黄丹萍，蔡哲亮.粤港澳大湾区商事调解机制研究［EB/OL］.https://www.xzbu.com/2020.

［28］刘照德，聂普焱.经济集聚、产业结构升级与绿色经济效率协调发展——基于京津冀与粤港澳大湾区的比较分析［J］.北京社会科学，2023（12）：29-43.

［29］李籽贤，吴耀姝.上市公司2022年年报审计情况分析报告［J］.中国注册会计师，2023（8）：18-32.

［30］刘凯，刘涛.中国市域经济发展质量水平的格局演变及其驱动因子［J/OL］.经济地理：1-11［2021-02-31］.

［31］林斌，陈颖，林东杰.诚信营商环境与企业盈余管理行为研究［J］.苏州大学学报（哲学社会科学版），2021，42（5）：88-101.

［32］柳木华，雷霄.审计师利用专家工作抑制盈余管理了吗？——基于关键审计事项披露的经验证据［J］.审计研究，2020（1）：78-86.

［33］刘洁.人工智能时代智慧审计发展存在的问题与应对策略［J］.中国集体经济，2023（36）：160-162.

［34］刘琼."互联网+"对传统审计的影响［J/OL］.中国市场，2021（6）：185-186.

［35］李晓羽，唐嘉尉.注册会计师审计模式变更——基于大数据背景的研究综述［J］.重庆大学学报（社会科学版），2023，29（4）：91-100.

［36］李磊明.商事调解：打造粤港澳大湾区争议解决的"深圳样本"［J］.特区实践与理论，2023（1）.

［37］李明辉，刘笑霞，杨鑫.客户税收激进度与签字会计师经验配置［J］.中国经济问题，2023（5）：115-130.

［38］李远慧，徐一鸣.税收优惠对先进制造业企业创新水平的影响［J］.税务研究，2021（5）：31-39.

［39］刘静，陈懿赟.影响我国纳税人遵从的经济因素及实证研究［J］.财政研究，2012（11）：52-56.

［40］刘志耕.刍议企业战略层面的纳税成本控制［J］.财务与会计，2016（17）：59.

［41］刘玉廷.中国企业会计准则体系：架构、趋同与等效［J］.会计研究，2007（3）：2-8.

［42］马海涛，姚东旻.成就与方向：立足中国式现代化的财税体制改革

［J］. 人民论坛，2022（22）：56–59.

［43］南海. 审计业务发展趋势与注册会计师审计风险控制研究［J/OL］. 中国注册会计师，2020（4）：81–84.

［44］宁红梅. 论会计数据处理变革中审计的演进［J］. 会计之友（中旬刊），2008（9）：34–35.

［45］曲红宝. 税收征管、纳税遵从与企业贿赂——一个遵从成本视角的分析［J］. 中央财经大学学报，2018（6）：11–21.

［46］宋书勇. 企业数据资产会计确认与计量问题研究［J］. 会计之友，2024（2）：95–101.

［47］孙龙渊，李晓慧，陈沁. 注册会计师说"不"的"阵痛"效应研究［J］. 中央财经大学学报，2023（10）：57–67.

［48］汪昌云，李运鸿，王行健等. 监管强度预期与上市公司盈余管理——基于证监会随机抽查威慑作用的研究［J］. 审计研究，2023（3）：121–135.

［49］王娟，高燕. 三个审计师签字与盈余反应系数［J］. 审计研究，2023（4）：129–138+160.

［50］吴花平，汤麒胭. ChatGPT 对智慧审计的机遇与挑战［J/OL］. 中国注册会计师，2023（7）：67–72+3.

［51］王鹏宇，邢婧宇. 关于人工智能与未来审计工作的思考——ChatGPT 有感［J/OL］. 中国农业会计，2023，33（13）：76–78.

［52］汪轶民，曾琦. 注册会计师信息化专业能力建设研究［J/OL］. 中国注册会计师，2022（3）：70–72.

［53］魏升民，梁莹，梁若莲. 粤港澳大湾区税收协同共治研究［J/OL］. 税务研究，2022（12）：126–131.

［54］薛鹏. 会计信息化对传统审计的影响［J］. 会计之友（中旬刊），2008（12）：47–49.

［55］杨炳霖. 从"政府监管"到"监管治理"［J］. 中国政法大学学报，2018（2）：90–104+207–208.

［56］严若森，周燃. 公司年报 MD&A 中的管理层诚信承诺：真实盈余管理之后的道德掩饰行为？［J/OL］. 南开管理评论：1–28［2024–01–01］.

［57］易德鹤. 浅谈注册会计师大数据审计［J/OL］. 中国注册会计师，2020（8）：69–71.

［58］许慧萍. 注册会计师事务所税务代理问题探讨［J］. 财会通讯，2014

（10）：126–127.

　　［59］袁庆.粤港澳大湾区会计服务行业融合发展实践探索［J/OL］.中国
注册会计师，2022（5）：68–73+3.

　　［60］周林洁，汪泓.乘势而进还是逆势而上：盈余管理的周期性检验
［J］.南开管理评论，2020，23（6）：148–156.

　　［61］张玉梅，吴先明，高厚宾.资源"集聚"与"辐射"视角下国际创
新中心的成长机制研究——以粤港澳大湾区为例［J］.中国工业经济，2022
（11）：97–115.

　　［62］郑水金，郑全军，王大山.大数据时代背景下审计复合型人才培养
研究［J/OL］.中国注册会计师，2022（10）：14–17.

　　［63］张悦，杨乐，韩钰等.大数据环境下的审计变化、数据风险治理及
人才培养［J］.审计研究，2021（6）：26–34+60.

　　［64］深圳市司法局."三大中心"齐聚河套，深圳商事调解迈出"里程
碑"一步——深圳市涉外涉港澳商事一站式多元解纷中心揭牌［EB/OL］.深圳
市司法局网站，2023–03–10.

　　［65］张紧跟.论粤港澳大湾区建设中的区域一体化转型［J］.学术研究，
2018（7）：58–65+177.

参考资料

［1］财政部，税务总局．关于粤港澳大湾区个人所得税优惠政策的通知［EB/OL］．国家税务总局官网，2019-03-14. https://www.gov.cn/lianbo/bumen/202312/content_6922370.htm.

［2］财政部，税务总局．关于横琴粤澳深度合作区企业所得税优惠政策的通知（财税〔2022〕19 号）［EB/OL］．横琴粤澳深度合作区法律事务局官网，2022-05-25. https://www.hengqin.gov.cn/lab/zccx/gjzc/content/post_3510124.html.

［3］财政部，税务总局．关于广州南沙企业所得税优惠政策的通知（财税〔2022〕40 号）［EB/OL］．广州市南沙区人民政府官网，2022-11-03. https://www.gzns.gov.cn/tzns/tzzc/gjzc/content/post_8652325.html?eqid=fa89cdde000391e700000006643e5c2f.

［4］大公报．投资创业生活两地通　税收便利促粤港澳大湾区合作发展［N/OL］．国家税务总局官网，2020-12-21. https://www.chinatax.gov.cn/n810341/n810755/c4148969/content.html.

［5］大华会计师事务所（特殊普通合伙）．2022 年大华会计师事务所基本信息［EB/OL］．［2024-01-08］. https://www.dahua-cpa.com/wp-content/uploads/2023/09/2022%E5%B9%B4%E5%A4%A7%E5%8D%8E%E4%BC%9A%E8%AE%A1%E5%B8%88%E4%BA%8B%E5%8A%A1%E6%89%80%E5%9F%BA%E6%9C%AC%E4%BF%A1%E6%81%AF.pdf.

［6］广东省注册会计师协会，http：//www.gdicpa.org.cn/。

［7］广东省财政厅，http：//czt.gd.gov.cn/。

［8］广州市财政局，https://czj.gz.gov.cn/。

［9］国务院关于《横琴粤澳深度合作区总体发展规划》的批复［EB/OL］. https://www.gov.cn/zhengce/zhengceku/202312/content_6920084.htm，2023-12-10.

［10］广东省发展和改革委员会．广东省推进粤港澳大湾区建设领导小组印发《广东省推进粤港澳大湾区建设三年行动计划（2018-2020 年）》［EB/OL］．中国人民政府驻香港特别行政区联络办公室，2019-07-05．http://www.locpg.gov.cn/jsdt/2019-07/05/c_1210180213.htm.

［11］广东省人民政府．广东省人民政府印发《关于进一步促进科技创新

若干政策措施的通知》[EB/OL].广东省人民政府官网,2019-01-07. https://www.gd.gov.cn/zwgk/wjk/qbwj/yf/content/post_1054700.html.

[12]国家发展改革委.粤港澳大湾区国际一流营商环境建设三年行动计划[EB/OL].中华人民共和国中央人民政府官网,2023-12-26. https://www.gov.cn/xinwen/2021-03/13/content_5592681.htm.

[13]广州南沙开发区管委会.广州南沙开发区管委会关于印发《广州南沙企业所得税优惠产业目录(2022版)界定指引》的通知[EB/OL].广州市南沙区财政局网站,2023-02-28. https://www.gzns.gov.cn/gznsczgz/gkmlpt/content/8/8824/mpost_8824826.html?eqid=e4455bee00055fa300000006648185fa#9272.

[14]国家税务总局广东省税务局.关于《税收支持广东高质量发展的若干措施》的解读[EB/OL].2023-05-22. https://guangdong.chinatax.gov.cn/gdsw/wzjd/2023-05/22/content_334f147f343a46d1b72ced2f01fa89e9.shtml.

[15]广东省人民政府.广东省财政厅 广东省科学技术厅 广东省人力资源和社会保障厅 国家税务总局广东省税务局《关于进一步贯彻落实粤港澳大湾区个人所得税优惠政策的通知》[EB/OL].广东省财政厅网站,2023-06-25. https://www.gd.gov.cn/gdywdt/zwzt/ygadwq/zxzc/content/post_4206240.html.

[16]国家税务总局深圳市税务局.国家税务总局深圳市税务局关于发布《港澳涉税专业人士在中国(广东)自由贸易试验区深圳前海蛇口片区执业管理暂行办法》的公告[EB/OL].中国税网,2021-01-13. http://www.ctaxnews.com.cn/2021-01/20/content_975998.html.

[17]广东省财政厅.广东省会计改革与发展"十四五"规划[EB/OL].广东省会计信息服务平台,https://kj.czt.gd.gov.cn/u/cms/www/202201/291530192hzr.pdf?eqid=a7b0a1e200044235000000066432ce4e.

[18]国家税务总局广东省税务局.国家税务总局广东省税务局关于发布《港澳涉税专业人士在中国(广东)自由贸易试验区广州南沙片区、南沙新区执业管理办法》的公告[EB/OL].2023-04-10. https://guangdong.chinatax.gov.cn/gdsw/gzsw_gkwj/2023-04/10/conte-nt_58a7be55fc164561b8f381b88a729e7b.shtml.

[19]国务院公报.人民银行 银保监会 证监会 外汇局《关于金融支持粤港澳大湾区建设的意见》[EB/OL].中华人民共和国中央人民政府官网,2020-04-24. https://www.gov.cn/gongbao/content/2020/content_5528190.htm.

[20]国务院.国务院《关于印发广州南沙深化面向世界的粤港澳全面合作

总体方案的通知》[EB/OL].中华人民共和国中央人民政府官网,2022-06-14. https://www.gov.cn/zhengce/zhengceku/2022-06/14/content_5695623.htm.

[21] 国家税务总局广东省税务局.国家税务总局广东省税务局关于发布《港澳涉税专业人士在中国(广东)自由贸易试验区广州南沙片区、南沙新区执业管理办法》的公告[EB/OL].2023-03-31.https://guangdong.chinatax.gov.cn/gdsw/gfxwjgds/2023-04/03/content_8f7775b0118a46c7841a35d76352ae50.shtml.

[22] 广东省人民政府印发《关于贯彻落实金融支持横琴粤澳深度合作区建设意见的实施方案》的通知[EB/OL].广东省地方金融监督管理局网站,2023-09-18.https://www.gd.gov.cn/gdywdt/zwzt/ygadwq/zxzc/content/post_4255018.html.

[23] 国务院.国务院关于《前海深港现代服务业合作区总体发展规划的批复》[EB/OL].中华人民共和国中央人民政府官网,2023-12-13.https://www.gov.cn/zhengce/zhengceku/202312/content_6920088.htm.

[24] 国务院.国务院关于《横琴粤澳深度合作区总体发展规划》的批复[EB/OL].中华人民共和国中央人民政府官网,2023-12-13.https://www.gov.cn/zhengce/zhengceku/202312/content_6920084.htm?trs=1.

[25] 广东中职信会计师事务所(特殊普通合伙).2022年会计师事务所基本信息[EB/OL].2023-08-15.

[26] 广东中天粤会计师事务所(特殊普通合伙).广东中天粤会计师事务所(特殊普通合伙)2022年度执业信息披露[EB/OL].2023-12-08.https://zhongtianyue.com/index.php?route=Index/News/detail&aid=4100.

[27] 广东岭南智华会计师事务所(特殊普通合伙).会计师事务所基本信息[EB/OL].2023-11-15.http://lnzhcpa.com/NewsDetail/4554605.html.

[28] 广东诚安信会计师事务所(特殊普通合伙).2022年度会计师事务所从事证券服务业务基本信息[EB/OL].2023-08-10.https://www.caxcpa.com/nd.jsp?fromColId=118&id=156#_np=118_1492.

[29] 广东司农会计师事务所(特殊普通合伙).2022年度会计师事务所基本信息[EB/OL].2024-01-08.https://www.sinongcpa.cn/uploadfile/202312/aa189de4cfd9744.pdf.

[30] HLB国卫会计师事务所有限公司官网,https://www.hlbcpa.hk/.

[31] 立信会计师事务所(特殊普通合伙).2022年度信息披露[EB/OL].[2024-01-08].https://www.bdo.com.cn/en-gb/%E8%B5%84%E6%9C%AC%E5%B

8%82%E5%9C%BA%E6%89%A7%E4%B8%9A%E5%9F%BA%E6%9C%AC%E4
%BF%A1%E6%81%AF/%E4%BF%A1%E6%81%AF%E5%85%AC%E7%A4%BA
/2022%E5%B9%B4%E5%BA%A6%E4%BC%9A%E8%AE%A1%E5%B8%88%E4
%BA%8B%E5%8A%A1%E6%89%80%E5%9F%BA%E6%9C%AC%E4%BF%A1
%E6%81%AF.

［32］中央人民政府驻香港特别行政区联络办公室.前海出台人才集聚措施"20条"［EB/OL］.南方网，2019-12-05. http://www.locpg. gov.cn/jsdt/2019-12/05/c_1210382434.htm

［33］广东省人民政府.财政部发文鼓励会计师事务所在广东自贸试验区设立分所［EB/OL］.南方日报网络版，2023-11-20. https://www.gd.gov.cn/gdywdt/bmdt/content/post_4286624.html.

［34］广东：创新不断暖风频吹，赋能大湾区深度融合协同发展［EB/OL］.澎湃新闻，2021-05-10. https://www.chinatax. gov.cn/chinatax/n810219/n810739/c5159953/content.html.

［35］普华永道中天会计师事务所（特殊普通合伙）.2022年度信息：会计师事务所基本信息［EB/OL］.2024-01-08. https://www.pwccn.com/zh/services/audit-and-assurance/capabilities/csrc/2022-1.html.

［36］鹏盛会计师事务所（特殊普通合伙）.会计师事务所基本情况表［EB/OL］.2023-09-12. http：//ytpscta.com/static/upload/file/20230912/1694494405188695.pdf.

［37］中共中央、国务院印发《粤港澳大湾区发展规划纲要》［EB/OL］.人民网，2019-02-19. http：//politics.people.com.cn/n1/2019/0219/c1001-30803984.html.

［38］中华人民共和国中央人民政府.关于支持港澳青年在粤港澳大湾区就业创业的实施意见［EB/OL］.人力资源和社会保障部网站，2021-09-23. https://www.gov.cn/zhengce/zhengceku/2021-10/01/content_5640665.htm.

［39］深圳市注册会计师协会，https://www.szicpa.org/。

［40］商务部台港澳司.内地与香港《CEPA投资协议》和《CEPA经济技术合作协议》在香港签署［EB/OL］.2017-06-28. http：//tga.mofcom.gov.cn/article/zwxx/201706/ 20170602600690.shtml.

［41］广东省人民政府.一图读懂｜关于支持前海深港现代服务业合作区涉税服务业创新发展的十八条措施［EB/OL］.深圳市前海深港现代服务业合作区

管理局网站，2023-05-17. https://www.gd.gov.cn/gdywdt/zwzt/ygadwq/tjzc/content/post_4182093.html.

［42］深圳永信瑞和会计师事务所（特殊普通合伙）.会计师事务所证券服务业务信息［EB/OL］.2023-09-12. http://yxcpa.com.cn/cn/news-detail-272.html.

［43］深圳久安会计师事务所（特殊普通合伙）.资本市场执业基本信息［EB/OL］.2024-01-08. https://www.jiuancpa.com/zbsc.

［44］深圳广深会计师事务所（普通合伙）.广深会计师事务所从事证券服务备案获准（含执业信息）［EB/OL］.2022-02-11. http：//www. szcpa.com.cn/news/4420.html.

［45］深圳市泓毅会计师事务所（普通合伙）.会计师事务所基本信息［EB/OL］.2023-08-30. http://szhongyicpa.com/index.php/jbxx/jbxx.html.

［46］天职国际会计师事务所（特殊普通合伙）.证券资格会计师事务所诚信记录与执业能力基本信息［EB/OL］.2024-01-08. https://www.tzcpa.com/%E4%B8%AD%E6%96%87/%E6%89%A7%E4%B8%9A%E4%BF%A1%E6%81%AF/%E4%BC%9A%E8%AE%A1%E5%B8%88%E4%BA%8B%E5%8A%A1%E6%89%80%E5%9F%BA%E6%9C%AC%E4%BF%A1%E6%81%AF/.

［47］香港会计与财务汇报局 AFRC，https://www.afrc.org.hk/zh-hk/corporate-governance/legislation/?tab=1。

［48］香港注册会计师公会，https://www.hkicpa.org.hk/en。

［49］新华社.中共中央 国务院印发《粤港澳大湾区发展规划纲要》［EB/OL］.2019-09-18. https://www.gov.cn/zhengce/2019-02/18/content_5366593.htm?eqid=ff652964005392700000006645c961b#1.

［50］新华社.习近平出席《深化粤港澳合作 推进大湾区建设框架协议》签署仪式［EB/OL］.新华网，2017-07-01. http：//www.xinhuanet.com/politics/2017-07/01/c_1121247167.htm.

［51］新华社.中华人民共和国国民经济和社会发展第十四个五年规划和2035年远景目标纲要［EB/OL］.中华人民共和国中央人民政府官网，2021-03-13. https://www.gov.cn/xinwen/2021-03/13/content_ 5592681.htm.

［52］中华人民共和国国家发展和改革委员会.粤港澳签署会计师行业发展战略协议［EB/OL］.新华网，2021-10-20. https://www.ndrc.gov.cn/xwdt/ztzl/ygadwqjs1/202110/t20211020_1300293_ext.html.

［53］新华社.5个方面80条举措 广东发布金融支持粤港澳大湾区建设

"任务书"［EB/OL］.中华人民共和国中央人民政府官网，2020-08-01. https://www.gov.cn/xinwen/2020-08/01/content_5531757.htm.

［54］新华社.中共中央 国务院印发《横琴粤澳深度合作区建设总体方案》［EB/OL］.中华人民共和国国家发展和改革委员会官网，2021-09-07. https://www.ndrc.gov.cn/xwdt/ztzl/ygadwqjs1/202109/t20210907_1296191.html?state=123.

［55］新华社.《全面深化前海深港现代服务业合作区改革开放方案》发布［EB/OL］.中华人民共和国中央人民政府官网，2021-09-06. https://www.gov.cn/xinwen/2021-09/06/content_5635729.htm.

［56］新华社.国务院印发河套深港科技创新合作区深圳园区发展规划［EB/OL］.中华人民共和国中央人民政府官网，2023-08-29. https://www.gov.cn/yaowen/liebiao/202308/content_6900779.htm.

［57］亚太（集团）会计师事务所.2022年度信息披露｜亚太（集团）会计师事务所（特殊普通合伙）［EB/OL］.2023-11-10. http：//www.apag-cn.com/practice/1442.html.

［58］驻澳大利亚大使馆经济商务处.关于在粤港澳大湾区开展"跨境理财通"业务试点的谅解备忘录［EB/OL］.中华人民共和国商务部官网，2021-02-18. http://au.mofcom.gov.cn/article/jmjg/zwqtjmjg/ 202102/20210203039029.shtml.

［59］中国人民银行、香港金融管理局、澳门金融管理局共同签署《关于在粤港澳大湾区深化金融科技创新监管合作的谅解备忘录》［EB/OL］.中国人民银行网站，2023-11-10. https://www.gov.cn/govweb/lianbo/bumen/202311/content_6914586.htm.

［60］中国人民银行 银保监会 证监会 外汇局 广东省人民政府《关于金融支持横琴粤澳深度合作区建设的意见》［EB/OL］.中国人民银行网站，2023-02-17. https://www.gov.cn/zhengce/zhengceku/2023-02/23/content_5743034.htm?eqid=ecf0942800008f9a00000006647d4270.

［61］中证天通会计师事务所（特殊普通合伙）.2022年度信息披露［EB/OL］.2024-01-08. http://www.zzttcpa.com/article/18.html.

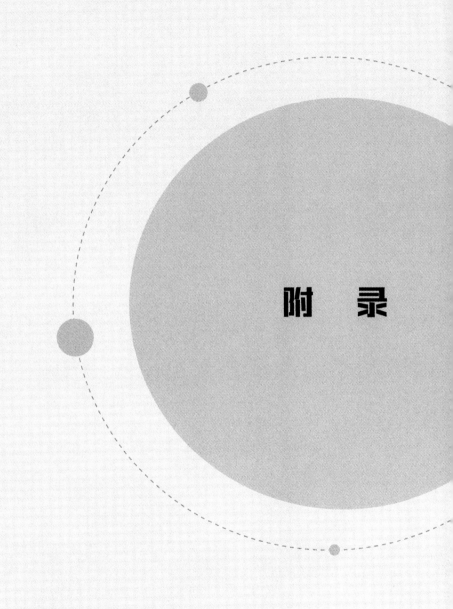

附　录

附录一 问卷分析与访谈记录

一、问卷说明

根据党的二十大精神，依据党中央、国务院的战略部署，粤港澳大湾区的发展能力、经济增长能力、创新能力不仅对全国改革开放具有战略引领作用，更对粤港澳大湾区注册会计师行业发展具有指导意义。为了深度了解粤港澳大湾区会计师事务所发展现状，本书在参与鉴证业务与非鉴证业务、注册会计师数量、人才培养、服务能力、从业人员年龄结构、事务所规模状况、拥有从业资格证书及种类等方面展开调查。

课题组对粤港澳大湾区珠三角九市会计师事务所发放了调查问卷，在发放调查问卷与回收调查问卷的同时，对会计师事务所展开深度采访。本书结合调查问卷获得的数据和深度访谈获得的相关信息，对调查问卷设立的项目展开描述性统计分析，根据经验法则，由样本推断总体来增进读者的认知感。

本调查问卷的填表者均来自粤港澳大湾区珠三角九市会计师事务所的执业者。应用该数据对粤港澳大湾区珠三角九市会计师事务所执业者所面对的相关工作状况展开分析，使数据分析具有可读性、可理解性，进而让读者了解粤港澳大湾区珠三角九市相关会计师事务所的运行、执业者的成长、市场的发展状况。

二、信度与效度分析

（一）信度分析

统计学上的信度（Reliability）分析，即可靠性分析，是指根据测量工具所得到的测量结果的一致性或稳定性，反映客观事物被测特征真实程度的度量指标。一般而言，两次或两个测量的结果越是一致，则误差越小，所得的信度越高。当 $\alpha = 1$ 时，低信度：$\alpha < 0.35$，中信度：$0.35 < \alpha < 0.70$，高信度：$\alpha > 0.70$。

信度又称稳定性或精确度，用以反映在相同条件下，对同一客观事物测量若干次，测量结果的相互符合程度或一致程度，以此说明数据的可靠性。当使用同一测量工具重复测量某一客观事物时所得结果的一致程度越高，则该测量工具的信度就越高。

通过主成分分析，本书获得样本信度，取得样本适切度为 KMO=0.649（见附表 1）。根据统计学原理可知，该信度数值能满足本书各项分类计量的要求。

附表 1　大湾区珠三角九市调查问卷信度检验

KMO 取样适切性量数		0.649
巴特利特球形度检验	近似卡方	2238.564
	自由度	496
	显著性	0.000

由附表 2、附表 3、附表 4、附表 5、附表 6 和附图 1、附图 2 可知，调查问卷共有 32 个题项，经过正态化最大方差法进行分析后，提取 11 个主成分。由此可知，本书提取的 11 个主成分，能有效保证本书在使用数据进行相关分析时的可靠性、一致性与精度。

附表 2　公因子方差

	初始	提取
1. 填表人性别	1.000	0.416
2. 拥有认证资格证书	1.000	0.605
3. 会计师事务所所在地区	1.000	0.488
4. 会计师事务所的类型	1.000	0.828
5. 会计师事务所的组织结构	1.000	0.586
6. 会计师事务所（或分支机构）注册会计师人数	1.000	0.762
7. 会计师事务所 CPA 年龄层次	1.000	0.545
8. 会计师事务所员工持有证书的种类	1.000	0.591
9. 会计师事务所非鉴证业务收入比例	1.000	0.549
10. 会计师事务承接 ESG 业务状况	1.000	0.605
11. 会计师事务所业务来源	1.000	0.482
12. 会计师事务所的客户类型	1.000	0.601
13. 会计师事务所客户所有制形式	1.000	0.632
14. 聘用会计师事务所考虑哪些因素	1.000	0.674
15. 会计师事务所做强的路径	1.000	0.466
16. 会计师事务所希望合并的意愿	1.000	0.672
17. 会计师事务所合并需要考虑哪些因素	1.000	0.402
18. 会计师事务所考虑合并的时间	1.000	0.653

	初始	提取
19. 会计师事务所审计软件应用分类	1.000	0.531
20. 智能审计对审计的帮助程度	1.000	0.619
21. 会计师事务所与其他事务所合作事项	1.000	0.609
22. 会计师事务所与香港、澳门事务所合作情况	1.000	0.432
23. 会计师事务所近三年与香港、澳门合作及协同	1.000	0.535
24. 会计师事务所涉及境外审计业务会遇到问题	1.000	0.499
25. 证监会监管力度哪项内容更重要	1.000	0.545
26. 证券交易所对会计师事务所的监管压力	1.000	0.606
27. 会计师事务所执业风险包括哪些	1.000	0.618
28. 会计师事务所的行业价值表现在哪些方面	1.000	0.583
29. 会计师事务所面对审计竞价的压力	1.000	0.614
30. 国人对会计师事务所竞价行为的监管方式	1.000	0.651
31. 会计师事务所开展审计业务面临的挑战	1.000	0.582
32. 注册会计师在审计业务领域的发展机遇	1.000	0.538

附表3　总方差解释

成分	初始特征值			提取载荷平方和			旋转载荷平方和		
	总计	方差百分比（%）	累计方差百分比（%）	总计	方差百分比（%）	累计方差百分比（%）	总计	方差百分比（%）	累计方差百分比（%）
1	3.649	11.403	11.403	3.649	11.403	11.403	3.339	10.434	10.434
2	2.159	6.747	18.151	2.159	6.747	18.151	1.768	5.525	15.958
3	1.969	6.153	24.304	1.969	6.153	24.304	1.671	5.222	21.180
4	1.774	5.543	29.847	1.774	5.543	29.847	1.647	5.148	26.328
5	1.543	4.821	34.668	1.543	4.821	34.668	1.631	5.097	31.426
6	1.436	4.486	39.154	1.436	4.486	39.154	1.520	4.750	36.175
7	1.345	4.204	43.357	1.345	4.204	43.357	1.452	4.538	40.714
8	1.252	3.914	47.271	1.252	3.914	47.271	1.448	4.524	45.238
9	1.209	3.777	51.048	1.209	3.777	51.048	1.371	4.286	49.524
10	1.119	3.498	54.546	1.119	3.498	54.546	1.353	4.227	53.751
11	1.065	3.327	57.873	1.065	3.327	57.873	1.319	4.122	57.873
12	0.983	3.071	60.944						
13	0.965	3.017	63.961						

续表

成分	初始特征值			提取载荷平方和			旋转载荷平方和		
	总计	方差百分比（%）	累计方差百分比（%）	总计	方差百分比（%）	累计方差百分比（%）	总计	方差百分比（%）	累计方差百分比（%）
14	0.959	2.995	66.957						
15	0.910	2.845	69.801						
16	0.848	2.649	72.451						
17	0.827	2.585	75.036						
18	0.761	2.377	77.413						
19	0.737	2.303	79.716						
20	0.718	2.245	81.960						
21	0.693	2.166	84.126						
22	0.636	1.988	86.114						
23	0.623	1.947	88.062						
24	0.594	1.857	89.918						
25	0.546	1.705	91.623						
26	0.508	1.587	93.210						
27	0.483	1.511	94.721						
28	0.454	1.417	96.138						
29	0.417	1.304	97.442						
30	0.361	1.127	98.569						
31	0.321	1.005	99.574						
32	0.136	0.426	100.000						

注：提取方法：主成分分析法。

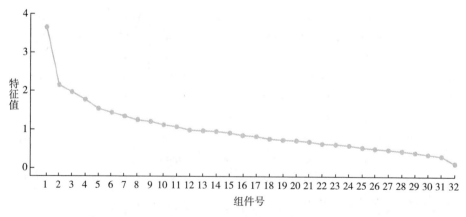

附图 1　主成分提取碎石图

附表 4　成分矩阵 [a]

	成分										
	1	2	3	4	5	6	7	8	9	10	11
4. 会计师事务所的类型	-0.885	-0.121	0.125	0.064	-0.002	0.005	0.086	0.044	0.013	-0.027	0.030
6. 会计师事务所（分支机构）注册会计师人数	0.831	0.131	-0.136	-0.118	-0.009	-0.087	-0.010	-0.083	-0.048	0.061	-0.038
12. 会计师事务所客户类型	0.664	-0.058	-0.118	-0.121	0.025	0.037	0.247	-0.032	0.210	-0.012	-0.139
23. 会计师事务所近三年来与香港、澳门合作及协同	0.638	0.176	0.078	0.056	-0.168	0.186	-0.116	0.006	0.032	-0.028	-0.096
22. 会计师事务所与香港、澳门事务所合作情况	-0.479	-0.228	0.001	0.107	-0.109	-0.085	0.144	0.131	0.141	-0.184	-0.170
5. 会计师事务所的组织结构	0.468	0.319	-0.171	-0.018	0.269	-0.114	-0.225	-0.080	-0.186	0.008	0.243
8. 会计师事务所员工持有证书的种类	-0.370	0.184	-0.298	0.055	0.147	0.224	0.126	-0.214	-0.131	0.303	-0.293
25. 证监会监管力度哪项内容更重要	-0.252	0.553	-0.063	-0.187	0.100	0.052	0.111	0.252	0.070	-0.156	0.138
16. 会计师事务所希望合并意愿	0.100	0.510	0.025	0.440	-0.299	-0.169	0.106	0.205	-0.041	0.054	-0.181
1. 填表人性别	0.138	-0.381	0.064	0.196	0.166	-0.289	0.303	0.006	-0.054	-0.045	-0.022
15. 会计师事务所做强路径	0.260	-0.313	0.175	-0.132	-0.063	0.209	0.032	0.107	0.292	0.311	0.102

续表

	成分										
	1	2	3	4	5	6	7	8	9	10	11
29 会计师事务所面对审计竞价的压力	−0.023	0.191	0.597	−0.107	0.341	−0.127	−0.046	−0.077	−0.166	−0.074	−0.189
26. 证券交易所对会计事务所的监管压力	−0.161	0.229	0.481	0.209	0.379	−0.050	−0.194	0.129	−0.042	0.035	−0.224
2. 拥有认证资格证书	0.171	−0.332	0.475	−0.020	−0.190	−0.083	0.111	0.053	−0.210	−0.107	0.354
3. 会计师事务所所在地区	−0.288	0.238	−0.368	−0.108	0.309	0.082	−0.202	−0.092	0.001	0.061	0.215
31. 会计师事务所开展审计业务面临的挑战	−0.013	0.207	0.361	−0.266	−0.332	0.201	−0.273	−0.179	−0.246	0.136	0.029
18. 会计师事务所考虑合并时间	0.208	0.368	−0.202	0.507	−0.115	−0.183	0.034	0.344	−0.074	−0.026	−0.071
17. 会计师事务所合并需要考虑哪些因素	0.186	0.034	0.231	0.358	−0.108	0.353	−0.128	−0.095	−0.003	−0.032	0.149
14. 聘用会计事务所考虑哪些因素	0.083	−0.140	0.043	0.485	0.508	−0.067	0.046	−0.044	0.097	0.363	0.057
28. 会计师事务所的行业价值表现在哪些方面	0.000	0.065	−0.034	−0.131	−0.140	−0.658	−0.031	0.030	0.190	0.194	0.182
30. 国人对会计师事务所竞价行为的监管方式	−0.028	0.219	0.396	−0.258	0.202	−0.434	0.010	−0.173	0.292	0.073	0.168
19. 会计师事务所审计软件应用分类	−0.040	0.109	0.284	0.219	0.327	0.386	0.196	0.121	−0.040	0.060	0.275

	成分										
	1	2	3	4	5	6	7	8	9	10	11
7. 会计师事务所 CPA 年龄	−0.087	0.275	−0.280	0.069	0.058	−0.103	0.464	−0.290	−0.026	−0.148	0.207
21. 会计师事务所与其他事务所合作事项	−0.149	0.086	0.032	−0.314	−0.154	0.204	0.413	0.330	0.138	0.332	0.082
32. 注册会计师在审计业务领域的发展机遇	0.019	−0.236	−0.249	−0.162	0.273	−0.078	−0.400	0.386	0.016	−0.051	0.040
11. 会计师事务所业务来源	−0.044	−0.364	−0.257	0.079	0.098	0.057	−0.372	0.167	0.229	−0.206	−0.039
10. 会计师事务承接 ESG 业务状况	0.469	−0.086	0.172	−0.071	0.228	0.087	0.207	0.486	0.021	−0.027	−0.061
27. 会计师事务所执业风险包括哪些	0.209	−0.158	0.054	0.312	0.062	0.104	0.032	−0.446	0.472	−0.037	−0.101
20. 智能审计对审计的帮助程度	−0.125	0.309	0.289	0.169	−0.202	0.013	−0.133	0.010	0.448	−0.369	0.006
13. 会计师事务所客户所有制形式	0.137	0.285	−0.069	−0.360	0.309	0.252	0.182	−0.010	0.223	−0.394	−0.006
9. 会计师事务非鉴证业务收入比例	−0.142	0.220	−0.079	0.254	−0.150	0.117	−0.206	0.093	0.314	0.254	0.400
24. 会计师事务所涉及境外审计业务会遇到的问题	−0.085	0.224	0.091	−0.299	−0.014	−0.026	−0.116	0.038	0.277	0.326	−0.380

注：提取方法：主成分分析法。

a. 表示提取了 11 个成分。

附表 5　旋转后的成分矩阵 [a]

	成分										
	1	2	3	4	5	6	7	8	9	10	11
4. 会计师事务所类型	−0.883	0.090	−0.098	−0.081	−0.016	0.017	0.057	0.001	−0.041	−0.086	0.107
6. 会计师事务所 / 或分支机构注册会计师人数	0.841	−0.105	0.077	0.054	0.030	−0.023	0.027	0.082	0.034	0.033	−0.156
5. 会计师事务所组织结构	0.623	0.084	0.025	−0.021	0.061	0.113	−0.036	0.077	−0.302	−0.185	0.202
22. 会计师事务所与香港、澳门事务所合作情况	−0.600	−0.080	0.084	0.013	0.083	0.019	−0.095	0.021	0.032	0.101	−0.175
23. 会计师事务所近三年来与香港、澳门合作及协同	0.598	0.004	0.207	0.118	−0.185	−0.023	−0.012	−0.171	0.108	0.206	−0.042
12. 会计师事务所的客户类型	0.574	−0.182	−0.004	0.039	0.192	0.103	0.023	0.007	0.263	0.221	−0.264
26. 证券交易所对会计师事务所监管压力	−0.124	0.742	0.151	−0.061	0.032	−0.005	−0.062	−0.057	−0.034	0.026	0.060
29 会计师事务所面对审计竞价压力	0.015	0.725	−0.096	0.092	−0.064	0.073	0.147	0.046	−0.068	−0.022	−0.179
16. 会计师事务所希望合并的意愿	0.066	0.069	0.774	−0.052	−0.064	−0.035	0.226	0.036	−0.009	0.039	0.051
18. 会计师事务所考虑合并的时间	0.166	−0.041	0.756	−0.022	0.162	0.004	−0.026	−0.029	−0.101	−0.070	0.097
2. 拥有认证资格证书	−0.001	0.058	−0.150	0.716	−0.011	−0.184	0.140	−0.024	0.067	−0.084	−0.026

	成分										
	1	2	3	4	5	6	7	8	9	10	11
8. 会计师事务所员工持有证种类	-0.199	-0.018	-0.034	-0.667	0.034	-0.059	0.228	-0.188	-0.035	-0.110	0.011
24. 会计师事务所涉及境外审计业务会遇到问题	0.010	0.222	0.007	-0.409	-0.265	0.004	-0.045	0.270	0.350	0.091	-0.077
3. 会计师事务所所在地区	-0.054	-0.048	-0.182	-0.391	0.009	0.241	-0.105	0.042	-0.252	-0.201	0.349
31. 会计师事务所开展审计业务面临挑战	0.088	0.180	-0.128	0.079	-0.657	-0.163	0.210	-0.058	0.019	-0.083	0.077
14. 聘用会计事务所考虑哪些因素	0.080	0.284	-0.006	-0.142	0.627	-0.271	-0.009	-0.062	0.020	0.100	0.294
1. 填表人性别	-0.025	0.006	-0.022	0.241	0.509	-0.174	0.045	0.060	-0.009	0.024	-0.245
13. 会计师事务所客户所有制形式	0.198	0.042	-0.177	-0.083	-0.011	0.718	-0.004	-0.098	0.043	0.100	-0.122
25. 证监会监管哪项内容更重要	-0.126	0.087	0.190	-0.131	-0.143	0.594	0.082	0.080	0.024	-0.221	0.181
32. 注册会计师在审计业务领域发展机遇	0.050	-0.004	-0.102	-0.026	0.092	0.039	-0.665	0.069	-0.015	-0.256	0.034
11. 会计师事务所业务来源	-0.102	-0.161	-0.078	-0.009	0.090	-0.025	-0.626	-0.075	-0.088	0.158	0.021
7. 会计师事务所CPA年龄层次	-0.026	-0.259	0.037	-0.107	0.247	0.325	0.473	0.075	-0.258	-0.014	0.038

续表

	成分										
	1	2	3	4	5	6	7	8	9	10	11
28. 会计师事务所行业价值表现在哪些方面	0.015	−0.071	0.101	0.088	0.048	−0.094	0.012	0.733	−0.001	−0.066	0.082
30. 国人对会计事务所竞价行为监管方式	0.033	0.395	−0.185	0.111	0.007	0.170	0.178	0.596	0.027	0.129	0.107
19. 会计师事务所审计软件应用分类	−0.038	0.292	−0.051	0.125	0.222	0.178	0.181	−0.399	0.155	−0.059	0.354
17. 会计师事务所合并需要考虑哪些因素	0.135	0.082	0.088	0.206	−0.094	−0.128	0.076	−0.389	−0.035	0.257	0.278
21. 会计师事务所与其他事务所合作事项	−0.157	−0.143	−0.009	−0.060	−0.062	0.182	0.213	0.040	0.642	−0.241	0.083
15. 会计师事务所做强的路径	0.166	−0.061	−0.232	0.155	0.034	−0.169	−0.096	−0.018	0.529	0.152	0.123
10. 会计师事务承接ESG业务状况	0.335	0.175	0.115	0.259	0.261	0.172	−0.178	−0.151	0.427	−0.131	−0.175
27. 会计师事务所执业风险包括哪些	0.123	−0.030	−0.118	−0.061	0.221	−0.102	0.066	−0.060	−0.029	0.717	0.048
20. 智能审计对审计的帮助程度	−0.194	0.156	0.279	0.173	−0.265	0.311	−0.036	0.083	−0.051	0.499	0.150
9. 会计师事务非鉴证业务收入比例	−0.076	−0.123	0.172	−0.045	−0.083	−0.013	−0.045	0.072	0.085	0.112	0.680

注：提取方法：主成分分析法。
旋转方法：凯撒正态化最大方差法。
a. 表示旋转在13次迭代后已收敛。

附表 6　成分转换矩阵

成分	1	2	3	4	5	6	7	8	9	10	11
1	0.918	−0.062	0.099	0.258	0.113	−0.062	−0.042	−0.053	0.122	0.141	−0.148
2	0.225	0.256	0.466	−0.321	−0.323	0.474	0.354	0.122	−0.133	−0.078	0.266
3	−0.120	0.719	−0.084	0.508	−0.204	−0.114	0.239	−0.010	0.234	0.190	−0.016
4	−0.127	0.062	0.559	0.055	0.419	−0.341	0.048	−0.331	−0.271	0.315	0.297
5	0.127	0.525	−0.339	−0.262	0.598	0.285	−0.194	−0.085	−0.134	−0.134	0.071
6	0.033	−0.089	−0.218	−0.152	−0.247	0.161	0.009	−0.834	0.283	0.112	0.212
7	−0.140	−0.219	0.062	0.083	0.465	0.271	0.653	−0.059	0.339	−0.060	−0.289
8	−0.121	0.061	0.472	0.215	0.081	0.187	−0.492	−0.058	0.476	−0.444	0.030
9	−0.083	−0.096	−0.019	−0.104	0.103	0.287	−0.228	0.339	0.385	0.715	0.233
10	0.128	0.075	−0.069	−0.405	0.066	−0.562	0.201	0.188	0.484	−0.223	0.359
11	0.046	−0.242	−0.245	0.499	0.098	0.167	0.121	0.111	−0.131	−0.218	0.708

注：提取方法：主成分分析法。

旋转方法：凯撒正态化最大方差法。

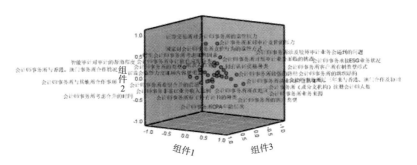

附图 2　主成分分析旋转后空间组件图

（二）效度分析

效度是指测量工具的准确性，即测量结果能够反映所要测量特性的程度。它包括两个方面的含义：一是测量的目的（测量了什么）；二是测量工具对测量目标的测量精确度和真实性（测的程度）。效度是一个具有相对性、连续性、间接性的概念。

效度具有特殊性和相对性，即每个测量工具只对某特殊目的有效，仅能对其特定项目作正确的度量，或者说测量的效度总是针对要解决的问题来说的，即针对打算作出的应用来建立的。

效度是问卷调查研究中最重要的特征，问卷调查的目的就是要获得高效度的测量与结论，效度越高表示该问卷测验的结果所能代表要测验的行为的真实度越高，越能够达到问卷测验目的，该问卷才正确而有效。

问卷的准确性（或称为有效性）是用问卷的效度来表示的，它反映了对问卷的系统误差的控制程度。

信度仅考虑随机误差占测试总变异的比例；效度则还包括与测试无关但稳定的测量误差。两者存在着必然的联系，问卷的信度是效度的必要而非充分条件，信度越高，效度不一定越高，即如果问卷是完全可信的，那么问卷可能达到完全有效，也可能达不到，这种现象产生的原因是测量误差的存在。

数学符号"λ"，中文名称为 lambda，英文名称为 Lambda，为 SPSS 提供了系数适合不同类型数据的多种表达式。这些相关性测试的无效假设是行和列变量相互独立，没有显著的相关性。根据 SPSS 检验得出的伴随显著性来判断是否存在相关性。如果相关概率小于 0.05 的显著性水平，则拒绝零假设，并且行和列变量彼此相关；如果相关概率大于 0.05 的显著性水平，则接受原始假设，并且行和列变量彼此独立。

基于附表 7、附表 8 的分析可知，依据 Lambda 可靠性检验获得的系数值，说明调查问卷在内容设计上是符合内在逻辑关系的，且能满足调查问卷设计的质量要求，又能有效地满足本书通过数据展开研究的目的。且能满足调查问卷设计的质量要求，能有效地满足本书通过调查问卷获取数据的目的。

附表 7 个案处理摘要

		个案数	%
个案	有效	380	100.0
	排除 [a]	0	0.0
	总计	380	100.0

注：a 表示基于过程中所有变量的成列删除。

附表 8 380 份样本中行与列项目之间的 Lambda 可靠性检验

可靠性统计		
Lambda	1	0.011
	2	0.102
	3	0.011
	4	0.021
	5	0.068
	6	0.227
项数		32

三、调查问卷描述统计分析

为全面了解大湾区珠三角九市会计师事务所的基本情况，本书以信度与效度分析为基础，对 32 个题项所对应的关系以描述统计分析方法展开分析，解释各题项之间的对应关系。通过对调查问卷的描述性分析，对粤港澳大湾区珠三角九市会计师事务所在审计业务能力、注册会计师数量、执业资格种类、业务来源，与香港、澳门会计师事务所的合作与交流，对湾区内各项会计与审计政策的解读、智能审计技术的应用，合作前景、合并设想等方面的内容展开分析，通过分析，让读者能清晰地看到粤港澳大湾区内会计师事务所之间的合作与交流路径，以及有效地展示出大湾区内所有会计师事务所在业务能力、执业水平、成长路径与发展能力上的创新驱动因素。

由附表 9、附表 10、附表 11 及附图 3 可知，本调查问卷有效问卷填报人数为 380 人，其中，男性 260 人，占比 68.4%；女性 120 人，占比 31.6%。在 380 人中，获得初级资格证书的 34 人，占比 8.9%，男性 30 人，女性 4 人；中级职称的 99 人，占比 26.1%，男性 76 人，女性 23 人；高级职称的 141 人，占比 37.1%，男性 88 人，女性 53 人。注册会计师 84 人，占比 22.1%，男性 54 人，女性 30 人；其他证书的 22 人，占比 5.8%，男性 12 人，女性 10 人。由此可知，在粤港澳大湾区珠三角九市中，会计师事务所从业人员中注册会计师的基本数量以及各类职称的分布情况。

附表 9　大湾区珠三角九市会计师事务所参与填写调查问卷者的性别分布频率

		频数（人）	百分比（%）	有效百分比（%）	累计百分比（%）
有效	男	260	68.4	68.4	68.4
	女	120	31.6	31.6	100.0
	总计	380	100.0	100.0	

附表 10　大湾区珠三角九市会计师事务所参与填写调查问卷者拥有认证资格证书分布频率

		频数（人）	百分比（%）	有效百分比（%）	累计百分比（%）
有效	初级会计师	34	8.9	8.9	8.9
	中级会计师	99	26.1	26.1	35.0
	高级会计师	141	37.1	37.1	72.1
	注册会计师	84	22.1	22.1	94.2

续表

		频数（人）	百分比（%）	有效百分比（%）	累计百分比（%）
有效	其他证书	22	5.8	5.8	100.0
	总计	380	100.0	100.0	

附表 11　大湾区珠三角九市会计师事务所参与者性别与拥有认证资格证书情况

单位：人

		初级会计师	中级会计师	高级会计师	注册会计师	其他证书	合计
1. 填表人性别	男	30	76	88	54	12	260
	女	4	23	53	30	10	120
总计		34	99	141	84	22	380

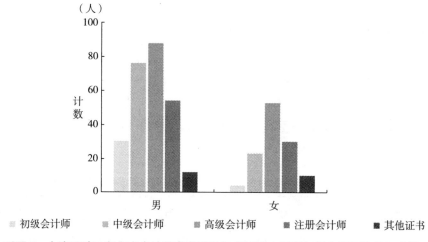

附图 3　大湾区珠三角九市会计师事务所参与者填表人性别与拥有认证资格证书情况

由附表 12、附表 13 及附图 4 可知，粤港澳大湾区珠三角九市会计师事务所参与填写调查问卷者的分布状况，其中，深圳填写调查问卷的人数为 269 人，占比 70.8%，男性 175 人，女性 94 人；广州填写调查问卷的人数为 15 人，占比 3.9%，男性 10 人，女性 5 人；东莞填写调查问卷的人数为 8 人，占比 2.1%，男性 7 人，女性 1 人；佛山填写调查问卷的人数为 11 人，占比 2.9%，男性 9 人，女性 2 人；珠海填写问卷的人数为 24 人，占比 6.3%，男性 17 人，女性 7 人；中山填写调查问卷的人数为 34 人，占比 8.9%，男性 25 人，女性 9 人；惠州填写调查问卷的人数为 8 人，占比 2.1%，男性 7 人，女性 1 人；江

附　录

门填写调查问卷的人数为 10 人，占比 2.6%，男性 9 人，女性 1 人；肇庆填写调查问卷的人数为 1 人，占比 0.3%，男性 1 人，女性 0 人。由填写调查问卷的人数分布可知，深圳占比最多，能有效说明深圳会计师事务所从业人数占粤港澳大湾区珠三角九市从业人数的 70% 以上。

附表 12　大湾区珠三角九市会计师事务所参与填写问卷人数分布频率

		频数（人）	百分比（%）	有效百分比（%）	累计百分比（%）
有效	深圳	269	70.8	70.8	70.8
	广州	15	3.9	3.9	74.7
	东莞	8	2.1	2.1	76.8
	佛山	11	2.9	2.9	79.7
	珠海	24	6.3	6.3	86.1
	中山	34	8.9	8.9	95.0
	惠州	8	2.1	2.1	97.1
	江门	10	2.6	2.6	99.7
	肇庆	1	0.3	0.3	100.0
	总计	380	100.0	100.0	

附表 13　大湾区珠三角九市会计师事务所参与填表人性别数量

单位：人

城市	男	女	合计
深圳	175	94	269
广州	10	5	15
东莞	7	1	8
佛山	9	2	11
珠海	17	7	24
中山	25	9	34
惠州	7	1	8
江门	9	1	10
肇庆	1	0	1
总计	260	120	380

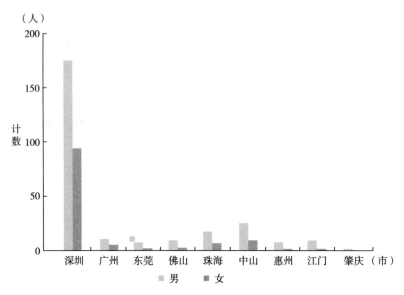

附图 4　大湾区珠三角九市所属会计师事务所填表人性别

　　由附表 14、附表 15 和附图 5 可知，粤港澳大湾区珠三角九市填写调查问卷参与者来自大型会计师事务所的有 75 人，占比 19.7%，其中，深圳 59 人，广州 9 人，东莞 0 人，佛山 2 人，珠海 4 人，中山 1 人，惠州 0 人，江门 0 人，肇庆 0 人；来自中型会计师事务所的有 89 人，占比 23.4%，其中，深圳 62 人，广州 2 人，东莞 1 人，佛山 4 人，珠海 7 人，中山 11 人，江门 0 人，肇庆 0 人；来自小型会计师事务所的有 216 人，占比 56.8%，深圳 148 人，广州 4 人，东莞 7 人，佛山 5 人，珠海 13 人，中山 22 人，惠州 6 人，江门 10 人，肇庆 1 人。

附表 14　大湾区珠三角九市会计师事务所问卷调查参与者所在事务所大中小类型分布频率

		频数（人）	百分比（%）	有效百分比（%）	累计百分比（%）
有效	大型事务所	75	19.7	19.7	19.7
	中型事务所	89	23.4	23.4	43.2
	小型事务所	216	56.8	56.8	100.0
	总计	380	100.0	100.0	

附表 15　大湾区珠三角九市会计师事务所问卷调查参与者所在事务所
大中小类型分析交叉表

单位：家

	大型事务所	中型事务所	小型事务所	总计
深圳	59	62	148	269
广州	9	2	4	15
东莞	0	1	7	8
佛山	2	4	5	11
珠海	4	7	13	24
中山	1	11	22	34
惠州	0	2	6	8
江门	0	0	10	10
肇庆	0	0	1	1
总计	75	89	216	380

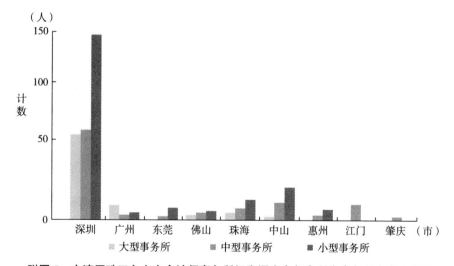

附图 5　大湾区珠三角九市会计师事务所问卷调查参与者所在事务所大中小类型

　　由此分析可以看到，填写调查问卷的参与者所在的大中小型会计师事务所
的类型：深圳大中小型会计师事务所中参与填写调查问卷的总数为 269 人，广
州大中小型会计师事务所中参与填写调查问卷的人数为 15 人，东莞中小型会
计师事务所中参与填写调查问卷的人数为 8 人，佛山大中小型会计师事务所中

参与调查问卷的人数为 11 人，珠海大中小型会计师事务所中参与填写调查问卷的人数为 24 人，中山大中小型会计师事务所中参与填写调查问卷的人数为 34 人，惠州中小型会计师事务所中参与填写调查问卷的人数为 8 人，江门小型会计师事务所中参与填写调查问卷的人数为 10 人，肇庆小型会计师事务所中参与填写调查问卷的人数为 1 人。整体上来说，深圳参与填写调查问卷的人数最多。同时，通过填写调查问卷的参与人数分析，能有效地分析出深圳经济发展对注册会计师的需求空间巨大。

由附表 16、附表 17 和附图 6 可知，粤港澳大湾区珠三角九市参与填写调查问卷者所在会计师事务所组织结构形式，有 195 人在普通合伙制会计师事务所，占比 51.3%，其中，深圳 145 人，广州 4 人，东莞 1 人，佛山 4 人，珠海 12 人，中山 19 人，惠州 4 人，江门 5 人，肇庆 1 人；有 128 人在特殊普通合伙制会计师事务所，占比 33.7%，其中，深圳 94 人，广州 11 人，东莞 0 人，佛山 6 人，珠海 11 人，中山 4 人，惠州 1 人，江门 1 人，肇庆 0 人；有 57 人在有限责任制会计师事务所，占比 15%，其中，深圳 30 人，广州 0 人，东莞 7 人，佛山 1 人，珠海 1 人，中山 11 人，惠州 3 人，江门 4 人，肇庆 0 人。由此可以看出粤港澳大湾区珠三角九市会计师事务所组织形态、内部管理生态等基本内容。

附表 16　大湾区珠三角九市问卷调查参与者所在会计师事务所组织结构分布频率

		频数（人）	百分比（%）	有效百分比（%）	累计百分比（%）
有效	普通合伙制	195	51.3	51.3	51.3
	特殊普通合伙制	128	33.7	33.7	85.0
	有限责任制	57	15.0	15.0	100.0
	总计	380	100.0	100.0	

附表 17　大湾区珠三角九市问卷调查参与者所在会计师事务所组织结构分析

单位：人

	普通合伙制	特殊普通合伙制	有限责任制	总计
深圳	145	94	30	269
广州	4	11	0	15
东莞	1	0	7	8
佛山	4	6	1	11
珠海	12	11	1	24
中山	19	4	11	34

续表

	普通合伙制	特殊普通合伙制	有限责任制	总计
惠州	4	1	3	8
江门	5	1	4	10
肇庆	1	0	0	1
总计	195	128	57	380

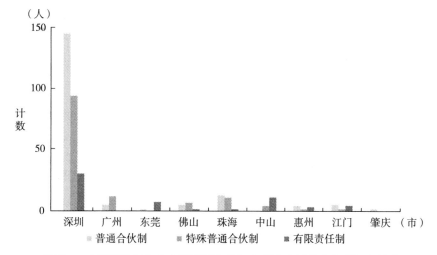

附图6　大湾区珠三角九市问卷调查参与者所在会计师事务所组织结构

由附表18、附表19和附图7可知，粤港澳大湾区珠三角九市参与填写调查问卷者所在会计师事务所（分支机构）注册会计师人数分布状况：有151名注册会计师在10人以下的会计师事务所中，占比39.7%，其中，深圳106人，广州2人，东莞4人，佛山3人，珠海9人，中山15人，惠州2人，江门9人，肇庆1人。有120名注册会计师在10~50人的会计师事务所，占比31.6%，其中，深圳77人，广州4人，东莞3人，佛山4人，珠海9人，中山16人，惠州6人，江门1人，肇庆0人；有32名注册会计师在50~100人的会计师事务所，占比8.4%，其中，深圳27人，广州0人，东莞1人，佛山0人，珠海1人，中山3人，惠州0人，江门0人，肇庆0人；有77名注册会计师在100人以上的会计师事务所，占比20.3%，其中，深圳59人，广州9人，东莞0人，佛山4人，珠海5人，中山0人，惠州0人，江门0人，肇庆0人。由此分析可以清晰地看到，粤港澳大湾区珠三角九市会计师事务所中的注册会计师人数，属深圳最多。

附表 18　大湾区珠三角九市问卷调查参与者所在会计师事务所（分支机构）注册会计师人数分布

		频数（人）	百分比（%）	有效百分比（%）	累计百分比（%）
有效	10 人以下	151	39.7	39.7	39.7
	10~50 人	120	31.6	31.6	71.3
	50~100 人	32	8.4	8.4	79.7
	100 人以上	77	20.3	20.3	100.0
	总计	380	100.0	100.0	

附表 19　大湾区珠三角九市问卷调查参与者所在会计师事务所（分支机构）注册会计师人数分析

单位：人

	10 人以下	10~50 人	50~100 人	100 人以上	总计
深圳	106	77	27	59	269
广州	2	4	0	9	15
东莞	4	3	1	0	8
佛山	3	4	0	4	11
珠海	9	9	1	5	24
中山	15	16	3	0	34
惠州	2	6	0	0	8
江门	9	1	0	0	10
肇庆	1	0	0	0	1
总计	151	120	32	77	380

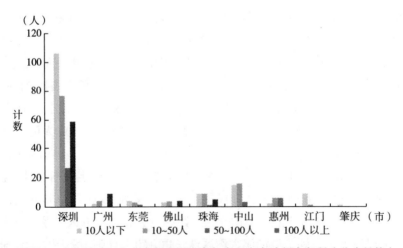

附图 7　大湾区珠三角九市问卷调查参与者所在会计师事务所（分支机构）注册会计师人数分析图

从附表 20、附表 21 和附图 8 中可以看到，粤港澳大湾区珠三角九市会计师事务所执业者的年龄层次：18~40 岁的执业者 109 人，占比 28.7%，其中，深圳 80 人，广州 6 人，东莞 0 人，佛山 5 人，珠海 10 人，中山 6 人，惠州 1 人，江门 0 人，肇庆 1 人；40~60 岁的执业者 132 人，占比 34.7%，其中，深圳 100 人，广州 1 人，东莞 2 人，佛山 2 人，珠海 5 人，中山 12 人，惠州 5 人，江门 5 人，肇庆 0 人；60 岁以上的执业者 5 人，占比 1.3%，其中，深圳 3 人，广州 0 人，东莞 1 人，佛山 0 人，珠海 0 人，中山 1 人，惠州 0 人，江门 0 人，肇庆 0 人；三个年龄段均有的执业者 134 人，占比 35.3%，其中，深圳 86 人，广州 8 人，东莞 5 人，佛山 4 人，珠海 9 人，中山 15 人，惠州 2 人，江门 5 人，肇庆 0 人。由此分析可以看到，18~40 岁的执业者成为粤港澳大湾区珠三角九市会计师事务所发展的后起之秀，40~60 岁的执业者则成为粤港澳大湾区珠三角九市会计师事务所的中坚力量。

附表 20　大湾区珠三角九市会计师事务所参与者执业年龄分布频数

		频数（人）	百分比（%）	有效百分比（%）	累计百分比（%）
有效	18~40 岁	109	28.7	28.7	28.7
	40~60 岁	132	34.7	34.7	63.4
	60 岁以上	5	1.3	1.3	64.7
	以上均有	134	35.3	35.3	100.0
	总计	380	100.0	100.0	

附表 21　大湾区珠三角九市会计师事务所参与者执业年龄分析

单位：人

	18~40 岁	40~60 岁	60 岁以上	以上均有	总计
深圳	80	100	3	86	269
广州	6	1	0	8	15
东莞	0	2	1	5	8
佛山	5	2	0	4	11
珠海	10	5	0	9	24
中山	6	12	1	15	34
惠州	1	5	0	2	8
江门	0	5	0	5	10
肇庆	1	0	0	0	1
总计	109	132	5	134	380

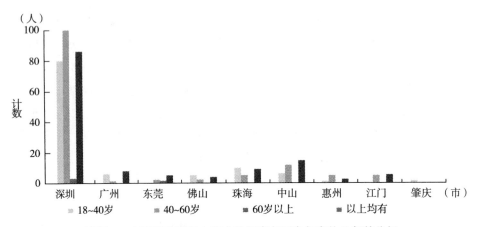

附图8　大湾区珠三角九市会计师事务所参与者执业年龄分析

由附表22、附表23、附图9可知，大湾区珠三角九市会计师事务所参与填写调查问卷者中，拥有美国AICPA证书的有18人，占比4.7%，其中，深圳14人，广州1人，东莞0人，佛山0人，珠海1人，中山0人，惠州0人，江门2人，肇庆0人；拥有加拿大CA/CGA证书的有13人，占比3.4%，其中，深圳10人，广州0人，东莞1人，佛山0人，珠海0人，中山1人，惠州1人，江门0人，肇庆0人；拥有澳大利亚CPA/C证书的有26人，占比6.8%，其中，深圳17人，广州1人，东莞0人，佛山2人，珠海4人，中山1人，惠州0人，江门1人，肇庆0人；拥有新加坡CA/CPA证书的有21人，占比5.5%，其中，深圳17人，广州1人，东莞0人，佛山1人，珠海0人，中山2人，惠州0人，江门0人，肇庆0人；日本JICPA证书的有9人，占比2.4%，其中，深圳0人，广州2人，东莞0人，佛山3人，珠海4人，中山0人，惠州0人，江门0人，肇庆0人；拥有其他国家及地区证书的有4人，占比1.1%，深圳1人，广州3人，东莞0人，佛山0人，珠海0人，中山0人，惠州0人，江门0人，肇庆0人；以上证书都不拥有的有289人（拥有中国注册会计师、高级会计师、中级会计师、助理会计师不在此范围内），占比76.1%，其中，深圳210人，广州7人，东莞7人，佛山5人，珠海15人，中山30人，惠州7人，江门7人，肇庆1人。

附表22　大湾区珠三角九市会计师事务所问卷调查参与者持有证书种类分布频率

		频数（人）	百分比（%）	有效百分比（%）	累计百分比（%）
有效	美国 AICPA 证书	18	4.7	4.7	4.7
	加拿大 CA/CGA	13	3.4	3.4	8.2
	澳大利亚 CPA/C	26	6.8	6.8	15.0

续表

		频数（人）	百分比（%）	有效百分比（%）	累计百分比（%）
有效	新加坡 CA/CPA 证书	21	5.5	5.5	20.5
	日本 JICPA 证书	9	2.4	2.4	22.9
	其他国家及地区证书	4	1.1	1.1	23.9
	以上全无	289	76.1	76.1	100.0
	总计	380	100.0	100.0	

附表 23　大湾区珠三角九市会计师事务所问卷调查参与者持有证书种类分析

单位：人

	美国 AICPA	加拿大 CA/CGA	澳大利亚 CPA/C	新加坡 CA/CPA	日本 JICPA	其他国家及地区	以上全无	合计
深圳	14	10	17	17	0	1	210	269
广州	1	0	1	1	2	3	7	15
东莞	0	1	0	0	0	0	7	8
佛山	0	0	2	1	3	0	5	11
珠海	1	0	4	0	4	0	15	24
中山	0	1	1	2	0	0	30	34
惠州	0	1	0	0	0	0	7	8
江门	2	0	1	0	0	0	7	10
肇庆	0	0	0	0	0	0	1	1
总计	18	13	26	21	9	4	289	380

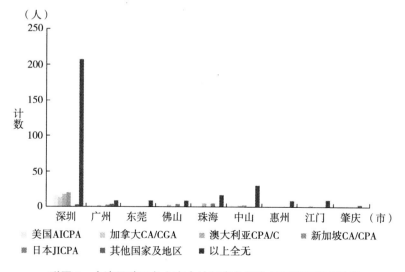

附图 9　大湾区珠三角九市会计师事务所参与者持有证书种类

通过以上数据分析，可以看到，此处没有国际化会计类资格证书的有289人，与小规模会计师事务所相对应。由此可以分析出，本调查问卷所获取的数据展示出大湾区珠三角九市会计师事务所中从业人员的素养，也从另一个层面展示出本调查问卷所获得的数据质量的前后是具有一致性的。

由附表24、附表25和附图10可知，大湾区珠三角九市会计师事务所参与填写调查问卷者涉及非鉴证业务收入占比状况，有44名参与者非鉴证业务收入比例在50%以上，占比11.6%，其中，深圳35人，广州6人，东莞1人，佛山0人，珠海0人，中山1人，惠州1人，江门0人，肇庆0人；有78名参与者非鉴证业务收入比例在30%~40%，占比20.5%，其中，深圳57人，广州0人，东莞2人，佛山2人，珠海6人，中山8人，惠州1人，江门2人，肇庆0人；有125人非鉴证业务收入比例在20%~30%，占比32.9%，其中，深圳81人，广州3人，东莞5人，佛山5人，珠海8人，中山14人，惠州5人，江门4人，肇庆0人；有133人非鉴证业务收入比例在10%以下，占比35%，其中，深圳96人，广州6人，东莞0人，佛山4人，珠海10人，中山11人，惠州1人，江门4人，肇庆1人。由以上分析可知，大湾区珠三角九市会计师事务所之间的市场竞争激烈。

附表24 大湾区珠三角九市会计师事务所问卷调查参与者涉及非鉴证
业务收入比例分布频率

		频数（人）	百分比（%）	有效百分比（%）	累计百分比（%）
有效	50%以上	44	11.6	11.6	11.6
	30%~40%	78	20.5	20.5	32.1
	20%~30%	125	32.9	32.9	65.0
	10%以下	133	35.0	35.0	100.0
	总计	380	100.0	100.0	

附表25 大湾区珠三角九市会计师事务所问卷调查参与者涉及非鉴证业务
收入比例分析

单位：人

	50%以上	30%~40%	20%~30%	10%以下	总计
深圳	35	57	81	96	269
广州	6	0	3	6	15
东莞	1	2	5	0	8

续表

	50% 以上	30%~40%	20%~30%	10% 以下	总计
佛山	0	2	5	4	11
珠海	0	6	8	10	24
中山	1	8	14	11	34
惠州	1	1	5	1	8
江门	0	2	4	4	10
肇庆	0	0	0	1	1
总计	44	78	125	133	380

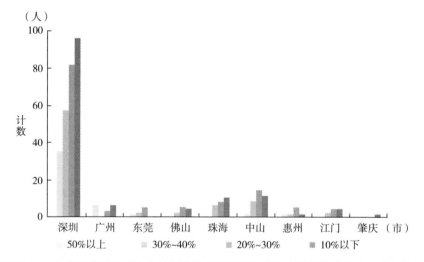

附图 10　大湾区珠三角九市会计师事务所问卷调查参与者涉及非鉴证业务收入比例

由附表 26、附表 27 和附图 11 可知，大湾区珠三角九市会计师事务所参与填写调查问卷者中，没有涉及承接 ESG 业务的 353 人，占比 92.9%，其中，深圳 243 人，广州 15 人，东莞 8 人，佛山 11 人，珠海 24 人，中山 34 人，惠州 7 人，江门 10 人，肇庆 1 人；有涉及承接 ESG 业务的 27 人，占比 7.1，其中，深圳 26 人，广州 0 人，东莞 0 人，佛山 0 人，珠海 0 人，中山 0 人，惠州 1 人，江门 0 人，肇庆 0 人。由此项分析可以看到，大湾区珠三角九市会计师事务所未来在 ESG 业务上的巨大空间，也就是说，大湾区珠三角九市会计师事务所应该面对机遇，未雨绸缪，为未来可见的市场机遇做好准备。

附表 26　大湾区珠三角九市会计师事务所问卷调查参与者涉及承接 ESG 业务状况
分布频率

		频数（人）	百分比（%）	有效百分比（%）	累计百分比（%）
有效	没有承接 ESG 业务	353	92.9	92.9	92.9
	承接 ESG 业务	27	7.1	7.1	100.0
	总计	380	100.0	100.0	

附表 27　大湾区珠三角九市会计师事务所问卷调查参与者涉及承接 ESG 业务状况分析

单位：人

	没有承接 ESG 业务	承接 ESG 业务	总计
深圳	243	26	269
广州	15	0	15
东莞	8	0	8
佛山	11	0	11
珠海	24	0	24
中山	34	0	34
惠州	7	1	8
江门	10	0	10
肇庆	1	0	1
总计	353	27	380

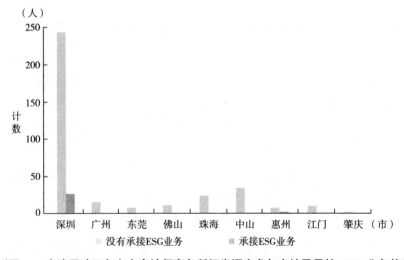

附图 11　大湾区珠三角九市会计师事务所问卷调查参与者涉及承接 ESG 业务状况

　　由附表 28、附表 29 和附图 12 可知，大湾区珠三角九市会计师事务所参与填写调查问卷者的业务来源：通过官网途径联系的有 143 人，占比 37.6%，其中，深圳 102 人，广州 6 人，东莞 4 人，佛山 0 人，珠海 8 人，中山 14 人，惠州 3 人，江门 6 人，肇庆 0 人；通过熟人（同事 / 同学 / 亲友）介绍的有 68 人，占比 17.9%，其中，深圳 51 人，广州 2 人，东莞 2 人，佛山 4 人，珠海 6 人，中山 2 人，惠州 0 人，江门 1 人，肇庆 0 人；通过客户介绍的 48 人，占比 12.6%，其中，深圳 29 人，广州 2 人，东莞 0 人，佛山 7 人，珠海 9 人，中山 0 人，惠州 0 人，江门 1 人，肇庆 0 人；政府 / 事业单位委托的有 25 人，占比 6.6%，其中，深圳 25 人，广州 0 人，东莞 0 人，佛山 0 人，珠海 0 人，中山 0 人，惠州 0 人，江门 0 人，肇庆 0 人；以上业务来源方式均有的 96 人，占比 25.3%，其中，深圳 62 人，广州 5 人，东莞 2 人，佛山 0 人，珠海 1 人，中山 18 人，惠州 5 人，江门 2 人，肇庆 1 人。通过以上数据可知大湾区珠三角九市会计师事务所的业务来源状况，会计师事务所在执业中的管理能力对其业务的开拓具有核心价值。

附表 28　大湾区珠三角九市会计师事务所问卷调查参与者的业务来源分布频数

		频数（人）	百分比（%）	有效百分比（%）	累计百分比（%）
有效	通过官网途径联系	143	37.6	37.6	37.6
	熟人介绍（同事 / 同学 / 亲友）	68	17.9	17.9	55.5
	客户介绍	48	12.6	12.6	68.2
	政府 / 事业单位委托	25	6.6	6.6	74.7
	以上均有	96	25.3	25.3	100.0
	总计	380	100.0	100.0	

附表 29　大湾区珠三角九市会计师事务所问卷调查参与者的业务来源分析

单位：人

	通过官网途径联系	熟人介绍（同事 / 同学 / 亲友）	客户介绍	政府 / 事业单位委托	以上均有	总计
深圳	102	51	29	25	62	269
广州	6	2	2	0	5	15
东莞	4	2	0	0	2	8
佛山	0	4	7	0	0	11

续表

	通过官网途径联系	熟人介绍（同事/同学/亲友）	客户介绍	政府/事业单位委托	以上均有	总计
珠海	8	6	9	0	1	24
中山	14	2	0	0	18	34
惠州	3	0	0	0	5	8
江门	6	1	1	0	2	10
肇庆	0	0	0	0	1	1
总计	143	68	48	25	96	380

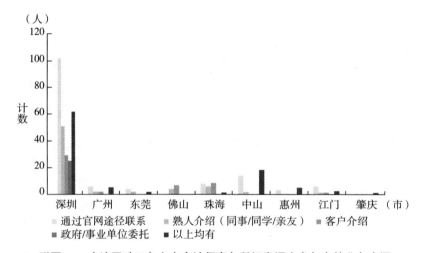

附图 12 大湾区珠三角九市会计师事务所问卷调查参与者的业务来源

由附表 30、附表 31 和附图 13 可知，大湾区珠三角九市会计师事务所参与填写调查问卷者涉及的客户类型：有 69 人为上市公司服务，占比 18.2%，其中，深圳 49 人，广州 2 人，东莞 4 人，佛山 0 人，珠海 7 人，中山 3 人，惠州 0 人，江门 4 人，肇庆 0 人；有 185 人为非上市公司服务，占比 48.7%，其中，深圳 120 人，广州 5 人，东莞 4 人，佛山 5 人，珠海 8 人，中山 29 人，惠州 8 人，江门 6 人，肇庆 0 人；有 9 人为政府机构及事业单位服务，占比 2.4%，其中，深圳 9 人，广州 0 人，东莞 0 人，佛山 0 人，珠海 0 人，中山 0 人，惠州 0 人，江门 0 人，肇庆 0 人；有 5 人为院校服务，占比 1.3%，其中，深圳 5 人，广州 0 人，东莞 0 人，佛山 0 人，珠海 0 人，中山 0 人，惠州 0 人，江门 0 人，肇庆 0 人；有 1 人为其他社会组织服务，占比 0.3%，其中，深圳 1 人，广州 0 人，东莞 0 人，佛山 0 人，珠海 0 人，中山 0 人，惠州 0 人，江门

0 人，肇庆 0 人；有 111 人为以上均有的客户类型提供服务，占比 29.2%，其中，深圳 85 人，广州 8 人，东莞 0 人，佛山 6 人，珠海 9 人，中山 2 人，惠州 0 人，江门 0 人，肇庆 1 人。由此分析可以得出，大湾区珠三角九市会计师事务所的服务对象的细分情况，集中反映了大湾区珠三角九市会计师事务所自身的服务能力与执业水准。

附表 30　大湾区珠三角九市会计师事务所问卷调查参与者涉及客户类型分布频率

		频数（人）	百分比（%）	有效百分比（%）	累计百分比（%）
有效	上市公司	69	18.2	18.2	18.2
	非上市公司	185	48.7	48.7	66.8
有效	政府机构及事业单位	9	2.4	2.4	69.2
	院校	5	1.3	1.3	70.5
	其他社会组织	1	0.3	0.3	70.8
	以上全有	111	29.2	29.2	100.0
	总计	380	100.0	100.0	

附表 31　大湾区珠三角九市会计师事务所问卷调查参与者涉及客户类型分析

单位：人

所属城市	上市公司	非上市公司	政府机构及事业单位	院校	其他社会组织	以上全有	总计
深圳	49	120	9	5	1	85	269
广州	2	5	0	0	0	8	15
东莞	4	4	0	0	0	0	8
佛山	0	5	0	0	0	6	11
珠海	7	8	0	0	0	9	24
中山	3	29	0	0	0	2	34
惠州	0	8	0	0	0	0	8
江门	4	6	0	0	0	0	10
肇庆	0	0	0	0	0	1	1
总计	69	185	9	5	1	111	380

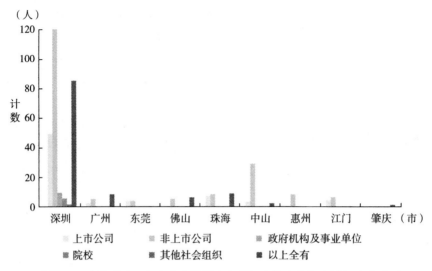

附图 13 大湾区珠三角九市会计师事务所问卷调查参与者涉及客户类型

由附表 32、附表 33 和附图 14 可知，大湾区珠三角九市会计师事务所参与填写调查问卷者在为客户提供服务的过程中，其所服务的客户类型分别为：有 12 人为国企提供服务，占比 3.2%，其中，深圳 5 人，广州 7 人，东莞 0 人，佛山 0 人，珠海 0 人，中山 0 人，惠州 0 人，江门 0 人，肇庆 0 人；有 170 人为民企提供服务，占比 44.7%，其中，深圳 133 人，广州 2 人，东莞 0 人，佛山 4 人，珠海 8 人，中山 13 人，惠州 2 人，江门 7 人，肇庆 1 人；有 15 人为外资企业提供服务，占比 3.9%，其中，深圳 14 人，广州 0 人，东莞 0 人，佛山 0 人，珠海 0 人，中山 1 人，惠州 0 人，江门 0 人，肇庆 0 人；有 7 人为其他类型的机构提供服务，占比 1.8%，其中，深圳 7 人，广州 0 人，东莞 0 人，佛山 0 人，珠海 0 人，中山 0 人，惠州 0 人，江门 0 人，肇庆 0 人；有 176 人为以上所有类型的客户提供服务，占比 46.3%，其中，深圳 110 人，广州 6 人，东莞 8 人，佛山 7 人，珠海 16 人，中山 20 人，惠州 6 人，江门 3 人，肇庆 0 人。由此分析可以得出，大湾区珠三角九市会计师事务所拥有的客户所有制的类型，反映出会计师事务所融入市场的服务能力。同时也反映出在市场经济条件下，各种所有制类型企业的市场发展能力。

附表 32　大湾区珠三角九市会计师事务所问卷调查参与者服务对象人数分布频率

		频数（人）	百分比（%）	有效百分比（%）	累计百分比（%）
有效	国企	12	3.2	3.2	3.2
	民企	170	44.7	44.7	47.9
	外资	15	3.9	3.9	51.8
	其他	7	1.8	1.8	53.7
	以上均有	176	46.3	46.3	100.0
	总计	380	100.0	100.0	

附表 33　大湾区珠三角九市会计师事务所问卷调查参与者服务对象人数分析

单位：人

	国企	民企	外资	其他	以上均有	合计
深圳	5	133	14	7	110	269
广州	7	2	0	0	6	15
东莞	0	0	0	0	8	8
佛山	0	4	0	0	7	11
珠海	0	8	0	0	16	24
中山	0	13	1	0	20	34
惠州	0	2	0	0	6	8
江门	0	7	0	0	3	10
肇庆	0	1	0	0	0	1
总计	12	170	15	7	176	380

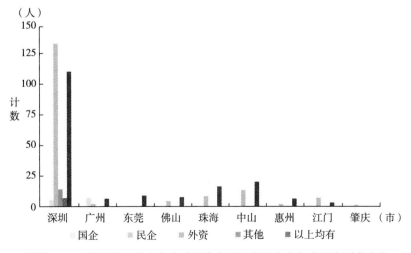

附图 14　大湾区珠三角九市会计师事务所问卷调查参与者服务对象人数

由附表 34、附表 35 和附图 15 可知，大湾区珠三角九市会计师事务所参与填写调查问卷者认为，各类型企业在选择聘用会计师事务所时所考虑的综合因素包括：有 55 人认为是客户在聘用会计师事务所时，会计师事务所自身规模的大小是决定因素，占比 14.5%，其中，深圳 49 人，广州 0 人，东莞 0 人，佛山 0 人，珠海 0 人，中山 6 人，惠州 0 人，江门 0 人，肇庆 0 人；有 17 人认为客户在选择聘用会计师事务所时，会考虑会计师事务所审计收费标准，占比 4.5%，其中，深圳 8 人，广州 0 人，东莞 0 人，佛山 1 人，珠海 2 人，中山 6 人，惠州 0 人，江门 0 人，肇庆 0 人；有 12 人认为客户在选择聘用会计师事务所时，会考虑会计师事务所所在地理位置，占比 3.2%，其中，深圳 7 人，广州 2 人，东莞 0 人，佛山 1 人，珠海 2 人，中山 0 人，惠州 0 人，江门 0 人，肇庆 0 人；有 32 人认为客户在选择聘用会计师事务所时，其选择标准会根据对会计师事务所的熟悉程度来决定，占比 8.4%，其中，深圳 9 人，广州 3 人，东莞 0 人，佛山 0 人，珠海 1 人，中山 10 人，惠州 7 人，江门 2 人，肇庆 0 人；有 79 人认为，客户在选择会计师事务所时，会考量会计师事务所是否被行政管理机关处罚过，占比 20.8%，其中，深圳 62 人，广州 3 人，东莞 5 人，佛山 0 人，珠海 0 人，中山 6 人，惠州 0 人，江门 3 人，肇庆 0 人；有 75 人认为，客户在选择聘用会计师事务所时，会考量会计师事务所的市场声誉排名状况，占比 19.7%，其中，深圳 73 人，广州 0 人，东莞 0 人，佛山 0 人，珠海 1 人，中山 0 人，惠州 0 人，江门 1 人，肇庆 0 人；有 23 人认为，客户在选择聘用会计师事务所时，会考量会计师事务所成立时间的长短，占比 6.1%，其中，深圳 2 人，广州 2 人，东莞 0 人，佛山 9 人，珠海 10 人，中山 0 人，惠州 0 人，江门 0 人，肇庆 0 人；有 87 人认为，客户在选择聘用会计师事务所时，会对以上各种因素全部考虑，占比 22.9%，其中，深圳 59 人，广州 5 人，东莞 3 人，佛山 0 人，珠海 8 人，中山 6 人，惠州 1 人，江门 4 人，肇庆 1 人。

附表 34　大湾区珠三角九市问卷调查参与者认为各类型企业聘用会计师事务所考虑因素分布频率

		频数（人）	百分比（%）	有效百分比（%）	累计百分比（%）
有效	事务所收入规模	55	14.5	14.5	14.5
	收费标准	17	4.5	4.5	18.9
	地理位置	12	3.2	3.2	22.1
	熟悉程度	32	8.4	8.4	30.5
	是否被处罚	79	20.8	20.8	51.3

		频数（人）	百分比（％）	有效百分比（％）	累计百分比（％）
有效	市场声誉排名	75	19.7	19.7	71.1
	成立时间	23	6.1	6.1	77.1
	以上均具备	87	22.9	22.9	100.0
	总计	380	100.0	100.0	

附表 35　大湾区珠三角九市问卷调查参与者认为各类型企业聘用会计师事务所考虑因素分析

单位：人

	事务所收入规模	收费标准	地理位置	熟悉程度	是否被处罚	市场声誉排名	成立时间	以上均具备	合计
深圳	49	8	7	9	62	73	2	59	269
广州	0	0	2	3	3	0	2	5	15
东莞	0	0	0	0	5	0	0	3	8
佛山	0	1	1	0	0	0	9	0	11
珠海	0	2	2	1	0	1	10	8	24
中山	6	6	0	10	6	0	0	6	34
惠州	0	0	0	7	0	0	0	1	8
江门	0	0	0	2	3	1	0	4	10
肇庆	0	0	0	0	0	0	0	1	1
总计	55	17	12	32	79	75	23	87	380

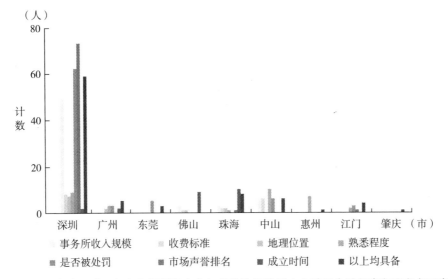

附图 15　大湾区珠三角九市问卷调查参与者认为各类型企业聘用会计师事务所考虑因素

由此分析可以得出，大湾区珠三角九市各类型企业对会计师事务所收入规模、审计收费标准、所在的地理位置、对事务所的熟悉程度、事务所是否被处罚、事务所市场声誉排名情况、事务所成立的时间长短等综合因素都有不同程度的考虑，但有些客户考虑的因素各有侧重。进一步说明了会计师事务所在执业过程中竞争的激烈程度。

由附表 36、附表 37 和附图 16 可知，大湾区珠三角九市会计师事务所参与填写调查问卷者认为，会计师事务所在自身建设中都会选择不同的战略意图或相同的战略意图，来构建自身发展与强大的路径。

附表 36　大湾区珠三角九市会计师事务所自身发展做强路径分布频率

		频数（人）	百分比（%）	有效百分比（%）	累计百分比（%）
有效	外部发展—合并	26	6.8	6.8	6.8
	内部发展—招聘	168	44.2	44.2	51.1
	两者皆有	186	48.9	48.9	100.0
	总计	380	100.0	100.0	

附表 37　大湾区珠三角九市会计师事务所自身发展做强路径分析

单位：人

	外部发展—合并	内部发展—招聘	两者皆有	合计
深圳	17	108	144	269
广州	1	9	5	15
东莞	0	4	4	8
佛山	0	7	4	11
珠海	0	16	8	24
中山	5	15	14	34
惠州	2	4	2	8
江门	1	5	4	10
肇庆	0	0	1	1
总计	26	168	186	380

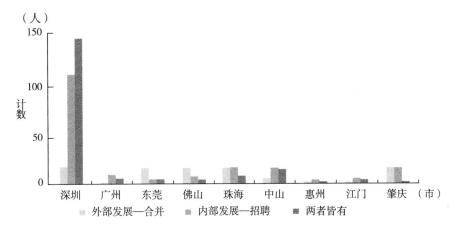

附图16 大湾区珠三角九市会计师事务所自身发展做强路径

第一种类型的会计师事务所是通过外部合并会计师事务所的方式来展开市场布局，扩大自身的影响力，提升会计师事务所的发展能力。有26名参与者给出了这样的想法，占比6.8%，其中，深圳17人，广州1人，东莞0人，佛山0人，珠海0人，中山5人，惠州2人，江门1人，肇庆0人。

第二种类型的会计师事务所是通过招聘优秀人才的方式来提升自身的综合业务能力，拓展新的业务体系，为客户提供更为优质的服务，进而让自身发展与强大起来，有力地提升自身参与市场竞争的能力。有168名参与者给出了这样的想法，占比44.2%，其中，深圳108人，广州9人，东莞4人，佛山7人，珠海16人，中山15人，惠州4人，江门5人，肇庆0人。

第三种类型的会计师事务所是通过外部合并和内部招聘优秀人才相结合的方式来提升自身的整体竞争力的。共有186名参与者给出了这样的想法，占比48.9%，其中，深圳144人，广州5人，东莞4人，佛山4人，珠海8人，中山14人，惠州2人，江门4人，肇庆1人。

由附表38、附表39和附图17可知，大湾区珠三角九市会计师事务所在自身建设中选择合并战略意图的，都会根据自身的建设状况与市场业务需求状况，其合并意图有很高、比较高、一般、比较低、很低等几个层次。

附表38 大湾区珠三角九市会计师事务所具有合并战略愿望的分布频率

		频数（人）	百分比（%）	有效百分比（%）	累计百分比（%）
有效	很高	22	5.8	5.8	5.8
	比较高	50	13.2	13.2	18.9

续表

		频数（人）	百分比（%）	有效百分比（%）	累计百分比（%）
有效	一般	195	51.3	51.3	70.3
	比较低	54	14.2	14.2	84.5
	很低	59	15.5	15.5	100.0
	总计	380	100.0	100.0	

附表39　大湾区珠三角九市会计师事务所具有合并战略愿望分析

单位：人

	很高	比较高	一般	比较低	很低	合计
深圳	14	31	142	38	44	269
广州	0	5	7	1	2	15
东莞	0	2	5	1	0	8
佛山	0	2	5	2	2	11
珠海	0	3	10	7	4	24
中山	8	2	16	5	3	34
惠州	0	2	4	0	2	8
江门	0	3	6	0	1	10
肇庆	0	0	0	0	1	1
总计	22	50	195	54	59	380

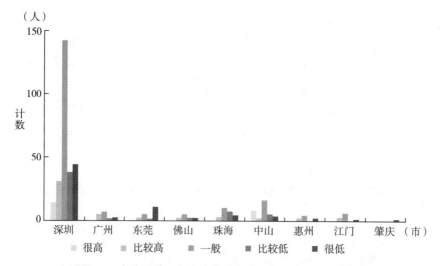

附图17　大湾区珠三角九市会计师事务所具有合并战略愿望

第一层次合并意图很高。在这一层次中，有 22 名参与者，占比 5.8%，其中，深圳 14 人，广州 0 人，东莞 0 人，佛山 0 人，珠海 0 人，中山 8 人，惠州 0 人，江门 0 人，肇庆 0 人。

第二层次合并意图比较高。有 50 名参与者，占比 13.2%，其中，深圳 31 人，广州 5 人，东莞 2 人，佛山 2 人，珠海 3 人，中山 2 人，惠州 2 人，江门 3 人，肇庆 0 人。

第三层次合并意图一般。有 195 名参与者，占比 51.3%，其中，深圳 142 人，广州 7 人，东莞 5 人，佛山 5 人，珠海 10 人，中山 16 人，惠州 4 人，江门 6 人，肇庆 0 人。

第四层次合并愿望比较低。有 54 名参与者，占比 14.2%，其中，深圳 38 人，广州 1 人，东莞 1 人，佛山 2 人，珠海 7 人，中山 5 人，惠州 0 人，江门 0 人，肇庆 0 人。

第五层次合并愿望很低。有 59 名参与者，占比 15.5%，其中，深圳 44 人，广州 2 人，东莞 0 人，佛山 2 人，珠海 4 人，中山 3 人，惠州 2 人，江门 1 人，肇庆 1 人。

由附表 40、附表 41 和附图 18 可知，大湾区珠三角九市会计师事务所在选择合并战略时，都会相应地考虑被合并会计师事务所的规模、知名度、是否受到过处罚、熟悉程度、所在位置、成立时间、管理与控制能力等方面。

附表 40　大湾区珠三角九市会计师事务所合并需要考虑的因素分布频率

		频数（人）	百分比（%）	有效百分比（%）	累计百分比（%）
有效	事务所规模	116	30.5	30.5	30.5
	事务所的知名程度	21	5.5	5.5	36.1
	事务所是否被处罚	80	21.1	21.1	57.1
	对事务所的熟悉程度	15	3.9	3.9	61.1
	事务所的地理位置	3	0.8	0.8	61.8
	事务所成立时间	9	2.4	2.4	64.2
	事务所管理与控制能力	6	1.6	1.6	65.8
	以上均应考虑	130	34.2	34.2	100.0
	总计	380	100.0	100.0	

附表41　大湾区珠三角九市会计师事务所合并需要考虑的因素分析

单位：人

	规模	知名 程度	是否被 处罚	熟悉 程度	地理 位置	成立 时间	管理与控制 能力	以上均应 考虑	合计
深圳	66	21	58	15	3	9	6	91	269
广州	7	0	2	0	0	0	0	6	15
东莞	5	0	1	0	0	0	0	2	8
佛山	4	0	0	0	0	0	0	7	11
珠海	7	0	9	0	0	0	0	8	24
中山	16	0	7	0	0	0	0	11	34
惠州	5	0	0	0	0	0	0	3	8
江门	5	0	3	0	0	0	0	2	10
肇庆	1	0	0	0	0	0	0	0	1
总结	116	21	80	15	3	9	6	130	380

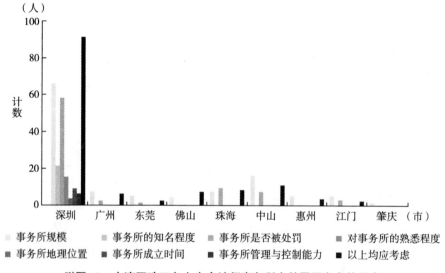

附图18　大湾区珠三角九市会计师事务所合并需要考虑的因素

会计师事务所在合并战略中，有116名填写调查问卷者认为应单一考虑被合并会计师事务所的规模大小，占比30.5%，其中，深圳66人，广州7人，东莞5人，佛山4人，珠海7人，中山16人，惠州5人，江门5人，肇庆1人；有21名参与者认为应考虑被合并会计师事务所的知名程度，占比5.5%，其中，深圳21人，广州0人，东莞0人，佛山0人，珠海0人，中山0人，惠州0人，江门

0 人，肇庆 0 人；有 80 名参与者认为应考虑被合并事务所是否接受过处罚，占比 21.1%，其中，深圳 58 人，广州 2 人，东莞 1 人，佛山 0 人，珠海 9 人，中山 7 人，惠州 0 人，江门 3 人，肇庆 0 人；有 15 名参与者认为应考量对被合并的会计师事务所的熟悉程度，占比 3.9%，其中，深圳 15 人，广州 0 人，东莞 0 人，佛山 0 人，珠海 0 人，中山 0 人，惠州 0 人，江门 0 人，肇庆 0 人；有 3 名参与者认为应考量被合并会计师事务所所处地理位置，占比 3%，其中，深圳 3 人，广州 0 人，东莞 0 人，佛山 0 人，珠海 0 人，中山 0 人，惠州 0 人，江门 0 人，肇庆 0 人；有 9 名参与者认为应考量事务所成立时间长短因素，占比 2.4%，其中，深圳 9 人，广州 0 人，东莞 0 人，佛山 0 人，珠海 0 人，中山 0 人，惠州 0 人，江门 0 人，肇庆 0 人；有 6 名参与者认为应考量被合并会计师事务所的控制能力，占比 1.6%，其中，深圳 6 人，广州 0 人，东莞 0 人，佛山 0 人，珠海 0 人，中山 0 人，惠州 0 人，江门 0 人，肇庆 0 人；有 130 名参与者认为应考量被合并会计师事务所以上所有因素，占比 34.2%，其中，深圳 91 人，广州 6 人，东莞 2 人，佛山 7 人，珠海 8 人，中山 11 人，惠州 3 人，江门 2 人，肇庆 0 人。

由附表 42、附表 43 和附图 19 可知，大湾区珠三角九市会计师事务所在选择合并战略时，所考虑的时间分别为 1~2 年内、3~5 年内、5~10 年内、10 年内都不考虑等时间节点。由选择合并战略的时间可以看到不同的会计师事务所参与市场竞争能力的大小、会计师事务所发展与成长的稳定性及对会计师事务所所面对的市场业务发展的预测能力。

附表 42　大湾区珠三角九市会计师事务所设定估计采用合并战略的时间分布频率

		频数（人）	百分比（%）	有效百分比（%）	累计百分比（%）
有效	1~2 年内	41	10.8	10.8	10.8
	3~5 年内	83	21.8	21.8	32.6
	5~10 年内	59	15.5	15.5	48.2
	10 年内没有	197	51.8	51.8	100.0
	总计	380	100.0	100.0	

附表 43　大湾区珠三角九市会计师事务所设定估计采用合并战略的时间分析

单位：人

	1~2 年内	3~5 年内	5~10 年内	10 年内没有	合计
深圳	28	62	43	136	269
广州	2	1	1	11	15

续表

	1~2 年内	3~5 年内	5~10 年内	10 年内没有	合计
东莞	1	1	2	4	8
佛山	0	1	1	9	11
珠海	2	5	4	13	24
中山	7	9	5	13	34
惠州	1	2	1	4	8
江门	0	2	2	6	10
肇庆	0	0	0	1	1
总计	41	83	59	197	380

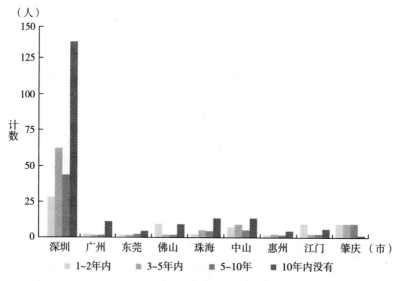

附图 19　大湾区珠三角九市会计师事务所设定估计采用合并战略的时间

　　会计师事务所在合并战略中，有 41 名参与者认为选在 1~2 年内参与市场合并的，占比 10.8%，其中，深圳 28 人，广州 2 人，东莞 1 人，佛山 0 人，珠海 2 人，中山 7 人，惠州 1 人，江门 0 人，肇庆 0 人；有 83 名参与者认为选择 3~5 年内参与市场合并的，占比 21.8%，其中，深圳 62 人，广州 1 人，东莞 1 人，佛山 1 人，珠海 5 人，中山 9 人，惠州 2 人，江门 2 人，肇庆 0 人；有 59 名参与者认为选择 5~10 年内合并的，占比 15.5%，其中，深圳 43 人，广州 1 人，东莞 2 人，佛山 1 人，珠海 4 人，中山 5 人，惠州 1 人，江门 2 人，肇庆 0 人；有 197 名参与者认为 10 年内都没有合并意图的，占比 51.8%，其中，深圳 136 人，广州 11 人，东莞 4 人，佛山 9 人，珠海 13 人，中山 13 人，惠州 4 人，江门 6 人，肇庆 1 人。

由附表 44、附表 45 和附图 20 可知，大湾区珠三角九市会计师事务所为了能够有效地开展审计业务，一般都采用智能化的审计信息辅助系统，一般会选择这几种类型的审计软件：鼎信诺审计软件、用友审计软件、中普审计软件、铭太 E 审计软件、会计师事务所自己开发的软件、混合使用审计软件、没有使用审计软件等。

附表 44　大湾区珠三角九市会计师事务所选择审计软件分类分布频率

		频数（人）	百分比（%）	有效百分比（%）	累计百分比（%）
有效	鼎信诺审计软件	53	13.9	13.9	13.9
	用友审计软件	13	3.4	3.4	17.4
	中普审计软件	41	10.8	10.8	28.2
	铭太 E 审通	42	11.1	11.1	39.2
	自己开发审计软件	68	17.9	17.9	57.1
	混合使用审计软件	115	30.3	30.3	87.4
	没有使用审计软件	48	12.6	12.6	100.0
	总计	380	100.0	100.0	

附表 45　大湾区珠三角九市会计师事务所选择审计软件分类分析

单位：人

	鼎信诺审计软件	用友审计软件	中普审计软件	铭太E审通	自己开发审计软件	混合使用审计软件	没有使用审计软件	合计
深圳	38	12	36	15	55	75	38	269
广州	4	1	0	2	4	3	1	15
东莞	0	0	0	0	0	8	0	8
佛山	4	0	0	2	2	3	0	11
珠海	5	0	1	4	2	6	6	24
中山	2	0	4	14	5	9	0	34
惠州	0	0	0	5	0	3	0	8
江门	0	0	0	0	0	7	3	10
肇庆	0	0	0	0	0	1	0	1
总计	53	13	41	42	68	115	48	380

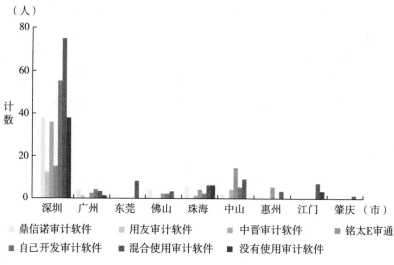

（人）

计
数

鼎信诺审计软件　　用友审计软件　　中晋审计软件　　铭太E审通

自己开发审计软件　　混合使用审计软件　　没有使用审计软件

附图20　大湾区珠三角九市会计师事务所选择审计软件分类

　　大湾区珠三角九市会计师事务所参与填写调查问卷者中，有53名参与者所在的会计师事务所选择鼎信诺审计软件，占比13.9%，其中，深圳38人，广州4人，东莞0人，佛山4人，珠海5人，中山2人，惠州0人，江门0人，肇庆0人；有13名参与者所在的会计师事务所选择用友软件，占比3.4%，其中，深圳12人，广州1人，东莞0人，佛山0人，珠海0人，中山0人，惠州0人，江门0人，肇庆0人；有41名参与者所在的会计师事务所选择中普软件，占比10.8%，其中，深圳36人，广州0人，东莞0人，佛山0人，珠海1人，中山4人，惠州0人，江门0人，肇庆0人；有42名参与者所在的会计师事务所选择铭太E审计软件，占比11.1%，其中，深圳15人，广州2人，东莞0人，佛山2人，珠海4人，中山14人，惠州5人，江门0人，肇庆0人；有68名参与者所在的会计师事务所选择自己开发的审计软件，占比17.9%，其中，深圳55人，广州4人，东莞0人，佛山2人，珠海2人，中山5人，惠州0人，江门0人，肇庆0人；有115名参与者所在的会计师事务所选择混合使用各类型审计软件，占比30.3%，其中，深圳75人，广州3人，东莞8人，佛山3人，珠海6人，中山9人，惠州3人，江门7人，肇庆1人；有48名参与者所在的会计师事务所没有使用审计软件，占比12.6%，其中，深圳38人，广州1人，东莞0人，佛山0人，珠海6人，中山0人，惠州0人，江门3人，肇庆0人。

　　由附表46、附表47和附图21可知，大湾区珠三角九市会计师事务所参与填写调查问卷者所在的会计师事务所在使用智能审计软件过程中，有113名参与者认为对审计业务非常有帮助，占比 29.7%，其中，深圳 80 人，广州 5 人，东莞 2 人，佛山 3 人，珠海 7 人，中山 12 人，惠州 1 人，江门 3 人，肇庆 0 人；有 155 名参与者认为对审计业务比较有帮助，占比 40.8%，其中，深圳 103 人，广州 6 人，东莞 3 人，佛山 6 人，珠海 11 人，中山 17 人，惠州 4 人，江门 4 人，肇庆 1 人；有 78 名参与者认为对审计业务帮助一般，占比 20.5%，其中，深圳 59 人，广州 3 人，东莞 3 人，佛山 2 人，珠海 6 人，中山 3 人，惠州 0 人，江门 2 人，肇庆 0 人；有 23 名参与者认为对审计业务帮助较小，占比 6.1%，其中，深圳 18 人，广州 1 人，东莞 0 人，佛山 0 人，珠海 0 人，中山 2 人，惠州 1 人，江门 1 人，肇庆 0 人；有 11 名参与者认为对审计业务没有帮助，占比 2.9%，其中，深圳 9 人，广州 0 人，东莞 0 人，佛山 0 人，珠海 0 人，中山 0 人，惠州 2 人，江门 0 人，肇庆 0 人。

附表 46　大湾区珠三角九市会计师事务所使用智能审计软件效率提升分布频率

		频数（人）	百分比（%）	有效百分比（%）	累计百分比（%）
有效	非常有帮助	113	29.7	29.7	29.7
	比较有帮助	155	40.8	40.8	70.5
	一般	78	20.5	20.5	91.1
有效	帮助较小	23	6.1	6.1	97.1
	没什么帮助	11	2.9	2.9	100.0
	总计	380	100.0	100.0	

附表 47　大湾区珠三角九市会计师事务所使用智能审计软件效率提升分析

单位：人

	非常有帮助	比较有帮助	一般	帮助较小	没什么帮助	合计
深圳	80	103	59	18	9	269
广州	5	6	3	1	0	15
东莞	2	3	3	0	0	8
佛山	3	6	2	0	0	11
珠海	7	11	6	0	0	24
中山	12	17	3	2	0	34
惠州	1	4	0	1	2	8
江门	3	4	2	1	0	10
肇庆	0	1	0	0	0	1
总计	113	155	78	23	11	380

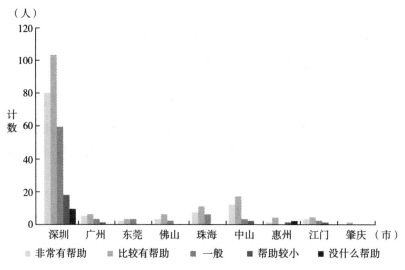

附图 21 大湾区珠三角九市会计师事务所使用智能审计软件效率提升

由附表 48、附表 49 和附图 22 可知，大湾区珠三角九市会计师事务所之间在单一合作涉及审计业务、管理咨询、税务服务、其他业务、人力资源管理与培训等方面，存在以上业务全面合作或协同的状况，也存在以上业务范围内没有合作的状况。

附表 48 大湾区珠三角九市会计师事务所之间合作事项分布频率

		频数（人）	百分比（%）	有效百分比（%）	累计百分比（%）
有效	审计业务	45	11.8	11.8	11.8
	管理咨询	8	2.1	2.1	13.9
	税务服务	11	2.9	2.9	16.8
	其他服务	3	0.8	0.8	17.6
	人力资源管理与培训	8	2.1	2.1	19.7
	以上均是合作内容	225	59.2	59.2	78.9
	不存在合作或协同	80	21.1	21.1	100.0
	总计	380	100.0	100.0	

附表 49 大湾区珠三角九市会计师事务所之间合作事项分析

单位：人

	审计业务	管理咨询	税务服务	其他服务	人力资源管理与培训	以上均是合作内容	不存在合作或协同	合计
深圳	29	8	5	1	5	178	43	269

	审计业务	管理咨询	税务服务	其他服务	人力资源管理与培训	以上均是合作内容	不存在合作或协同	合计
广州	4	0	0	0	0	5	6	15
东莞	0	0	1	1	0	4	2	8
佛山	1	0	1	0	0	5	4	11
珠海	5	0	2	0	0	8	9	24
中山	4	0	2	0	2	16	10	34
惠州	1	0	0	0	0	4	3	8
江门	1	0	0	1	0	5	3	10
肇庆	0	0	0	0	1	0	0	1
总计	45	8	11	3	8	225	80	380

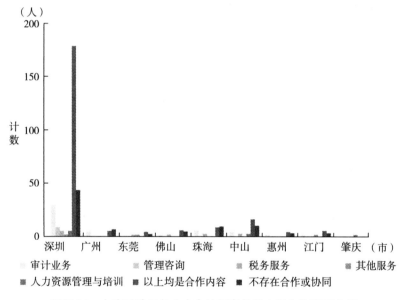

附图 22　大湾区珠三角九市会计师事务所之间合作事项分析

　　大湾区珠三角九市会计师事务所参与填写调查问卷者中，有 45 名参与者认为其所在的会计师事务所与其他的事务所在审计业务上有合作或协同，占比 11.8%，其中，深圳 29 人，广州 4 人，东莞 0 人，佛山 1 人，珠海 5 人，中山 4 人，惠州 1 人，江门 1 人，肇庆 0 人；有 8 名参与者认为其所在的会计师事务所在管理咨询上有合作或协同，占比 2.1%，其中，深圳 8 人，广州 0 人，东莞 0 人，佛山 0 人，珠海 0 人，中山 0 人，惠州 0 人，江门 0 人，肇庆 0 人；有 11 名参与者认为其所在的会计师事务所在税务服务方面有合作或协同，占比 2.9%，其中，深圳 5 人，广州 0 人，东莞 1 人，佛山 1 人，珠海 2 人，中山 2 人，惠州 0 人，江门 0 人，肇庆 0 人；有 3 名参与者认为其所在的会计师事务所在其他服务领域有合作或协同，占比 0.8%，其中，深圳 1 人，广州 0 人，东莞 1 人，佛山 0 人，珠海 0 人，中山 0 人，惠州 0 人，江门 1 人，肇庆 0 人；有 8 名参与者认为其所在的会计师事务所在人力资源管理与培训方面有合作与协调，占比 2.1%，其中，深圳 5 人，广州 0 人，东莞 0 人，佛山 0 人，珠海 0 人，中山 2 人，惠州 0 人，江门 0 人，肇庆 1 人；有 225 名参与者认为其所在的会计师事务所在以上全部内容上与其他的事务所有合作或协同，占比 59.2%，其中，深圳 178 人，广州 5 人，东莞 4 人，佛山 5 人，珠海 8 人，中山 16 人，惠州 4 人，江门 5 人，肇庆 0 人；有 80 名参与者认为其所在的会计师事务所在以上内容上没有合作或协作，占比 21.1%，其中，深圳 43 人，广州 6 人，东莞 2 人，佛山 4 人，珠海 9 人，中山 10 人，惠州 3 人，江门 3 人，肇庆 0 人。

由附表 50、附表 51 和附图 23 可知，大湾区珠三角九市会计师事务所与香港、澳门会计师事务之间的合作主要集中在以下几种合作形式：一是有会计联盟；二是有共同会计网络；三是与香港、澳门地区之间有会计网络或联盟；四是与香港、澳门地区之间没有网络或联盟；五是有其他形式的会计网络或联盟。这充分说明在粤港澳大湾区内部，无论是内地九市，还是香港和澳门地区，其合作方式是具有充分条件的。

附表 50　大湾区珠三角九市会计师事务所与香港、澳门会计师事务所合作形式分布频率

		频数（人）	百分比（%）	有效百分比（%）	累计百分比（%）
有效	有共同会计联盟	51	13.4	13.4	13.4
	有共同会计网络	51	13.4	13.4	26.8
	与香港、澳门有会计网络或联盟	39	10.3	10.3	37.1
	与香港、澳门没有会计网络或联盟	171	45.0	45.0	82.1
	有其他形式的会计网络或联盟	68	17.9	17.9	100.0
	总计	380	100.0	100.0	

附表 51　大湾区珠三角九市会计师事务所与香港、澳门会计师事务所合作形式分析

单位：人

	有共同会计联盟	有共同会计网络	与香港、澳门有会计网络联盟	与香港、澳门没有会计网络联盟	有其他形式的会计网络或联盟	合计
深圳	35	33	32	126	43	269
广州	0	6	1	7	1	15
东莞	2	0	0	6	0	8
佛山	1	4	2	0	4	11
珠海	5	7	3	5	4	24
中山	6	1	0	15	12	34
惠州	2	0	0	5	1	8
江门	0	0	1	7	2	10
肇庆	0	0	0	0	1	1
总结	51	51	39	171	68	380

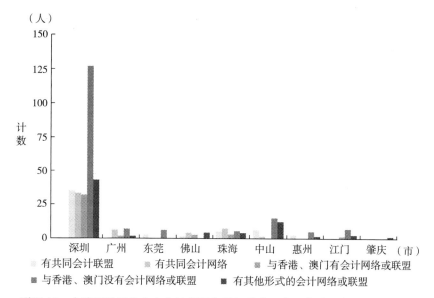

附图 23　大湾区珠三角九市会计师事务所与香港、澳门会计师事务所合作形式

　　有 51 名参与者认为其所在的会计师事务所与香港、澳门会计师事务所之间有共同会计联盟，占比 13.4%，其中，深圳 35 人，广州 0 人，东莞 2 人，佛山 1 人，珠海 5 人，中山 6 人，惠州 2 人，江门 0 人，肇庆 0 人；有 51 名参与者认为其所在的会计师事务所与香港、澳门会计师事务所之间有共同会计

网络，占比 13.4%，其中，深圳 33 人，广州 6 人，东莞 0 人，佛山 4 人，珠海 7 人，中山 1 人，惠州 0 人，江门 0 人，肇庆 0 人；有 39 名参与者认为其所在的会计师事务所与香港、澳门之间有会计网络或联盟，占比 10.3%，其中，深圳 32 人，广州 1 人，东莞 0 人，佛山 2 人，珠海 3 人，中山 0 人，惠州 0 人，江门 1 人，肇庆 0 人；有 171 名参与者认为其所在的会计师事务所与香港、澳门之间没有会计网络或联盟，占比 45.0%，其中，深圳 126 人，广州 7 人，东莞 6 人，佛山 0 人，珠海 5 人，中山 15 人，惠州 5 人，江门 7 人，肇庆 0 人；有 68 名参与者认为其所在的会计师事务所与香港、澳门之间有其他形式的会计网络或联盟，占比 17.9%，其中，深圳 43 人，广州 1 人，东莞 0 人，佛山 4 人，珠海 4 人，中山 12 人，惠州 1 人，江门 2 人，肇庆 1 人。

　　由附表 52、附表 53 和附图 24 可知，大湾区珠三角九市会计师事务所与香港、澳门会计师事务所近三年来在合作与协同事项的深度主要表现在没有合作、有一些合作交流、有比较多的合作交流、有非常深入的合作交流、有其他合作交流等几个层面上。从数据和占比上看，大湾区珠三角九市会计师事务所与香港、澳门会计师事务所之间的合作与协同有待进一步深入，需寻找共同合作与协同的有效路径。

附表 52　大湾区珠三角九市会计师事务所近三年来与香港、澳门合作及协同事项分布频率

		频数（人）	百分比（%）	有效百分比（%）	累计百分比（%）
有效	没有合作交流	242	63.7	63.7	63.7
	有一些合作交流	99	26.1	26.1	89.7
	有比较多的合作交流	9	2.4	2.4	92.1
	有非常深入的合作交流	25	6.6	6.6	98.7
	有其他合作交流	5	1.3	1.3	100.0
	总计	380	100.0	100.0	

附表 53　大湾区珠三角九市会计师事务所近三年来与香港、澳门合作及协同事项分析

单位：人

	没有合作交流	有一些合作交流	有比较多的合作交流	有非常深入的合作交流	有其他合作交流	合计
深圳	158	80	8	18	5	269
广州	11	3	0	1	0	15
东莞	7	1	0	0	0	8

	没有合作交流	有一些合作交流	有比较多的合作交流	有非常深入的合作交流	有其他合作交流	合计
佛山	6	2	0	3	0	11
珠海	16	5	0	3	0	24
中山	27	6	1	0	0	34
惠州	7	1	0	0	0	8
江门	9	1	0	0	0	10
肇庆	1	0	0	0	0	1
总计	242	99	9	25	5	380

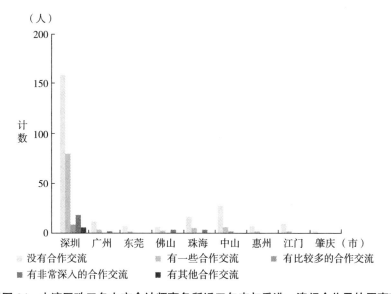

附图 24　大湾区珠三角九市会计师事务所近三年来与香港、澳门合作及协同事项

大湾区珠三角九市会计师事务所参与填写调查问卷者中，有 242 名参与者认为其所在的会计师事务所与香港、澳门会计师事务所之间没有合作交流与协同，占比 63.7%，其中，深圳 158 人，广州 11 人，东莞 7 人，佛山 6 人，珠海 16 人，中山 27 人，惠州 7 人，江门 9 人，肇庆 1 人；有 99 名参与者认为其所在的会计师事务所与香港、澳门之间有一些合作交流或协同，占比 26.1%，其中，深圳 80 人，广州 3 人，东莞 1 人，佛山 2 人，珠海 5 人，中山 6 人，惠州 1 人，江门 1 人，肇庆 0 人；有 9 名参与者认为其所在的会计师事务所与香港、澳门之间有比较多的合作交流或协同，占比 2.4%，其中，深圳 8 人，广州 0 人，东莞 0 人，佛山 0 人，珠海 0 人，中山 1 人，惠州 0 人，江门 0 人，肇庆 0 人；有 25 名参与者认为其所在的会计师事务所与香港、澳门之间有非常深入的交流与协同，占比 6.6%，其中，深圳 18 人，广州 1 人，东莞 0 人，佛山 3 人，珠海 3 人，中山 0 人，惠州 0 人，江门 0 人，肇庆 0 人；有 5 名参与者认为其所在的会计师事务所与香港、澳门之间有其他合作或协同，占比 1.3%，其中，深圳 5 人，广州 0 人，东莞 0 人，佛山 0 人，珠海 0 人，中山 0 人，惠州 0 人，江门 0 人，肇庆 0 人。

由附表 54、附表 55 和附图 25 可知，大湾区珠三角九市会计师事务所涉外审计业务过程中会遇到以下几种类型的问题：一是境内外会计准则不同；二是境内外审计准则规制不同；三是熟悉境内外会计与法律的人才缺乏；四是审计报告在境内外效力的认可度；五是境内外合作审计报告的质量及责任承担。此外，还有在涉外审计过程中遇到以上综合问题的状况。通过数据和占比分析可以看到，大湾区珠三角九市会计师事务所在涉外审计业务上需要进一步提升自己的业务综合能力，要创新人才构建体系，完善会计师事务所的人才培养、引进和交流体系，提升会计师事务所在涉外业务上的综合能力，以适应国际国内经济发展对审计业务人才的需求。

附表 54　大湾区珠三角九市会计师事务所涉外审计业务遇到的问题类型分布频率

		频数（人）	百分比（%）	有效百分比（%）	累计百分比（%）
有效	境内外会计准则规制不同	39	10.3	10.3	10.3
	境内外审计准则规制不同	25	6.6	6.6	16.8
	缺少熟悉境内外会计与法律规制的人才	32	8.4	8.4	25.3
	审计报告在境内外效力的认可度	41	10.8	10.8	36.1
	境内外合作审计的报告质量及责任承担	26	6.8	6.8	42.9
	以上全部包含	217	57.1	57.1	100.0
	总计	380	100.0	100.0	

附表 55　大湾区珠三角九市会计师事务所涉外审计业务遇到的问题类型分析

单位：人

	境内外会计准则规制不同	境内外审计准则规制不同	缺少熟悉境内外会计与法律规划的人才	审计报告在境内外效力的认可度	境内外合作审计的报告质量及责任承担	以上全部包含	合计
深圳	30	18	22	33	22	144	269
广州	1	2	0	1	0	11	15

续表

	境内外会计准则规制不同	境内外审计准则规制不同	缺少熟悉境内外会计与法律规划的人才	审计报告在境内外效力的认可度	境内外合作审计的报告质量及责任承担	以上全部包含	合计
东莞	0	0	0	2	0	6	8
佛山	0	0	0	1	0	10	11
珠海	1	0	0	1	0	22	24
中山	3	5	7	2	2	15	34
惠州	0	0	3	1	0	4	8
江门	4	0	0	0	2	4	10
肇庆	0	0	0	0	0	1	1
总计	39	25	32	41	26	217	380

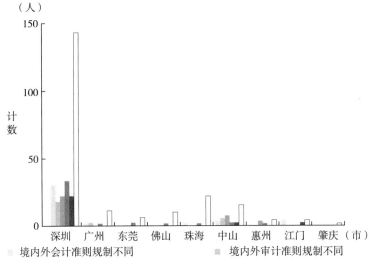

附图 25　大湾区珠三角九市会计师事务所涉外审计业务遇到的问题类型

　　大湾区珠三角九市会计师事务所参与填写调查问卷者中，有 39 名参与者认为其所在的会计师事务所在涉外审计业务中会遇到境内外会计准则不同的问题，占比 10.3%，其中，深圳 30 人，广州 1 人，东莞 0 人，佛山 0 人，珠海 1 人，中山 3 人，惠州 0 人，江门 4 人，肇庆 0 人；有 25 名参与者认为其所在的会计师事务所在涉外审计业务中会遇到境内外审计准则规制不同的问题，占比 6.6%，其中，深圳 18 人，广州 2 人，东莞 0 人，佛山 0 人，珠海 0 人，中山 5 人，惠州 0 人，江门 0 人，肇庆 0 人；有 32 名参与者认为其所在的会计师事务所在涉外审计业务中会遇到缺乏熟悉境内外会计制度与法律制度人才的问题，占比 8.4%，其中，深圳 22 人，广州 0 人，东莞 0 人，佛山 0 人，珠海 0 人，中山 7 人，惠州 3 人，江门 0 人，肇庆 0 人；有 41 名参与者认为其所在的会计师事务所在涉外审计业务中会遇到在境内外效力认可度上的问题，占比 10.8%，其中，深圳 33 人，广州 1 人，东莞 2 人，佛山 1 人，珠海 1 人，中山 2 人，惠州 1 人，江门 0 人，肇庆 0 人；有 26 名参与者认为其所在的会计师事务所在涉外审计业务中会遇到合作审计报告质量及责任承担的问题，占比 6.8%，其中，深圳 22 人，广州 0 人，东莞 0 人，佛山 0 人，珠海 0 人，中山 2 人，惠州 0 人，江门 2 人，肇庆 0 人；有 217 名参与者认为其所在的会计师事务所在涉外审计业务中会遇到以上全部问题，占比 57.1%，其中，深圳 144 人，广州 11 人，东莞 6 人，佛山 10 人，珠海 22 人，中山 15 人，惠州 4 人，江门 4 人，肇庆 1 人。

由附表 56、附表 57 和附图 26 可知，大湾区珠三角九市会计师事务所面对证监会监管项目与监管力度时，其对监管项目与监管力度的重要性有这几个方面的认识：一是处罚上市公司更重要；二是处罚会计师事务所更重要；三是处罚注册会计师更重要；四是以上各项都重要。通过数据和占比分析可以看到，大湾区珠三角九市会计师事务所在面对证监会处罚项目与处罚力度时有不同的认知，但 53.7% 的会计师事务所把证监会的所有处罚项目和处罚力度看得都很重要。这充分说明大湾区珠三角九市会计师事务所谨慎执业的能力。

附表 56　大湾区珠三角九市会计师事务所确认证监会监管力度项目的重要性分布频率

		频数（人）	百分比（%）	有效百分比（%）	累计百分比（%）
有效	处罚上市公司更重要	47	12.4	12.4	12.4
	处罚会计事师务所更重要	78	20.5	20.5	32.9
	处罚注册会计师更重要	51	13.4	13.4	46.3
	以上各项都重要	204	53.7	53.7	100.0
	总计	380	100.0	100.0	

附表 57　大湾区珠三角九市会计师事务所确认证监会监管力度项目的重要性分析

单位：人

城市	处罚上市公司更重要	处罚会计师事务所更重要	处罚注册会计师更重要	以上各项都重要	合计
深圳	47	52	34	136	269

城市	处罚上市公司更重要	处罚会计师事务所更重要	处罚注册会计师更重要	以上各项都重要	合计
广州	0	7	1	7	15
东莞	0	0	0	8	8
佛山	0	0	4	7	11
珠海	0	5	8	11	24
中山	0	14	3	17	34
惠州	0	0	0	8	8
江门	0	0	1	9	10
肇庆	0	0	0	1	1
总计	47	78	51	204	380

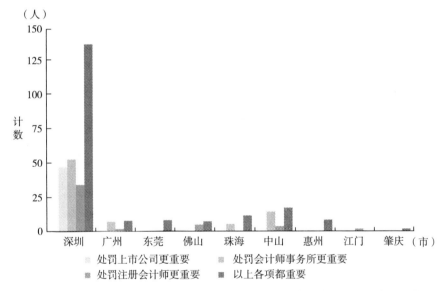

附图 26　大湾区珠三角九市会计师事务所确认证监会监管力度项目的重要性

大湾区珠三角九市会计师事务所参与填写调查问卷者中，有 47 名参与者认为在面对证监会处罚项目与处罚力度时，处罚上市公司更重要，占比12.4%，其中，深圳 47 人，广州 0 人，东莞 0 人，佛山 0 人，珠海 0 人，中山 0 人，惠州 0 人，江门 0 人，肇庆 0 人；有 78 名参与者认为在面对证监会处罚项目与处罚力度时，处罚会计师事务所更重要，占比 20.5%，其中，深圳 52 人，广州 7 人，东莞 0 人，佛山 0 人，珠海 5 人，中山 14 人，惠州 0 人，江门 1 人，肇庆 0 人；有 51 名参与者认为在面对证监会处罚项目与处罚力度时，处罚注册会计师更重要的，占比 13.4%，其中，深圳 34 人，广州 1 人，东莞 0 人，佛山 4 人，珠海 8 人，中山 3 人，惠州 0 人，江门 1 人，肇庆 0 人；有 204 名参与者认为在面对证监会处罚项目与处罚力度时，以上各项处罚项目和处罚力度都是重要的，占比 53.7%，其中，深圳 136 人，广州 7 人，东莞 8 人，佛山 7 人，珠海 11 人，中山 17 人，惠州 8 人，江门 9 人，肇庆 1 人。

由附表 58、附表 59 和附图 27 可知，大湾区珠三角九市会计师事务所面对证监会监管形式时，产生的压力主要表现在以下几个方面：一是感到压力很大；二是感到压力较大；三是感到压力一般；四是感到压力较小；五是没有感到压力。由数据分析和各项目内容的占比可知，凡是感到压力很大和压力较大的会计师事务所，说明其审计业务涉及上市公司的各项业务；压力较小或没有压力的，说明其与上市公司的业务无关，或其执业规范程度极高。

附表 58　大湾区珠三角九市会计师事务所面对证监会监管形成的执业压力分布频数

		频数（人）	百分比（%）	有效百分比（%）	累计百分比（%）
有效	很大	162	42.6	42.6	42.6
	较大	153	40.3	40.3	82.9
	一般	59	15.5	15.5	98.4
	较小	5	1.3	1.3	99.7
	没有	1	0.3	0.3	100.0
	总计	380	100.0	100.0	

附表 59　大湾区珠三角九市会计师事务所面对证监会监管形成的执业压力分析

单位：人

	很大	较大	一般	较小	没有	合计
深圳	103	121	40	4	1	269
广州	12	2	1	0	0	15
东莞	3	4	1	0	0	8
佛山	5	4	2	0	0	11
珠海	9	8	7	0	0	24
中山	23	8	3	0	0	34
惠州	4	2	1	1	0	8

	很大	较大	一般	较小	没有	合计
江门	3	4	3	0	0	10
肇庆	0	0	1	0	0	1
总计	162	153	59	5	1	380

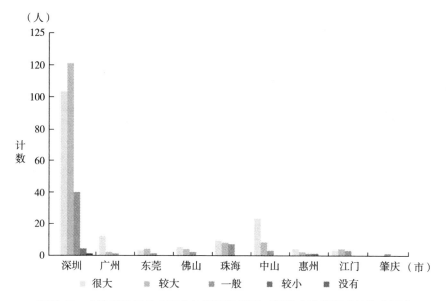

附图 27 大湾区珠三角九市会计师事务所面对证监会监管形成的执业压力

大湾区珠三角九市会计师事务所参与填写调查问卷者中，有 162 名参与者认为在面对证监会处罚项目与处罚力度时，感到压力很大，占比 42.6%，其中，深圳 103 人，广州 12 人，东莞 3 人，佛山 5 人，珠海 9 人，中山 23 人，惠州 4 人，江门 3 人，肇庆 0 人；有 153 名参与者认为在面对证监会处罚项目与处罚力度时，感到压力较大，占比 40.3%，其中，深圳 121 人，广州 2 人，东莞 4 人，佛山 4 人，珠海 8 人，中山 8 人，惠州 2 人，江门 4 人，肇庆 0 人；有 59 名参与者认为在面对证监会处罚项目与处罚力度时，感到压力一般，占比 15.5%，其中，深圳 40 人，广州 1 人，东莞 1 人，佛山 2 人，珠海 7 人，中山 3 人，惠州 1 人，江门 3 人，肇庆 1 人；有 5 名参与者认为在面对证监会处罚项目与处罚力度时，感到压力较小，占比 1.3%，其中，深圳 4 人，广州 0 人，东莞 0 人，佛山 0 人，珠海 0 人，中山 0 人，惠州 1 人，江门 0 人，肇庆 0 人；有 1 名参与者认为在面对证监会处罚项目与处罚力度时没有压力，占比 0.3%，其中，深圳 1 人，广州 0 人，东莞 0 人，佛山 0 人，珠海 0 人，中山 0 人，惠州 0 人，江门 0 人，肇庆 0 人。由此可以说明会计师事务所在执业过程中的不易与可能出现的风险。

由附表 60、附表 61 和附图 28 可知，大湾区珠三角九市会计师事务所在执业过程中，在单一层面的执业风险包括：一是审计事项重要性确认；二是勤勉尽责事项把握的力度；三是会计估计与判断合理界限范围；四是金融工具与复杂业务处理的能力；五是被审计单位的欺诈手段；六是被审计单位收入确认。在综合层面，大湾区珠三角九市会计师事务所执业风险包括以上所有的内容。

附表 60　大湾区珠三角九市会计师事务所执业风险项目分布频率

		频数（人）	百分比（%）	有效百分比（%）	累计百分比（%）
有效	审计事项重要性确认	154	40.5	40.5	40.5
	勤勉尽责事项把握	23	6.1	6.1	46.6
	会计估计与判断合理界限	30	7.9	7.9	54.5
	金融工具与复杂业务处理	48	12.6	12.6	67.1
	被审计单位财务欺诈	67	17.6	17.6	84.7
	被审计单位收入确认	3	0.8	0.8	85.5
	以上内容都包含	55	14.5	14.5	100.0
	总计	380	100.0	100.0	

附表 61　大湾区珠三角九市会计师事务所执业风险项目分析

单位：人

	审计事项重要性确认	勤勉尽责事项把握	会计估计与判断的合理界限	金融工具与复杂业务处理	被审计单位财务欺诈	被审计单位收入确认	以上内容都包含	合计
深圳	108	16	18	25	54	3	45	269
广州	4	0	1	9	1	0	0	15
东莞	8	0	0	0	0	0	0	8
佛山	3	0	2	1	4	0	1	11
珠海	7	2	3	7	2	0	3	24
中山	13	3	6	6	4	0	2	34
惠州	3	2	0	0	2	0	1	8

	审计事项重要性确认	勤勉尽责事项把握	会计估计与判断的合理界限	金融工具与复杂业务处理	被审计单位财务欺诈	被审计单位收入确认	以上内容都包含	合计
江门	8	0	0	0	0	0	2	10
肇庆	0	0	0	0	0	0	1	1
总计	154	23	30	48	67	3	55	380

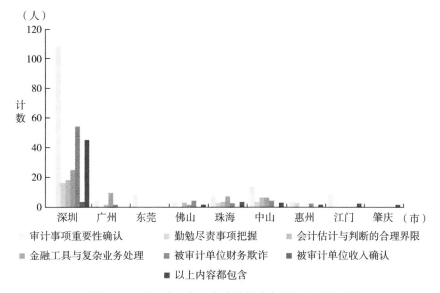

附图 28　大湾区珠三角九市会计师事务所执业风险项目

　　大湾区珠三角九市会计师事务所参与填写调查问卷者中，有 154 名参与者认为在执业风险项目上，审计事项重要性确认存在风险，占比 40.5%，其中，深圳 108 人，广州 4 人，东莞 8 人，佛山 3 人，珠海 7 人，中山 13 人，惠州 3 人，江门 8 人，肇庆 0 人；有 23 名参与者认为在执业中勤勉尽责事项的把握力度上具有风险，占比 6.1%，其中，深圳 16 人，广州 0 人，东莞 0 人，佛山 0 人，珠海 2 人，中山 3 人，惠州 2 人，江门 0 人，肇庆 0 人；有 30 名参与者认为在会计估计与判断合理界限范围上具有风险，占比 7.9%，其中，深圳 18 人，广州 1 人，东莞 0 人，佛山 2 人，珠海 3 人，中山 6 人，惠州 0 人，江门 0 人，肇庆 0 人；有 48 名参与者认为在金融工具与复杂业务处理能力上具有风险，占比 12.6%，其中，深圳 25 人，广州 9 人，东莞 0 人，佛山 1 人，珠海 7 人，中山 6 人，惠州 0 人，江门 0 人，肇庆 0 人；有 67 名参与者认为被审计单位具有财务欺诈风险，占比 17.6%，其中，深圳 54 人，广州 1 人，东莞 0 人，佛山 4 人，珠海 2 人，中山 4 人，惠州 2 人，江门 0 人，肇庆 0 人；有 3 名参与者认为被审计单位存在收入确认风险，占比 0.8%，其中，深圳 3 人，广州 0 人，东莞 0 人，佛山 0 人，珠海 0 人，中山 0 人，惠州 0 人，江门 0 人，肇庆 0 人；有 55 名参与者认为以上各项风险全部存在，占比 14.5%，其中，深圳 45 人，广州 0 人，东莞 0 人，佛山 1 人，珠海 3 人，中山 2 人，惠州 1 人，江门 2 人，肇庆 1 人。由此可以看到，会计师事务所在承接审计业务的过程中，防范被审计单位可能存在的审计风险至关重要。

由附表 62、附表 63 和附图 29 可知，大湾区珠三角九市会计师事务所在执业过程中，对行业价值贡献度主要表现在以下几个方面：一是对被审计单位的财务报表重述／修订涉及金额；二是对被审计单位涉及证监会确定处罚金额；三是涉及被审计单位的总收入／总资产；四是涉及因审计需要调整的金额；五是涉及其他事项等，对于被审计单位能够减少或减轻被处罚的可能性。

附表 62　大湾区珠三角九市会计师事务所的行业价值贡献度分布频率

		频数（人）	百分比（%）	有效百分比（%）	累计百分比（%）
有效	财务报表重述／修订涉及金额	313	82.4	82.4	82.4
	证监会确定处罚的金额	14	3.7	3.7	86.1
	审计涉及客户总收入／总资产	18	4.7	4.7	90.8
	审计需调整的金额	15	3.9	3.9	94.7
	其他	20	5.3	5.3	100.0
	总计	380	100.0	100.0	

附表 63　大湾区珠三角九市会计师事务所的行业价值贡献度分析

单位：人

	财务报表重述／修订涉及金额	证监会确定处罚的金额	审计涉及客户总收入／总资产	审计需调整的金额	其他	合计
深圳	217	14	17	13	8	269
广州	13	0	1	0	1	15
东莞	7	0	0	1	0	8
佛山	10	0	0	0	1	11

	财务报表重述 / 修订涉及金额	证监会确定处罚的金额	审计涉及客户总收入 / 总资产	审计需调整的金额	其他	合计
珠海	20	0	0	0	4	24
中山	30	0	0	0	4	34
惠州	7	0	0	0	1	8
江门	8	0	0	1	1	10
肇庆	1	0	0	0	0	1
总计	313	14	18	15	20	380

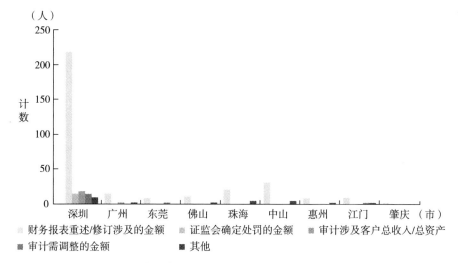

附图 29　大湾区珠三角九市会计师事务所的行业价值贡献度

大湾区珠三角九市会计师事务所参与填写调查问卷者中，有 313 名参与者认为其所在的会计师事务所在执业过程中，对被审计单位因审计而涉及的财务报表重述 / 修订涉及金额方面做出了价值贡献，占比 82.4%，其中，深圳 217 人，广州 13 人，东莞 7 人，佛山 10 人，珠海 20 人，中山 30 人，惠州 7 人，江门 8 人，肇庆 1 人；有 14 名参与者认为其所在的会计师事务所在执业过程中，对被审计单位减少被证监会确定处罚金额有贡献度，占比 3.7%，其中，深圳 14 人，广州 0 人，东莞 0 人，佛山 0 人，珠海 0 人，中山 0 人，惠州 0 人，江门 0 人，肇庆 0 人；有 18 名参与者认为其所在的会计师事务所在执业过程中，对审计涉及客户总收入 / 总资产有价值贡献，占比 4.7%，其中，深圳 17 人，广州 1 人，东莞 0 人，佛山 0 人，珠海 0 人，中山 0 人，惠州 0 人，江门 0 人，肇庆 0 人；有 15 名参与者认为其所在的会计师事务所在执业过程中，对涉及被审计单位需要调整的金额有价值贡献，占比 3.9%，其中，深圳 13 人，广州 0 人，东莞 1 人，佛山 0 人，珠海 0 人，中山 0 人，惠州 0 人，江门 1 人，肇庆 0 人；有 20 名参与者认为其所在的会计师事务所在执业过程中，对被审计单位的其他方面有价值贡献，占比 5.3%，其中，深圳 8 人，广州 1 人，东莞 0 人，佛山 1 人，珠海 4 人，中山 4 人，惠州 1 人，江门 1 人，肇庆 0 人。由此可以看到，会计师事务所在承接审计业务的过程中，通过尽职服务，为被审计单位挽回经济损失做出了贡献。

由附表 64、附表 65 和附图 30 可知，大湾区珠三角九市会计师事务所参与填写调查问卷者中，认为其所在的会计师事务所在执业过程中存在审计竞价压力：一是有 201 名参与者认为有很大压力，占比 52.9%，其中，深圳 136 人，广州 10 人，东莞 3 人，佛山 7 人，珠海 11 人，中山 23 人，惠州 6 人，江门 5 人，肇庆 0 人；二是有 148 名参与者认为有较大压力，占比 38.9%，其中，深圳 113 人，广州 2 人，东莞 4 人，佛山 4 人，珠海 8 人，中山 10 人，惠州 2 人，江门 4 人，肇庆 1 人；三是有 28 名参与者认为压力一般，占比 7.4%，其中，深圳 18 人，广州 2 人，东莞 1 人，佛山 0 人，珠海 5 人，中山 1 人，惠州 0 人，江门 1 人，肇庆 0 人；四是有 2 名参与者认为压力较小，占比 0.5%，其中，深圳 1 人，广州 1 人，东莞 0 人，佛山 0 人，珠海 0 人，中山 0 人，惠州 0 人，江门 0 人，肇庆 0 人；五是有 1 名参与者认为没有压力，占比 0.3%，其中，深圳 1 人，广州 0 人，东莞 0 人，佛山 0 人，珠海 0 人，中山 0 人，惠州 0 人，江门 0 人，肇庆 0 人。

附表 64　大湾区珠三角九市会计师事务所面对审计竞价压力分布频率

		频数（人）	百分比（%）	有效百分比（%）	累计百分比（%）
有效	很大	201	52.9	52.9	52.9
	较大	148	38.9	38.9	91.8
	一般	28	7.4	7.4	99.2
	较小	2	0.5	0.5	99.7
	没有	1	0.3	0.3	100.0
	总计	380	100.0	100.0	

附表 65　大湾区珠三角九市会计师事务所面对审计竞价压力分析

单位：人

	很大	较大	一般	较小	没有	合计
深圳	136	113	18	1	1	269
广州	10	2	2	1	0	15
东莞	3	4	1	0	0	8
佛山	7	4	0	0	0	11
珠海	11	8	5	0	0	24
中山	23	10	1	0	0	34
惠州	6	2	0	0	0	8
江门	5	4	1	0	0	10
肇庆	0	1	0	0	0	1
总计	201	148	28	2	1	380

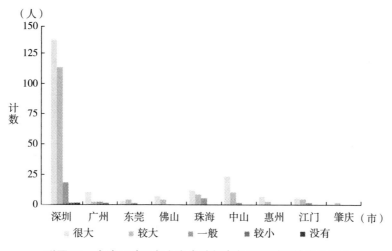

附图 30　大湾区珠三角九市会计师事务所面对审计竞价压力

由以上分析可以看出，会计师事务所在执业过程中的竞价压力是普遍存在的，这说明市场竞争激烈，报价不规范，但同时也能说明一些基本的问题，就是会计师事务所在建设与发展的过程中，不仅要注重业务的开拓，还要注重自身执业能力的建设。只有具备过硬的执业能力、被客户信任的品质，才能赢得市场。

由附表 66、附表 67 和附图 31 可知，大湾区珠三角九市会计师事务所参与填写调查问卷者中，对国家监管会计师事务所竞价行为的方式有不同的理解：一是有 289 名参与者认为国家监管会计师事务所在竞价行为上，应调整收费标准 / 适度提高，占比 76.1%，其中，深圳 204 人，广州 11 人，东莞 7 人，佛山 10 人，珠海 17 人，中山 26 人，惠州 6 人，江门 7 人，肇庆 1 人；二是有 14 名参与者认为国家监管会计师事务所在竞价行为上，应拓展业务范围及市场需求，占比 3.7%，其中，深圳 10 人，广州 0 人，东莞 0 人，佛山 0 人，珠海 0 人，中山 4 人，惠州 0 人，江门 0 人，肇庆 0 人；三是有 11 名参与者认为国家监管会计师事务所在竞价行为上，应确定规范管理 / 标准 / 规范执行，占比 2.9%，其中，深圳 10 人，广州 1 人，东莞 0 人，佛山 0 人，珠海 0 人，中山 0 人，惠州 0 人，江门 0 人，肇庆 0 人；四是有 8 名参与者认为国家监管会计师事务所在竞价行为上，应监管并处罚竞相竞价行为，占比 2.1%，其中，深圳 6 人，广州 0 人，东莞 0 人，佛山 0 人，珠海 0 人，中山 0 人，惠州 2 人，江门 0 人，肇庆 0 人；五是有 58 名参与者认为对于国家监管会计师事务所的竞价行为，事务所接受以上全部监管方式，占比 15.3%，其中，深圳 39 人，广州 3 人，东莞 1 人，佛山 1 人，珠海 7 人，中山 4 人，惠州 0 人，江门 3 人，肇庆 0 人。

附表 66 大湾区珠三角九市接受国家对会计师事务所竞价行为监管方式分布频率

		频数（人）	百分比（%）	有效百分比（%）	累计百分比（%）
有效	调整收费标准 / 适度提高	289	76.1	76.1	76.1
	拓展业务范围及市场需求	14	3.7	3.7	79.7
	规范管理 / 标准 / 规范执行	11	2.9	2.9	82.6
	监管并处罚竞相竞价行为	8	2.1	2.1	84.7
	以上内容均应包含	58	15.3	15.3	100.0
	总计	380	100.0	100.0	

附表 67 大湾区珠三角九市接受国家对会计师事务所竞价行为监管方式分析

单位：人

	调整收费标准 / 适度提高	拓展业务范围及市场需求	规范管理 / 标准 / 规范执行	监管并处罚竞相竞价行为	以上内容均应包含	合计
深圳	204	10	10	6	39	269
广州	11	0	1	0	3	15

续表

	调整收费标准/适度提高	拓展业务范围及市场需求	规范管理/标准/规范执行	监管并处罚竞相竞价行为	以上内容均应包含	合计
东莞	7	0	0	0	1	8
佛山	10	0	0	0	1	11
珠海	17	0	0	0	7	24
中山	26	4	0	0	4	34
惠州	6	0	0	2	0	8
江门	7	0	0	0	3	10
肇庆	1	0	0	0	0	1
总计	289	14	11	8	58	380

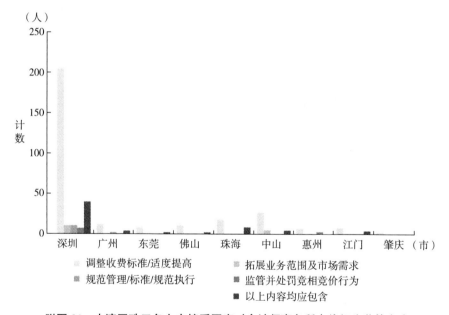

附图 31　大湾区珠三角九市接受国家对会计师事务所竞价行为监管方式

由以上分析可以看出，大湾区珠三角九市会计师事务所在执业过程中，对国家对会计师事务所竞价行为的监管是持接受态度的，说明了会计师事务所执业者自我监管的共同心态。行业间的规范化运行，是保持整体行业与个体独特发展的纽带。

由附表68、附表69和附图32可知，大湾区珠三角九市会计师事务所在执业与日常运行中，在单一层面上遇到的挑战包括：一是激烈市场竞争的挑战；二是趋严的监管与处罚力度的挑战；三是人工智能技术的发展对审计的影响与挑战；四是国家法规与政策变化的挑战；五是因执业风险巨大，致使会计师事务所留不住人才的挑战；六是审计质量提升而人才短缺的挑战。在综合层面上，以上各项内容都是会计师事务所所面对的挑战。

附表 68　大湾区珠三角九市会计师事务所开展审计业务面临挑战分布频率

		频数（人）	百分比（％）	有效百分比（％）	累计百分比（％）
有效	市场竞争的激烈程度	55	14.5	14.5	14.5
	趋严的监管与处罚	51	13.4	13.4	27.9
	人工智能技术的发展	72	18.9	18.9	46.8
	法规与政策的变化	54	14.2	14.2	61.1
	风险巨大留不住人才	35	9.2	9.2	70.3
	审计质量提升与人才短缺	39	10.3	10.3	80.5
	以上各项内容均包含	74	19.5	19.5	100.0
	总计	380	100.0	100.0	

附表 69　大湾区珠三角九市会计师事务所开展审计业务面临挑战分析

单位：人

	市场竞争的激烈程度	趋严的监管与处罚	人工智能技术的发展	法规与政策的变化	风险巨大留不住人才	审计质量提升与人才短缺	以上各项内容均包含	合计
深圳	37	36	58	42	21	26	49	269
广州	5	0	1	2	2	1	4	15
东莞	1	2	1	0	1	0	3	8
佛山	0	0	0	4	5	2	0	11
珠海	3	1	0	6	4	5	5	24
中山	7	5	9	0	1	3	9	34
惠州	0	5	3	0	0	0	0	8
江门	2	1	0	0	1	2	4	10
肇庆	0	1	0	0	0	0	0	1
总计	55	51	72	54	35	39	74	380

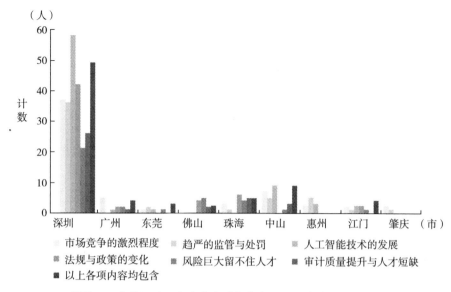

（人）

附图32　大湾区珠三角九市会计师事务所开展审计业务面临挑战

　　大湾区珠三角九市会计师事务所参与填写调查问卷者中，一是有55名参与者认为其所在的会计师事务所会面对激烈市场竞争的挑战，占比14.5%，其中，深圳37人，广州5人，东莞1人，佛山0人，珠海3人，中山7人，惠州0人，江门2人，肇庆0人；二是有51名参与者认为其所在的会计师事务所会面对趋严的监管与处罚力度的挑战，占比13.4%，其中，深圳36人，广州0人，东莞2人，佛山0人，珠海1人，中山5人，惠州5人，江门1人，肇庆1人；三是有72名参与者认为其所在的会计师事务所会面对人工智能技术的发展对审计带来的影响与挑战，占比18.9%，其中，深圳58人，广州1人，东莞1人，佛山0人，珠海0人，中山9人，惠州3人，江门0人，肇庆0人；四是有54名参与者认为其所在的会计师事务所面临国家法规与政策变化的挑战，占比14.2%，其中，深圳42人，广州2人，东莞0人，佛山4人，珠海6人，中山0人，惠州0人，江门0人，肇庆0人；五是有35名参与者认为其所在的会计师事务所会因执业风险巨大，致使会计师事务所面临留不住人才的挑战，占比9.2%，其中，深圳21人，广州2人，东莞1人，佛山5人，珠海4人，中山1人，惠州0人，江门1人，肇庆0人；六是有39名参与者认为其所在的会计师事务所会在审计质量提升方面面临人才短缺的挑战，占比10.3%，其中，深圳26人，广州1人，东莞0人，佛山2人，珠海5人，中山3人，惠州0人，江门2人，肇庆0人；七是有74名参与者认为其所在的会计师事务所会面临以上各项挑战，占比 19.5%，其中，深圳 49 人，广州 4 人，东莞 3 人，佛山 0 人，珠海 5 人，中山 9 人，惠州 0 人，江门 4 人，肇庆 0 人。

由附表 70、附表 71 和附图 33 可知，大湾区珠三角九市的注册会计师在党和国家政策的指导下，遇到了前所未有的发展机遇。这些方面包括：一是智能技术的发展，推动审计效率的提升；二是法规政策的适时修订，为注册会计师创造了执业的保障；三是在审计领域国际合作需求的增加，让注册会计师能一展身手，贡献自己能力；四是随着国民经济与区域经济的增长，对注册会计师的需求量增加，为注册会计师增加了执业机会；五是来自中央、地方政府等其他政策与改革措施，为注册会计师参与经济运行创造了条件。同时，以上这些内容都是注册会计师面临的机遇。

附表 70 大湾区珠三角九市中注册会计师在审计业务领域的发展机遇分布频率

		频数（人）	百分比（%）	有效百分比（%）	累计百分比（%）
有效	人工智能技术的发展推动审计效率提升	154	40.5	40.5	40.5
	法规政策的适时修订	21	5.5	5.5	46.1
	审计领域国际合作需求的增加	20	5.3	5.3	51.3
	经济增长的需求增加	20	5.3	5.3	56.6
	其他政策与改革措施	27	7.1	7.1	63.7
	以上各项均包含	138	36.3	36.3	100.0
	总计	380	100.0	100.0	

附表 71 大湾区珠三角九市中注册会计师在审计业务领域的发展机遇分析

单位：人

	人工智能技术的发展推动审计效率提升	法规政策的适时修订	审计领域国际合作需求的增加	经济增长的需求增加	其他政策与改革的措施	以上各项均包含	合计
深圳	126	13	7	14	17	92	269
广州	1	2	2	1	0	9	15
东莞	3	0	0	2	0	3	8
佛山	2	0	3	0	5	1	11
珠海	4	1	4	1	4	10	24
中山	9	2	3	0	0	20	34

	人工智能技术的发展推动审计效率提升	法规政策的适时修订	审计领域国际合作需求的增加	经济增长的需求增加	其他政策与改革的措施	以上各项均包含	合计
惠州	2	3	0	0	0	3	8
江门	6	0	1	2	1	0	10
肇庆	1	0	0	0	0	0	1
总计	154	21	20	20	27	138	380

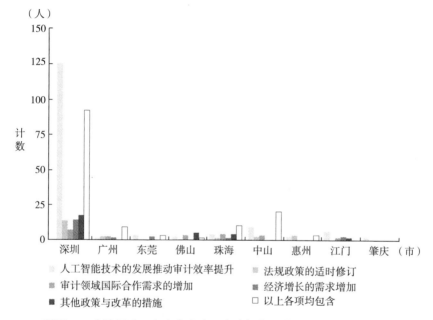

附图 33　大湾区珠三角九市中注册会计师在审计业务领域的发展机遇

大湾区珠三角九市注册会计师参与填写调查问卷者中，一是有 154 名参与者认为人工智能技术的发展会推动审计效率提升，占比 40.5%，其中，深圳 126 人，广州 1 人，东莞 3 人，佛山 2 人，珠海 4 人，中山 9 人，惠州 2 人，江门 6 人，肇庆 1 人；二是有 21 名参与者认为国家在法规政策上的适时修订，为注册会计师创造了执业的保障，占比 5.5%，其中，深圳 13 人，广州 2 人，东莞 0 人，佛山 0 人，珠海 1 人，中山 2 人，惠州 3 人，江门 0 人，肇庆 0 人；三是有 20 名参与者认为审计领域国际合作需求的增加，能让注册会计师一展身手，贡献自己的力量，占比 5.3%，其中，深圳 7 人，广州 2 人，东莞 0 人，佛山 3 人，珠海 4 人，中山 3 人，惠州 0 人，江门 1 人，肇庆 0 人；四是有 20 名参与者认为国家经济与区域经济的增长，带来注册会计师的需求量的增加，增加了注册会计师执业机会，占比 5.3%，其中，深圳 14 人，广州 1 人，东莞 2 人，佛山 0 人，珠海 1 人，中山 0 人，惠州 0 人，江门 2 人，肇庆 0 人；五是有 27 名参与者认为，来自国家、地方政府等其他政策与改革措施，为注册会计师参与经济运行创造了有利条件，占比 7.1%，其中，深圳 17 人，广州 0 人，东莞 0 人，佛山 5 人，珠海 4 人，中山 0 人，惠州 0 人，江门 1 人，肇庆 0 人。

有 138 名参与者认为，对于注册会计师而言，以上各项内容都包含机遇，占比 36.3%，其中，深圳 92 人，广州 9 人，东莞 3 人，佛山 1 人，珠海 10 人，中山 20 人，惠州 3 人，江门 0 人，肇庆 0 人。

附录二　访谈记录

中证天通会计师事务所访谈记录

访谈交流方式：线上

访谈交流日期：2023-12-05

访谈交流人员：

陈宋生：北京理工大学管理学院会计系主任，教授，博士生导师，北京理工大学审计研究中心主任

陈元艺：北京理工大学审计研究中心特约研究员

受访专家：杨高宇，中证天通 会计师事务所，深圳分所负责人

简介：中证天通会计师事务所（特殊普通合伙）为中证天通核心机构，于2014年顺利完成特殊普通合伙改制，注册资本金1500余万元；多年来一直位列全国百强事务所前30位左右，业务收入近3亿元，相关人员近1000人，注册会计师300余人。具有证券期货业资质、军工涉密业务咨询服务安全保密资质等多种服务资质。

访谈交流内容：

Q1：习近平总书记在广东考察时指出："使粤港澳大湾区成为新发展格局的战略支点、高质量发展的示范地、中国式现代化的引领地。"这是以习近平同志为核心的党中央着眼新时代推进中国式现代化大局赋予粤港澳大湾区发展的新定位。战略支点是支撑全局性、高层次战略规划实施的关键点。为打造新发展格局的战略支点，粤港澳大湾区未来会在哪些方面加大发展的力度？

A1：粤港澳大湾区成为新发展格局的战略支点，未来会在高科技、金融、文化、教育这些高层次领域发挥重要作用。

高科技产业方面。深圳本身就是高科技产业的聚集地，拥有华为、中兴、大疆、比亚迪、华大基因等一大批优秀的科技公司。

金融产业方面。深圳毗邻香港国际金融中心，自身的金融业发展也非常迅

速，今年一季度，根据深圳市地方金融监督管理局公布的数据，深圳金融业已经与北京、上海并列为内地金融城市"第一梯队"，2023 年一季度实现增加值1283.92 亿元，同比增长 7.0%，增速高于全国（6.9%）平均水平。

文化产业方面。近年来，深圳先后发布《深圳市文化产业发展专项资金资助办法》《深圳市文化产业高质量规划（2021—2025）》，大力支持文化产业的发展。

教育方面。深圳与北大、清华、哈工大等多所高校合作办学，有的高校深圳校区的录取分数线比总校还要高很多。另外，深圳还在积极筹办深圳理工大学、深圳海洋大学、深圳音乐学院、深圳创新创意设计学院等多所高校。

我个人在深圳工作了三十多年，亲眼见证了深圳在上述四个方面的发展，并且在"双区"的驱动下，这四个方面相较于以往肯定会得到更高的重视。

Q2：资本市场为经济发展提供重要支持，而审计为资本市场的健康发展"保驾护航"。在建设粤港澳大湾区的重大国家战略背景下，从大湾区审计行业的角度来看，您认为这对大湾区审计服务市场发展会有什么影响？注册会计师和会计师事务所正在面临什么样的机遇与挑战？（例如，监管收紧对审计业务发展的影响，人工智能在审计服务方面的应用，粤港澳大湾区要素市场融合对审计服务的需求等）

A2：我们的资本市场和与之配套的审计行业其实是个舶来品，长期以来我们一直在摸着石头过河，但如今中国已经成为全世界工业品类最齐全的单一经济体，是全世界最大的单一大市场，西方已经没有多少地方可以给我们借鉴了。中国未来的发展，会越来越走向原创。在这个背景下，原来的舶来品，都会为了匹配中国的原创道路而做出调整。

审计行业也是如此。

西方的审计制度是基于股东与管理层分属两套人马的现实，从大航海时代发展而来的，基本模式是：股东聘用审计机构对企业进行审计，从而考核管理层并确保分红，审计费用与费用支付方式是审计机构与股东商定的；而中国的大部分企业，股东与管理层几乎重叠，大股东同时是法定代表人和 CEO，审计机构一直处于很弱势的地位，因为费用的多寡与支付方式都掌握在委托人手里。假如中国没有缺席前面几次工业革命，按照大陆经济原创发展出来的审计制度，我个人猜测，审计工作应该会类似深圳市在 1996 年对本地国企开展的税收财务大检查，事务所是监管部门委派的审计机构，而不是企业自己请来审自己的机构。只有委派方与被审计单位两者力量平衡，审计机构在中间才能充分发挥专业作用，否则专业性就要被其他要素影响。

其实中国的审计行业一直在为了适应中国特色而在不断调整，而在建设粤港澳大湾区的重大国家战略背景下，我认为这一调整不仅还要继续，并且还要加速。比如财政部要求会计师事务所进行一体化管理，就是在行业告别之前野蛮生长时期后必然要进行的精细化改革之一。

注册会计师和会计师事务所为此要做的就是继续打磨好自己的专业能力，以专业能力作为自身的核心竞争力。

Q3：随着粤港澳大湾区一体化发展的程度不断提升，会计师事务所一方面要让自身服务网络"走出去"，另一方面要为企业"走出去"提供服务，贵所作为专业服务机构怎样实现让自身"走出去"及为企业"走出去"提供服务？

A3：深圳一直有会计师事务所在承做国际业务，包括俄罗斯、欧美和东南亚等地的业务。假设在未来，国际业务兴起，对这方面的需求大增，市场自然会引发事务所提升这方面的人才供给，并且事务所内部对于人才培养有着非常成熟的梯队传统。同时，我不太赞同事务所为了"走出去"而"走出去"。当年国际四大会计师事务所走进我们国家，也是奔着挣钱来的，而我国的经济奇迹，给足了这些"四大"发展的市场空间。本土事务所如果要"走出去"，必须依靠业务引导。在"走出去"之前，目前我们深圳的同行，更多的是与国际当地的同行进行合作，或者与在当地开展业务的企业的财务部进行合作。我们现在面临的是百年未有之大变局，国际形势风云变幻，投资或拓展业务都必须谨慎。

Q4：在人工智能快速普及的今天，贵所在审计业务智能化方面开展了哪些方面的探索？目前在哪些方面取得了进展？未来又有什么计划？

A4：ChatGPT 发布以来，我们就尝试使用，后来主要试用的是百度和科大讯飞发布的产品，试用的场景是搜寻税收政策和会计政策，以及让这些大数据智能软件生成文案甚至方案。测试的结果不太理想，这些大数据智能软件经历几次升级都没法给出正确的财税处理建议和政策法规依据，绝大部分抓取过来的内容是其他人过去在网上发布过的一些解读文章，而它们无法在抓取的时候识别内容的正确性和有效性。因此我们认为，这类大数据智能软件往后会在各行业细化发展，针对不同的需求场景形成各种不同品类。比如财税类，其抓取的政策依据，必须来源于国家税务总局和财政部会计司官网，以及各层级税务局、其他有关部门发布的文件，然后由权威专业部门集中专业人士对其输入专业文章进行训练。但这个又会带来一个悖论，小范围内的资料输入和训练，数据量不够大，它还能是目前定义下的大数据智能软件吗？现在税务总局就已经开发出了一套类似的交互软件，用户输入关键词或关键句，它便能给出对应的提示，引导用户最终实现咨询需求。

以上只是我们在税收政策领域进行的尝试，审计师在目前查询税收政策的时候，还得依靠人工搜索和我们事务所自己建立的政策文件库。

另外，在自动生成审计报告方面，除了个性化的需求，通常的审计报告大家都有模板和范文，每家事务所都一样。智能软件生成审计报告，不能替代专业会计师执行审计程序。

大数据方面，我个人猜测，在解决商业机密需求的前提下存在一种可能，就是把六大往来科目入库，而入库的来源很可能是税务局。税务局是目前唯一一家能每月、每季获取到企业实时动态数据的官方机构，企业自己聘请的事务所出具的报表，能否比税务局拿到的报表更具有权威性呢？以前报给税务局的报表无法验证其真实性，以后很可能就是以税务局的报表为准了。

我们面对人工智能时代对审计行业的影响，结合习近平总书记提出的百年未有之大变局，还是要回归我们专业人士的核心：专业能力。

Q5：为促进粤港澳大湾区审计业务高质量发展，您认为监管部门和行业协会需要提供哪些支持性条件？您有什么建议？

A5：监管部门已经在做很多事了，并且不是仅针对大湾区而已，而是对全国范围内的会计师事务所提出了新的监管要求，刚才我提到的一体化管理就是其中一项。现在各个事务所最需要的是业务，并且需要对恶性的价格竞争进行进一步打击。恶性低价竞争所带来的审计质量下降是令人触目惊心的，也是对被审计单位的一种反向教育。比如我们接手的一个审计项目，要求被审计单位提供一些正常流程下所需的资料，但对方的财务人员却以上一家审计机构没有要求提供为由，与我们在提供资料方面讨价还价。这对整个行业的伤害是非常大的。

毕马威会计师事务所深圳分所访谈记录

访谈交流方式：线下

访谈交流日期：2023-10-18

访谈交流人员：

陈宋生：北京理工大学管理学院会计系主任，教授，博士生导师，北京理工大学审计研究中心主任

何冠文：北京理工大学珠海学院教师，北京理工大学审计研究中心特约研究员

受访专家：钟启明，毕马威会计师事务所深圳分所，审计主管合伙人

简介：毕马威是一个由独立的专业成员所组成的全球性组织，提供审计、税务和咨询等专业服务。毕马威的专业团队由多个领域的专业人员组成，以专注了解客户所处的行业情况和独特需求，尤其重视以行业专责团队整合行业知识，提供优质服务。中国多家知名企业长期聘请毕马威提供广泛领域的专业服务（包括审计、税务和咨询），也体现了毕马威在行业中的地位。

访谈交流内容：

在这次详细且具洞察力的对谈中，毕马威深圳分所的审计主管合伙人钟启明先生与我们共同探讨了粤港澳大湾区审计业务的发展机会、所面临的挑战，扩张海外的策略、技术创新的影响，以及对监管机构的期待等方面的问题。

首先，钟先生谈到了大湾区发展对审计业务带来的机遇。粤港澳大湾区的高速发展为审计行业提供了一个广阔的市场平台。随着国内大型企业如华为和万科等日益崛起，这些企业展示了区域经济融合的巨大潜力。会计师事务所也可以借助粤港澳大湾区的联结优势，接触到更广阔的市场和获得更优秀的人才资源。

其次，谈到关于大湾区在中国企业"走出去"中发挥的作用时，钟先生指出："大湾区在推动企业扩展海外市场方面起着至关重要的作用，可以帮助企业更好地参与全球经济竞争。事务所和审计行业应与这些企业建立密切的合作关系，融入他们的发展进程，在国际化方向上给予专业的支持和服务。"谈到审计服务成功"走出去"，钟先生提出了以下几点建议："一是建立完善的海外

网络，与全球事务所建立良好的合作关系，共享资源与经验，共同推动全球经济的发展；二是根据海外市场需求，提供针对性的产品和服务方案，扩大自身的业务范围；三是拓展具备国际背景的人才库，不仅要有良好的语言和文化沟通能力，还要具备在不同法域、税收环境和市场体系中进行审计工作的能力。"

关于人工智能技术在审计服务中的应用，钟先生强调了两个方面：一是人工智能的潜力巨大，现阶段人工智能技术对审计行业的影响主要体现在部分审计工作的自动化，如信贷评估、合同审核和异常交易检测、档案整理等环节，能够显著地提高审计效率；二是尽管人工智能潜力巨大，但在应用过程中还需克服许多难题，如进行大数据分析并确保数据的完整性和安全性。为进一步挖掘人工智能的潜力，毕马威正在与顶尖科技公司开展深度合作，进一步拓展人工智能在审计领域的应用深度和广度。

在监管方面，钟先生认为，随着粤港澳大湾区经济一体化的进程深入推进，监管部门的职能和责任也越来越重要。钟先生认为："监管机构应着眼行业的长远发展制定监管策略，持续提升审计业的专业性和规范性。社会对审计师的期望越来越高，这使得审计师的社会地位有所提升。但这种提升也给想进入行业的年轻人带来了一定的误解，让他们觉得行业中承担的责任与收益并不成正比。特别是随着行业监管的法律法规进一步完善和监管力度的加强，会计师事务所在面对诉讼风险时的潜在损失和责任也越来越大，但审计业务的报酬却并没有明显增长，甚至存在审计收费过低的现象。如果这个趋势持续下去，很可能会导致无人愿意继续从事审计行业。那么，审计对资本市场的防护可能会面临失效的风险。因此，对于监管机构来说，不仅要提高对审计业务的标准，也需要关注审计行业的可持续发展。只有这样，会计师事务所行业才能健康稳定地发展，为社会经济发展提供更有力的支持。"

在这次访谈中，钟先生不仅详细地分析了行业目前的发展机遇和面临的挑战，还对未来的发展方向和潜在问题给出了全面而深思熟虑的见解。他们对监管部门的前瞻性建议，不仅符合行业的前进方向，还从一个全新的角度出发以应对可能出现的难题。这样详细而全面的分析，对于所有关注审计行业现状和未来发展趋势的人士来说，无疑具有非常重要的参考价值。

江门市江源会计师事务所访谈记录

访谈交流方式：线下

访谈交流日期：2023-11-04

访谈交流人员：

祝铭：北京理工大学珠海学院教师，北京理工大学审计研究中心特约研究员

陈元艺：北京理工大学珠海学院教师，北京理工大学审计研究中心特约研究员

夏群：北京理工大学珠海学院教师，北京理工大学审计研究中心特约研究员

受访专家：曹敏，江门市江源会计师事务所，江门市江源会计师事务所主任

简介：江门市江源会计师事务所有限公司是由广东省财政厅批准设立的一家具有法定审计资质的会计师事务所，拥有合伙人或股东人数 5 人，注册会计师人数 10 人。经营范围包含：财务收支审计，经济责任审计，会计报表审计，注册资金验证，年检、票证查验、鉴定，企业合并、分立、清算事宜中的审计，专项查账，设计会计制度，整理会计科目，清理乱账，重新建账，担任常年会计顾问，代理申报纳税及各种登记，代理记账，经济管理咨询，财务人员培训，资产评估（不含国有资产），法律、行政法规规定的其他审计及其他咨询服务业务。

访谈交流内容：

2023 年 10 月 31 日，在江门标杆管理咨询公司李广君总经理的陪同下，拜见了江门江源会计师事务所曹敏主任。曹敏主任热情地接待了我们。曹主任温文尔雅，不快不慢的语调掷地有声，深邃的目光，洞察秋毫。

江门是粤港澳大湾区内的一个战略节点，其独特的地理地貌、人文环境及工业制造能力、特色农业项目成就了江门经济，也造就了江门的经济发展能力，推动了江门经济的高速增长。

在交流中，曹主任介绍了江门江源会计师事务所的发展历史。该所是从审计局所属的国有会计师事务所转制而来，转制后的合伙股东至今一直保持原有状态，股东之间相互信任、相互支持，使这个所得到了新生，获得了长足的发

展动力。江源会计师事务所改制后经过多年的发展，现有会计师和注册会计师等从业人员 50 余人，业务范围涉及传统会计、纳税、审计等业务，也涉及司法鉴证业务、合规业务、咨询、破产管理、企业重组、绩效评价以及与港澳会计师事务所进行合作、相互委托相关事项。

曹主任告诉我们，现在会计师事务所的生存与发展面临前所未有的机遇。在习近平新时代中国特色社会主义思想指导下，会计师事务所的发展有两种不同的成长路径：一种是具有开拓能力的发展方向；另一种是持续维持的发展方向。具有开拓能力的事务所和维持现状的事务所，都面临传统记账、报税、验资和报表审计业务的萎缩，这种萎缩的数量还是相当惊人的，现有的业务量基本上不到原来 30%~40% 的份额。作为具有开拓能力的事务所，由于传统业务的下降，只能开拓新的业务范围，比如政府委托审计事项、司法鉴证业务事项、合规事项、破产管理、企业重组、绩效评价和财税咨询事项，企业整体数据分析，以及与港澳等地的会计师事务所进行直接或间接的合作业务，共同代理对方的委托事项，让会计师事务所在开拓新业务中能够获得新的发展动力，进而保持会计师事务所在所在区域经济中的地位。而作为维持或保持现状的会计师事务所，其传统业务依然是核心，其市场人脉资源强大，业务成本较低，其生存条件依然得天独厚。

曹主任说，现在无论是会计师事务所还是税务师事务所，其发展的核心依然是人才。对于现有的会计师事务所来说，要想发展新业务，就必须有交叉学科的人才组建项目团队，才能有效服务于市场，才能满足客户的需求，才能提升点对点、面对面的服务能力。党的二十大报告中就提出了高质量发展的概念，要想获得高质量发展，就必须有具备综合能力的人才融入，会计师事务所才能获得高质量发展的机遇。曹主任告诉笔者，江源会计师事务所现有的会计师和注册会计师，基本上都具有跨学科知识与文化背景。他认为只有依靠具备跨学科知识的人才队伍组建业务或项目团队，事务所付出的培养成本才有可能是最低的，被培养出的人才其工作能力才能是最好的，其工作效率才会是最优的，其研究问题、分析问题和解决问题的能力才是全面的。曹主任建议，高等院校对于相关商科专业课程的设置，要根据市场和客户的实际需要，要根据科技发展与应用能力的现状与未来，要站在高质量发展的顶端，来制定综合性交叉学科人才的培养方案，这样才能去满足市场和客户的需求，才能有效推动大学生及相关专业人才的就业。曹主任认为目前存在一种真实的现象，就是在现有人才的培养与体系建设方面，在实际应用上，理论落后于实践，随着科技的发展，实践已经走在学科理论构建的前面，也就是说在某些方面，现有理论体系无法指导实践，或是有了专业理论体系，这方面的教育专家却缺乏，无法引领新理论体系的发展。基于这样的局面，高等教育就需要从战略的高度来重新审视新的人才培养与社会需求之间的通道。只有这样，才能为会计师事务所未来的发展确立新的目标。

　　曹主任认为粤港澳大湾区企业"走出去"的战略意图，其核心就是要推行联动机制，让粤港澳大湾区的企业组建战略联盟，共同来扩展海外市场，用经济强国、经济强省、经济强市的战略导向，推动粤港澳大湾区的企业主动参与到全球经济的运营体系之中。从会计师事务所或税务师事务所的角度来分析，会计师事务所或税务师事务所应该采取积极措施与企业联动，为各类型的企业在国际贸易、融资、投资、并购、采购等方面提供专业支持和政策指导，提供特色服务和高质量服务，这样才能真正融入粤港澳大湾区的发展，才能做出积极的贡献。曹主任提到，要让审计事项成功地"走出去"，就必须首先展示自己会计师事务所的内在能力，打铁还需自身硬，只有这样，本土所才能与港澳台及海外市场建立起联系，才能实现资源共享、业务共享的合作方式，才能真正实现"走出去"的战略意图。江门江源会计师事务所与香港的会计师事务所已经建立起密切的联系，他们相互之间构建委托事项，其核心就是通过对方的优势，来完成各自不可能完成的事项，通过合作，能有效减少成本、提高工作效率，在参与国际性会计、财务和审计事项的过程中，不仅提高了会计、财务、审计等方面工作的运行效率，增加了收入，也培养了人才队伍，拓展了眼界，而且提升了会计师事务所的战略定位。

　　曹主任认为，由于人工智能的普及，会计师事务所已经开始重视科技应用能力的培养与场景应用能力的构建，能够有效地跟随时代的步伐，将人工智能应用，包括会计计量、税源核算、审计事项、采购与应付账款、生产监督、销售与应收账款、人力资源工资、保障待遇核算体系等方面的应用能力进行开发与引进，为人工智能会计计量、财务管理、税务筹划、内部控制与管理等方面提供了高效的帮助。但人工智能的应用，在核心业务判断上，还是需要借助于参与者个人或团队成员的综合能力，才能达到最佳的判断水准，才能获得高质量的处理方案，才能为客户提供更优的措施与解决方案，也只有这样，事务所的口碑和品牌效应才能得到传播，事业才能得到发展。

　　曹主任认为，就会计师事务所现有的业务范围而言，依然是接受委托，包括国有企业的账务审计、政府机关的审计、事业单位的审计事项。由于政府监管力度加大，以及审计事项的萎缩，审计类人才流失在所难免，要想发展，要想审计事业能够健康成长，就必须提供激励政策与发展机制，确保审计能力能够与时俱进，获得新的发展空间。

曹敏主任拥有中国注册会计师、中国注册税务师和高级信用管理师等执业证书。

在采访中，曹主任对于推动业界融合、推动交叉学科体系建设的建议是真诚的，都是真知灼见。其睿智、胸怀、远见、幽默，激励着我们每一个在场的人。

香港罗申美会计师事务所访谈记录

访谈交流方式：线下

访谈交流日期：2023－11－30

访谈交流人员：

陈宋生：北京理工大学管理学院会计系主任，教授，博士生导师，北京理工大学审计研究中心主任

杨东：北京理工大学珠海学院教师，北京理工大学审计研究中心特约研究员

陈元艺：北京理工大学珠海学院教师，北京理工大学审计研究中心特约研究员

何冠文：北京理工大学珠海学院教师，北京理工大学审计研究中心特约研究员

受访专家：

廖于勤，香港罗申美会计师事务所，主管合伙人

莫汉生，香港罗申美会计师事务所，审计服务部合伙人

简介：罗申美会计师事务所于1975年成立，至今已发展成为在香港地区具有领导地位的会计师事务所之一。事务所一直致力为香港、内地及世界各地的客户提供专业及多元化服务，范围包括审计、税务、风险咨询、交易咨询、企业咨询及科技咨询及管理等。

访谈交流内容：

会计与资本市场紧密相连，会计服务的发展直接影响着资本市场的繁荣和市场规范。一般来说，会计服务的发展次序为：审计、税务、内审和ESG。

Q1：可以介绍一下香港交易所吗？

A1：香港交易所是全球领先的证券市场之一，于1986年成立，2000年6月，香港的证券及期货市场完成合并后正式上市。香港作为一个国际化大都会，一方面面临全球化、市场化和信息化的挑战；另一方面受惠于中国与世界经济的快速发展、香港与内地的紧密合作以及香港自身综合优势的发挥，使其资本市场一路发展壮大，成为国际融资中心之一。

不过，近年来新冠疫情的影响对香港资本市场产生了一定的压力，实际上

自 2019 年起，全球资本市场的表现就已不尽如人意，而香港股市同样不例外。香港股市的指数和市值均有下滑，一些新的上市公司的数量也有所下降。其中，新冠疫情的影响以及企业经济表现不佳是导致市场下滑的原因之一。

目前，香港交易所已上市的公司数量超过 2600 家，创业板则有 300 多家。为了活化创业板市场，交易所出台了政策来简化条例，增加备案制度，以期提高转板的速度，促进更多公司实现转板，转向主板上市。

Q2：香港会计行业发展趋势怎么样？

A2：香港会计行业主要为以下几类企业提供服务：

（1）跨国公司的办事处：会计需求较高，风险管理和内审要求也较高。

（2）在香港以及内地都有投资的制造业资本：这部分企业大多在 20 世纪八九十年代转移到内地。

（3）在香港上市的内地企业：在香港上市是内地企业拓展海外市场的一种重要方式。

（4）在海外扩展的内地企业：这些企业通常以香港为平台发展"一带一路"业务，包括央企和国企等传统企业。

除了内地企业，亚洲公司往往会选择在香港地区或新加坡上市。当前，由于中美关系紧张等因素，一些公司可能会选择新加坡作为上市地点，而另一些则会选择上海证券交易所。

截至 2022 年年中，香港有 1940 家会计师事务所，这些事务所体量大小不一，小的事务所和大的事务所一般是无限责任，中间规模的一般是有限责任。其中，只有 73 家审计师事务所可以签署上市公司的审计报告（公众利益实体核数师），而现在这个数量已经增加到 87 家。公众利益实体核数师的服务是市场的刚需之一。此外，还有 36 家外国会计师事务所获得在香港签署公众利益实体审计报告的资格。香港有大约 47000 名会计行业会员，其中能签署审计报告的有 5000 多位。这些会员中，男性和女性的比例大约各占一半。然而，由于年轻一代会计人才的减少，会计行业出现了人才断层，呈现出了老龄化的趋势，大约有 1/3 的人在事务所工作，而其余的人则不在事务所工作。

在行业管理方面，会计及财务汇报局对上市公众实体的审计事务所进行监管，而会计师公会则是按照法例成立的半官方组织，主要是管理、服务会计师。与此同时，华人会计师公会是一个没有监管职能的自律组织。

在信息化方面，香港的会计师事务所通常使用的软件都是市面上常见的，有实力的事务所则会进行自主开发。值得注意的是，虽然监管部门关注会计师事务所使用的智能化工具是否能满足审计业务的需求，但是公司对智能化审计的接受程度并不高，尤其不喜欢运用接入系统的程序测试内部控制的有效性。

Q3：粤港澳会计行业的发展和融合情况如何？

A3：粤港澳三地会计行业的融合情况是从 2019 年开始在国家层面提出的，目前三地的人口已从 7000 万人增加到 8600 万人，这种人口增长为大湾区经济体的发展提供了支持。

在行业政策方面，粤港澳三地的资格考试已经开始互免，不过法律资格暂时尚未实现互免。此外，2022 年大湾区举办了粤港澳高端人才班，共吸引了50 多名会计师加入，其中广东 35 名、香港 15 名、澳门 4 名，这样的活动提供了一个高效的交流平台。

现阶段，内地与香港的会计准则已经实现了大致的趋同。内地有两套准则，而香港有三套，分别是财务报告准则、私人企业报告准则和中小企业准则。其中，财务报告准则已经实现了趋同。尽管内地对于国际财务报告准则（IFRS）持比较谨慎的态度，但内地与香港之间的差异已经不大。此外，内地公司如果在香港上市（H 股），可供选择的是修改公司章程使用内地会计准则，两地会计准则的趋同将会降低编制财务报告的成本。

香港的监管机构财务汇报局（AFRC）对监管力度非常大，作为独立的监管机构，其经费来自公众利益实体会计师事务所、上市公司以及香港资本市场的交易抽成。公众可以在 AFRC 的网站上进行举报，而且一旦 AFRC 对被投诉事项进行调查，过程可能会持续半年之久。现阶段处理的投诉主要集中在审计质量问题（占比 46%）和事务所独立性问题（占比 23%）。

关于审计收费，香港的标准远高于内地。香港设置价格时会考虑工作时间和风险，而内地则侧重于公司的总资产和净资产。一般来讲，内地企业在国内 IPO 时会更倾向于选择内资所，而在香港进行 IPO 时一般会选择四大会计师事务所。香港没有法律规定必须进行定期事务所的轮换，只需 7 年更换主审就可以。

针对跨境审计的问题，AFRC 特别关注集团核数师如何清晰地传达其指示和行使监督职能，并及时参与组成部分的重大审计事项。这些问题直接关联了跨境审计，特别是 H 股企业的审计。目前，香港事务所是可以直接派人到内地执行审计程序的，也可以委托内地事务所执行部分审计业务。

Q4 谈谈关于会计师未来展望和可能的发展方向？

A4：由于近几年出现会计热潮，会计行业中的普通会计师已经严重饱和，而高端会计师人才严重缺乏，也有数据显示内地有 30 万名会计师，执业的只有 9.8 万名。

ESG（环境、社会和治理）是会计行业的新语言。ESG 和会计之间存在紧密的关系，并且在 ESG 的背景下，会计岗位和职能可能会发生一定的转变。在未来 5~6 年里，可能就会出现 ESG 的鉴证服务。这块业务主要是四大事务所在做，如果企业对这方面重视就会做鉴证，既可以对整体做鉴证，也可以针对局部 KPI 做鉴证。

此外，随着区块链分析等技术的发展，该项技术对会计（审计）的影响之大不言而喻。区块链技术作为一项新兴的科学技术，保障了会计工作的安全性，降低了工作成本，提高了审计工作的质量和效率，对会计行业提供了很大的帮助。而会计行业的工作一直都是与时俱进的，所以势必要通过运用信息技术来进行变革，会计师必须不断更新其知识和技能以适应行业发展。

在就业方向上，由于专业知识在各领域的渗透，会计师有很多可能的选择，如转行成为高管或继续在会计领域深造。

就会计师的角色转型来说，他们需要学习财务分析知识，因为随着企业智能化的推进，基础性的工作将会被机器代替，将来的重点会在对会计信息的分析上。服务超级富豪也是未来一种可能的方向，如为家族办公室提供会计服务。

总体而言，行业未来的发展方向应该包括 ESG 审计、会计信息分析、服务超级富豪和家族办公室会计等多个细分领域。

深圳鹏盛会计师事务所访谈记录

访谈交流方式：线下

访谈交流日期：2023-10-18

访谈交流人员：

陈宋生：北京理工大学管理学院会计系主任，教授，博士生导师，北京理工大学审计研究中心主任

何冠文：北京理工大学珠海学院教师，北京理工大学审计研究中心特约研究员

受访专家：杨步湘，深圳鹏盛会计师事务所，深圳鹏盛会计师事务所所长

简介：鹏盛会计师事务所（特殊普通合伙）成立于2005年1月，自成立起持续推进全国性的业务布局，不断发展壮大。2020年6月2日，鹏盛会计师事务所（特殊普通合伙）正式去掉地域名称，标志着深圳市拥有了首家且目前唯一一家本土培育的会计师事务所总部。2020年9月10日，鹏盛所通过"从事证券服务业务"备案，取得"从事证券服务业务"资质。截至2023年5月，已在北京、上海、广州等地设立42家分所，并在香港、新加坡、加拿大等地设立了分支机构。

访谈交流内容：

坐在广东鹏盛会计师事务所的办公室里，我们展开了一场包括粤港澳大湾区审计服务行业的机遇、挑战，如何"走出去"，数字化转型对行业的影响，以及对监管部门建议等议题的深入探讨。

杨步湘所长认为，大湾区的发展机遇在于其丰富的产业资源和发达的经济，以及政府对审计行业的重视和给予的政策扶持，"证明了本土审计服务的发展前景充满希望"。对于如何接触国际市场，他显示出极大的热情，"我们位于接触国际市场的前线，不仅可以学习国际的先进经验，同时也能帮助国内外企业建立联系"。

然而，杨所长也提到审计服务所面对的挑战，比如品牌竞争力不足，以及优质客户的紧缺。他解释："毕竟，与北京、上海这些大城市的事务所相比，我们本地事务所的品牌影响力还是相对较弱。此外，人才流失也是我们一直在

解决的问题。如今，许多重点大学毕业生并不愿意加入事务所，他们更喜欢选择当公务员、去国有企业或上市公司等。"

对于如何"走出去"，杨所长认为："要想走出去，首先要建立知名度和影响力。"他认为，提高服务质量对于树立良好口碑至关重要。

当提及智能化趋势对于审计服务的影响时，杨所长分析："虽然人工智能和财务机器人已经在一些简单的任务上起到了作用，但在复杂审计任务如风险控制等方面，人工智能技术还有待于进一步提升。"他进一步强调："我们对智能审计的未来充满期待，我们会积极地去探索并尽可能发掘其潜力。"

在监管方面，杨所长认为，"对于审计事务所而言，严格的监管部门是一种利好，只有在严格的监管之下，审计事务所才可能更加健康和充实地发展。同时，解决源头问题的重要性不容忽视，要加大力度监管企业，企业的合规性提高了，会计师事务所的风险也会降低。"在行业协会方面，杨所长认为："注册会计师协会需要为行业发展提供优质服务支持，深圳注协在这方面一直做得很好。"

在结束访谈时，杨所长重申了他对大湾区审计服务行业发展的乐观展望，"虽然我们现在面临许多挑战，但我们有信心把它们变成推动我们发展的动力"。他期望与政府以及社会各界开展合作，共同推动审计服务业的发展。离开鹏盛会计师事务所时，我们深为专家的见解所感动，也对未来充满期待。

广东恒兆会计师事务所访谈记录

访谈交流方式：线下

访谈交流日期：2023－11－04

访谈交流人员：

祝铭：北京理工大学珠海学院教师，北京理工大学审计研究中心特约研究员

陈元艺：北京理工大学珠海学院教师，北京理工大学审计研究中心特约研究员

夏群：北京理工大学珠海学院教师，北京理工大学审计研究中心特约研究员

受访专家：袁建新，广东恒兆会计师事务所主任

简介：广东恒兆会计师事务所（普通合伙），成立于 2022 年，位于广东省东莞市，是一家以从事商务服务业为主的企业。企业注册资本 500 万元人民币。经营范围为：注册会计师业务、代理记账、司法鉴定服务、税务服务、知识产权服务等。

访谈交流内容：

一、会计师事务所所面临的行业发展状况

广东恒兆会计师事务所袁建新主任于 2023 年 11 月 4 日接受了我们一行的采访。在交流中，袁建新主任就恒兆会计师事务所、东莞市会计师事务所及注册会计师的发展状况做了一些简要的回顾。他认为，就会计师事务所在经济发展中的重要性而言，确实为国家经济、社会经济、区域经济的发展在验资、审计、协助监管等方面作出了巨大的贡献，但在新的经济发展过程中，也遇到了前所未有的困难和压力，在实践中，会计师事务面临的困难与发展机遇并存。在困难方面，会计师事务与其他产业一样，市场竞争激烈，但会计师事务所有它的特殊之处，作为一家服务于本区域的会计师事务所，其核心竞争力不仅体现在所提供的服务与业务能力上，还体现在服务对象与专业需求上的竞争上。作为一家会计师事务所或税务师所，要有与时俱进的眼光、能力和战略定位，才能获得市场的认可、客户的认可，才能获得有效的业务，才能提高经济收入。但从目前来看，传统业务量在逐年下降，这些方面包括原有的企业注册验证项目已经不复存在，汇缴清算业务发生巨大变

化，传统能力已经无法适应新的要求，即使有传统的记账业务，其收入也是一降再降，会计师的付出与收入不成正比。因此，传统业务量的下降，最直接的影响就是收入水平降低，如果一家会计师事务所的整体收入降低，导致的后果就是会计师或注册会计师的收入下降，注册会计师流失严重。会计师事务所如果没有能力调整业务方向、寻找新的客户和增加新的业务能力，都将会面临生存困难。会计师事务所面临的另一个困难与压力，是来自政府和行业协会的监管压力，作为行业执业者所面临的潜在风险在逐渐增加，现有会计师事务所的会计师和注册会计师转行的大有人在，人才流失不仅直接导致会计师事务所在人才培养方面成本费用上涨，还会导致会计师事务所无法正常开展业务。

袁主任认为，会计师事务所要发展，不仅要在事务所内部构建高效的学习机制、创新机制，要以习近平新时代中国特色社会主义思想作为指导，从而培养会计师、注册会计师对国家、社会、人民、单位的忠诚度，通过共建等相关活动，来增强会计师、注册会计师的凝聚力，来提升执业自觉和道德修养自觉，提升职业能力，增加防范风险的能力，建立会计师事务所内部一致认可的文化价值观。

二、与大湾区其他城市会计师事务所协同与合作

袁主任认为，作为粤港澳大湾区会计师事务所的一员，与其他城市兄弟单位或从业者的合作，不仅是发展的需要，也是自身建设的需要。恒兆事务所与兄弟单位的协同合作方向包括：利用自身区位优势，结合对方的区位优势，针对专业实务，构建专业团队，解决核心专业问题，通过合作，提升双方的战略定位。

利用专业优势，在合作中寻找新业务突破的能力，扩大新的服务领域，从被动提供服务，到主动构建服务体系与能力，在合作中实现双赢多赢，提高合作双方或多方的执业能力和执业水准，以此增加服务受众面，提升品牌竞争力以及业务能力，推动会计师事务所业务迭代、服务转型和创新发展。

出于发展的需要，一家会计师事务所不仅要"走出去"，还要"引进来"，这样才能形成协同发展的动力。"走出去"就是要参加包括政府主管部门和行业协会举办的各种培训、会议、讲座，在参加中提升自己的思考能力、业务定位能力、新业务拓展能力，培养会计师事务所高水平的执业能力，有效地增加社会资源。"引进来"就是要把好的理念、执业方法、技术优势及优秀的注册会计师、中高级会计师引进来，增加企业的活力，提升业务拓展能力、发展能

力和创新能力。

三、智能审计方面

袁主任认为，目前会计师事务所在智能审计方面的能力已有较大程度的提升。在智能化审计方面，其设备和软件技术得到了极大的改善，整个会计师事务所在运用智能审计硬件和软件上都已经形成普遍应用状态。应用智能审计软件协助审计，其好处是多方面的：一方面，互联网实现了强大的交流能力，使集体办公与独立办公能够形影相随，会计师事务所的工作人员无论身在何处，权限如何，只要被授权，就能随时介入工作，提高了整体的工作效率；另一方面，通过智能审计软件的协助审查，能有效地发现问题的关键点，使参与审计的人员在业务判断上更直接有效，能够降低沟通成本、提高审查的效率和准确性。

但袁主任也认为，智能审查软件仅仅是一个辅助手段，只有将智能辅助手段与人的智慧相结合，才能真正提高工作效率，达到事倍功半的效果。

四、未来发展方向

袁主任认为，会计师事务所现在是困难与机遇并存。一家会计师事务所要想获得发展的空间和动力，就必须紧跟时代的步伐，以粤港澳大湾区的战略定位来构建会计师事务所的发展蓝图。

在新的监管与政策条件下，东莞恒兆会计师事务所将根据市场需求，拓展新的业务领域，比如在IPO方面和高新技术企业审计方面提升自己的发展空间。要想获得IPO的执业资格，就必须引进高素质人才，特别是注册会计师，不仅在数量上要达到国家规定的要求，而且要有高标准的执业水平、高效的执业能力、高尚的价值观念和道德标准，这样才能有效地降低执业风险，提升会计师事务所的市场信誉和品牌地位，进而抓住粤港澳大湾区新的发展机遇。

袁主任同时认为，在未来发展的路径中，最为捷径的方式就是通过与具备IPO相关业务资格、跨境业务资格的会计师事务所进行合作，在合作中拓展业务、增强人才优势，促进事务所发展，达到共赢的目标。

通过沟通和交流，让我们一行深感责任重大，在人才培养上，我们不仅在教育手段和方法上与时俱进，在教育理念和实践上更要拓展思维空间，只有构建起理论与实践相融合、交叉学科相融合的新的培养路径，才能培养出社会与行业需要的人才。